ROTRAUT

a cura di
edited by
Bruno Corà e / and Daniel Moquay

SilvanaEditoriale

Museo d'Arte
e Città di Lugano

16 maggio / May 2009
13 settembre / September 2009

Un'iniziativa del
An initiative of the
Polo Culturale
Lugano

Progetto della mostra
Exhibition Project
Bruno Corà
Daniel Moquay

Coordinamento scientifico
Scientific Coordination
Francesca Bernasconi
Maria Pasini
Philippe Siauve
Cristina Sonderegger

Registrar
Marie Kraitr

Amministrazione e segreteria
Administration and Secretariat
Murat Kopkin
Floriano Rosa
Vanessa Schäfer

Staff tecnico
Technical Staff
Kim Antonietti
Fausto Bettosini
Elio Bignasca
Luca Bionda
Michele Binetti
Luca Bottinelli
Carlo Casari
Jonny Coira
Riccardo Darni
Moreno Dellasanta
Daniele De Luigi
Sergio Devittori
Rino Giulini
Daniele Locatelli
Roberto Locatelli
Alessandro Lucchini
Manuel Luiz
Armando Lurati
Luigi Magnoni
Carlo Malfanti
Renato Marioni
Sandro Meneghelli
Marco Mercoli
Luigi Molteni
Flavio Morsanti
Bruno Müller
Pietro Palumbo
Francesco Rovelli
Massimo Scolozzi
Mauro Soldati
Stefano Tagliabue
William Torelli
Marino Toscanelli

Nadia Algisi
Biagio Roberto Ania
Giuseppe Bicolla
Franco Cantini
Francesco Cimarolli
Nicola Del Signore
Marcello Fonti
Adriano Frapolli
Marco Jelmini
Giuseppe Neri
Anton Giulio Rezzonico
Shady Zappa

Conservazione durante la mostra
Conservation during the Exhibition
Mario Graf

Attività educative
Educational Activities
Isabella Lenzo
Stefania Fink

Attività di alta formazione
Higher Education
Adriana Mazza

Assicurazione
Insurance
Axa Art Assicurazioni SA, Lugano
Hallett Independent, Lymington
Kuhn & Bülow, Berlin

Trasporti
Trasportation
Dicastero Servizi Urbani, Città di Lugano
Kerry Logistics, Lyon
Via Mat Artcare, Zürich

Ufficio stampa
Press Office
Sabina Bardelle, Dicastero Attività Culturali,
Città di Lugano
Lidia Masolini, Silvana Editoriale, Cinisello Balsamo

Internet, www.mda.lugano.ch

Catalogo a cura di
Catalogue edited by
Bruno Corà
Daniel Moquay

Coordinamento scientifico
Scientific Coordination
Francesca Bernasconi
Maria Pasini
Philippe Siauve
Cristina Sonderegger

Crediti fotografici
Photographic credits

Se non specificato / If not otherwise indicated
© Rotraut, Adagp, Paris
© Diritti riservati / Rights reserved

© Roberto Battistini, pp. 23, 28
© David Bordes, pp. 10-11, 14-17, 24-27, 29-39, 40, 42-48, 59, 72-97, 100-111, 114-115, 118-129, 132-141, 147 (b. d. / b. r.), 148, 149 (b. s. / b. l.), 156-157
© Arno Carpi, pp. 98-99, 112-113, 117, 130-131, copertina / cover
© Patrick McMullan Company, photo Joe Schildhorn, pp. 11 (b. s. / b. l.), 149 (b. d. / b. r.), 157 (a. d. / t. r.)
© David Moquay, p. 149 (a. / t.)
© Harry Shunk, p. 147 (b. c. / b. m.)

Numerose sono le persone e le istituzioni che hanno contribuito in modi diversi alla buona riuscita della mostra. In particolare desideriamo ringraziare:
Many persons and institutions have contributed to the success of the exhibition. In particular, we wish to thank:

Yves Klein Archives, Paris
Galerie Gmurzynska

Anne Anthony
Jean-Baptiste Audollent
Corinna Bernasconi
Roberto Bianchi
Rudolph Bläuenstein
Julie Blanchet
Annalisa Bonfanti
Cristina Brazzola
Jonathan Busolini
Paola Capozza
Karin Catenazzi
Christine Coll
Guido Comis
Roland Dahinden
Elisa Anna Figus
Barbara Gianinazzi
Krystyna Gmurzynska
Monsignor Vescovo Pier Giacomo Grampa
Hisato Hashizume
Hergys Helmesi
Daniele Keller
Vito Lambusta
Charles Lombardet
Roberto Maccioni
Roberto Maspoli
Constance Perrot
Aldo Pessina
Roman Plutschow
Don Pietro Pozzi
Mathias Rastorfer
François Roulin
Andrea Strano
Roberto Torrente
Don Nicola Zanini
Adriana Zanoli

Si ringrazia per il contributo e il sostegno:
We would like to thank for their kind contribution and support:

Credit Suisse
Partner Museo d'Arte Lugano

Casinò Lugano

Ginsana

Repubblica e Cantone Ticino

Aziende Industriali Lugano

La proposta espositiva della primavera-estate 2009 prevede un'inedita mostra critica dell'opera di Yves Klein (1928-1962) nelle sale del Museo d'Arte a cui sono affiancate nello spazio aperto della Città, in piazze e giardini, ventidue sculture metalliche di Rotraut.
L'esposizione a cura di Bruno Corà e Daniel Moquay – realizzata in collaborazione con gli Archives Yves Klein di Parigi – ha l'obiettivo di mettere a fuoco l'opera di Klein, uno dei protagonisti dell'arte affermatosi negli anni sessanta, e il sodalizio con Rotraut, artista a lui vicina per poetica e condivisione immaginifica oltreché sua consorte.
L'avventura dei due artisti procede per alcuni anni su uno stesso percorso, subendo un improvviso mutamento alla scomparsa prematura di Klein nel 1962: se l'opera di Klein diverrà da allora in poi un riferimento mitico per la generazione europea e internazionale, quella di Rotraut si modifica lentamente orientandosi verso una attitudine plastica volta a raffigurare, con forme di pura sintesi, stati d'animo semplici quanto universali, come la joie de vivre, l'innocenza creaturale, il gioco, la danza, la forza della natura, i colori, la bellezza delle forme.
Il percorso espositivo inizia nelle sale del Museo d'Arte con una serie di dipinti che, dagli esordi della carriera di Rotraut fino a prove più recenti, consentono di seguire diverse sperimentazioni formali e materiali effettuate dall'artista.
Lo spazio urbano accoglie invece le vivaci sculture monumentali in acciaio dipinto e ferro degli anni 1991-2009 le quali scandiscono un ideale percorso attraverso la città di Lugano che da Villa Malpensata, passando sul lungolago, da via Nassa, da piazza Riforma, via Canova e piazza Indipendenza giunge al parco Civico e a Villa Ciani. Le sculture sono definite mediante volumi metallici scatolari dipinti con colori monocromi la cui la vocazione è quella di qualificare attraverso la loro gioiosa e per molti aspetti giocosa solarità gli ambienti en plein air che le accolgono.
Il Municipio di Lugano ringrazia tutti coloro che hanno concorso mediante il loro lavoro, il loro entusiasmo, le loro competenze e la loro disponibilità al buon esito di questo progetto. Un ringraziamento particolare va a Rotraut senza la cui opera questa mostra non sarebbe stata possibile, agli Archives Yves Klein di Parigi e ai collezionisti che generosamente hanno concesso il prestito delle loro opere.
Si desidera inoltre ringraziare per il loro sostegno Credit Suisse, partner del Museo d'Arte, Casinò Lugano e Ginsana il cui contributo concorre in maniera determinante alla realizzazione di importanti eventi espositivi nella nostra Città.

Per il Municipio
Giovanna Masoni Brenni
Capo Dicastero Attività Culturali

For the Spring-Summer 2009 the cultural offer of the City of Lugano presents a new critical exhibition covering the work of Yves Klein (1928–1962), taking place in the halls of the Museo d'Arte, alongside twenty-two metallic sculptures by Rotraut distributed throughout the city in squares and parks.
The exhibition, curated by Bruno Corà and Daniel Moquay and organized in collaboration with the Yves Klein Archives in Paris, focuses on the work of Klein, established as one of the leading artists of the Sixties, and his partnership with Rotraut, an artist close to him in terms of both poetics and imagery as well as being his wife. The adventure of the two artists had continued along parallel paths for a period, but was suddenly interrupted in 1962 when Klein prematurely passed away: while Klein's work would become a mythical reference for the European and international generation, Rotraut's work instead slowly changed towards a plastic attitude representing, through forms of pure synthesis, simple and at the same time universal states of mind, such as joie de vivre, a primitive innocence, the playing, dancing, the power of nature, colours, beauty of shapes.
The exhibition begins in the rooms of the Museo d'Arte with a series of paintings making it possible to trace the course of Rotraut's various experiments with form and materials from the earliest works to the most recent. The artist's lively monumental sculptures in painted steel and iron of the period 1991–2009 are installed so as to form a route running through the city of Lugano from Villa Malpensata to the municipal park and Villa Ciani by way of the lakeside, via Nassa, piazza Riforma, via Canova and piazza Indipendenza. The sculptures are box-shaped works of metal painted in solid colours and designed to communicate their joyous and in many respects playful radiance to their open-air settings.
The Municipality of Lugano wishes to express its thanks to all those who have contributed through their work, enthusiasm, expertise and generosity to the successful outcome of the project. Special thanks are due to to Rotraut, without whose work the exhibition would never have been possible, the Yves Klein Archives and to the collectors that have generously agreed to loan their works.
We also wish to thank Credit Suisse, the partner of the Museo d'Arte, Casinò Lugano and Ginsana which have given a descisive contribution to the organization of important exhibitions in our City, for their invaluable support.

For the Municipality of Lugano
Giovanna Masoni Brenni
Head of the Department of Cultural Activities

È con estremo piacere che abbiamo accolto l'invito rivoltoci da Bruno Corà, direttore del Polo culturale della città di Lugano, e dai suoi collaboratori.

Questa doppia mostra segna il ritorno a un'iniziativa presa dallo stesso Yves Klein nel novembre del 1960, quando invitò la sua compagna, musa e anima gemella Rotraut Uecker a esporre con lui e una trentina di amici artisti al Festival d'art d'avant-garde a Porte de Versailles, organizzato da Jacques Polieri.

Noi ci siamo limitati ai due protagonisti: Yves e Rotraut.

Cinquant'anni fa, il 29 maggio 1959, Yves Klein inaugurava a Parigi la mostra Collaboration internationale entre artistes et architectes dans la réalisation du nouvel Opéra de Gelsenkirchen presso Iris Clert, in rue des Beaux-Arts, a cui sarebbe seguita il 15 giugno Bas-reliefs dans une forêt d'éponges nella stessa galleria.

Queste due mostre sono state il punto di partenza della retrospettiva al Museo d'Arte di Lugano, che pone in primo piano soprattutto le sculture, cui è dedicata un'intera sala, e i primi monocromi in vari colori degli anni cinquanta che segnano la rottura di Klein con l'École de Paris e l'astrazione di cui la madre, Marie Raymond, era una delle principali esponenti insieme a Vieira da Silva.

Andando oltre la ricorrenza da cui trae spunto, questa retrospettiva ricca e completa abbraccia un ampio segmento della carriera dell'artista, dai disegni eseguiti da bambino sotto l'influenza familiare fino all'affermazione e alla scoperta di quella che diventerà la sua missione e che lo condurrà a trasformare la pittura da cavalletto in creazione cosmica, facendo appello agli elementi – fuoco, acqua, vento – con i modelli che diventano pennelli viventi e culminano nell'immateriale, l'opera ultima. Ispirazione geniale di un individuo sopraffatto da questa scoperta, che trascende ogni precedente espressione della sensibilità artistica.

Questo viaggio iniziatico ha avuto un compagno, anzi una compagna, Rotraut Uecker, che sposerà Klein il 21 gennaio del 1962 e darà alla luce suo figlio il 6 agosto dello stesso anno. I due si conobbero nel 1958, lei era pittrice e sorella di un pittore. Dopo aver lasciato la Germania dell'Est per Düsseldorf, poi Nizza per Parigi, Rotraut soggiornò a Londra nel 1959, in occasione della prima mostra di Klein alla New Vision Gallery.

I suoi cinquant'anni di carriera non potevano essere festeggiati in modo migliore.

Riunire nella città di Lugano 22 sculture monumentali è stato da tutti i punti di vista un tour de force, e mi preme ringraziare i servizi tecnici della città che hanno dato prova di una straordinaria generosità accettando di buon grado i suggerimenti dell'artista.

Dal Museo d'Arte a Villa Ciani passando per il cuore della città e la passeggiata sul lungolago, Rotraut prende possesso dei luoghi. La natura lussureggiante, le sequoie, le magnolie diventano i compagni di gioco delle sue forme organiche. I colori aciduli, rosa, rossi, gialli e il Rainbow Bridge lasceranno, ne sono certo, un segno indelebile nella notevole storia di questa città d'arte che, nell'ambito delle sue numerose manifestazioni, riceve tutti gli anni artisti provenienti dal mondo intero.

Ci auguriamo che gli abitanti e i visitatori vorranno unirsi a noi in occasione dei vari eventi previsti: dai dibattiti ai concerti e alle visite guidate.

Grazie ancora.

Daniel Moquay
per gli Archives Yves Klein

It was with great pleasure that we accepted the invitation extended to us by Bruno Corà, director of the Polo Culturale of Lugano, and his collaborators.
This double exhibition goes back to an initiative undertaken by Yves Klein himself, who, in November 1960, invited his partner, muse and soul mate Rotraut Uecker to show her work with him and about thirty other artist friends at the Festival d'Art d'Avant-garde, organized by Jacques Polieri, at Porte de Versailles.
We have limited ourselves to two artists, the protagonists Yves and Rotraut.
Fifty years ago, on 29 May 1959, Yves Klein's exhibition Collaboration internationale entre artistes et architectes dans la réalisation du nouvel Opéra de Gelsenkirchen *opened at the Galerie Iris Clert in Rue des Beaux-Arts, Paris, and was followed by* Bas-reliefs dans une Forêt d'Éponges *at the same gallery on 15 June that year.*
These two shows were the starting point for this retrospective at the Museo d'Arte in Lugano, which focuses primarily on the sculptures, to which an entire room is devoted, and the early monochromes in different colours of the 1950s, which marked Klein's break with the École de Paris and abstract art, of which his mother, Marie Raymond, was a leading exponent together with Vieira da Silva.
More than simply commemorative, this wide-ranging and complete retrospective spans a broad segment of Klein's career, from the drawings he did as a young boy under his parents' influence, to the discovery and realization of what was to become his mission, which would lead him to transform easel painting into cosmic creation, drawing on the elements—fire, water, wind—using models as "living paintbrushes" and culminating in the immaterial, the last stage of his work. A stroke of genius by an individual swept away by this ultimate discovery that transcends all earlier expressive forms of artistic sensibility.
On this initiatory journey he had a companion, Rotraut Uecker, who married Klein on 21 January 1962 and gave birth to their son on 6 August that year. The two of them met in 1958: she was a painter, like her brother.
After having left East Germany to move to Düsseldorf, and later Nice to go to Paris, Rotraut also spent some time in London in 1959, where Klein was having his first show at the New Vision Gallery.
Her fifty-year career could not be celebrated more fittingly.
Bringing together 22 monumental sculptures in Lugano was a tour de force from every point of view, and I would truly like to thank the personnel of the city's technical services, who could not have done more for us and who willingly accepted the artist's suggestions.
Rotraut has taken possession of various places in Lugano, from the Museo d'Arte to Villa Ciani passing through the city centre and the lakefront. The luxuriant vegetation, the sequoias and the magnolias are playfully juxtaposed with the organic forms of her works. The acid colours, the pink, the reds, the yellows and the Rainbow Bridge *will leave, I am sure, an indelible mark on the notable history of this city of art that welcomes artists from all over the world every year, in the sphere of its countless events.*
We hope that Lugano's inhabitants and visitors will want to join us at the various related events, from debates to concerts and guided tours.

Thank you again.

Daniel Moquay
for the Yves Klein Archives

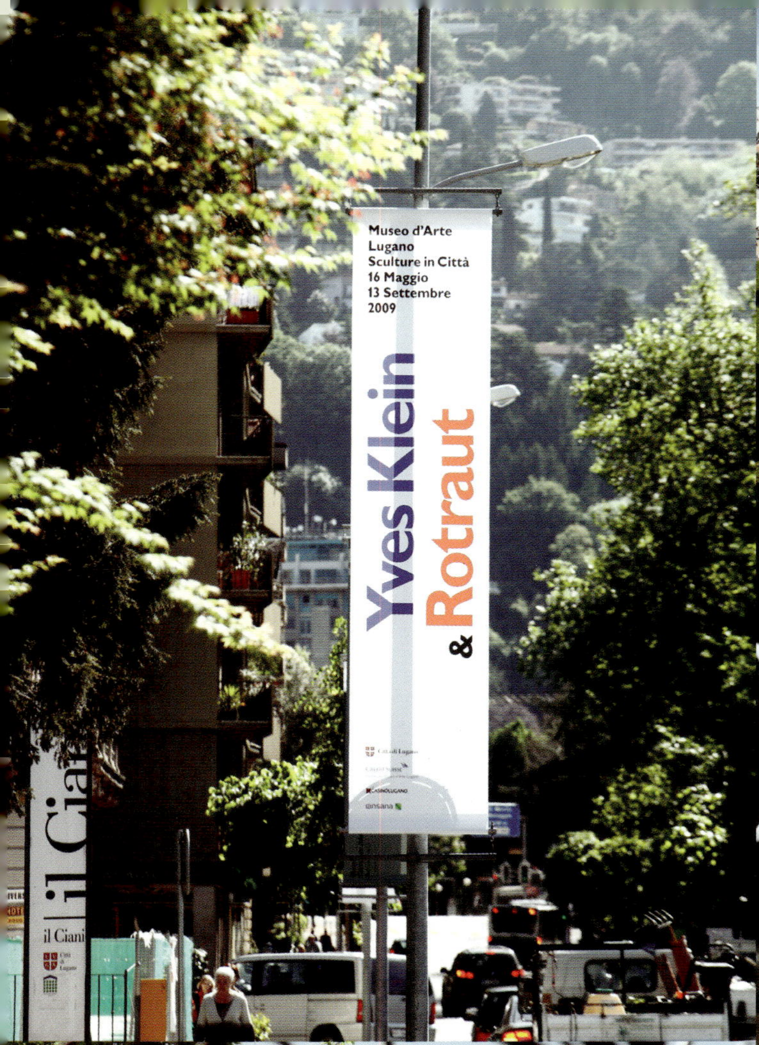
Museo d'Arte
Lugano
Sculture in Città
16 Maggio
13 Settembre
2009
Yves Klein
& Rotraut

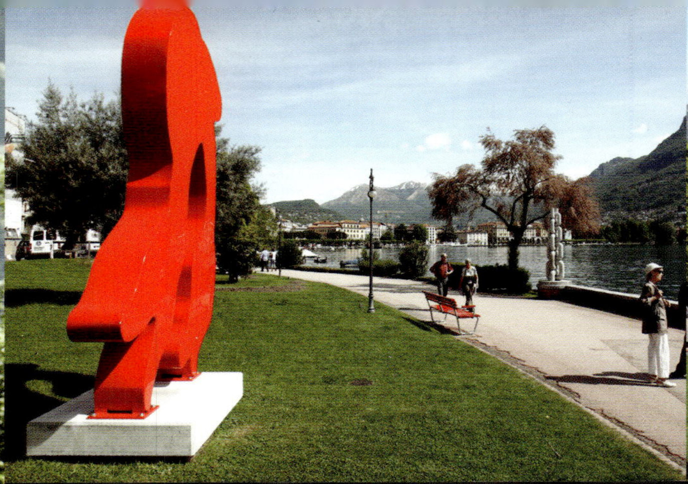

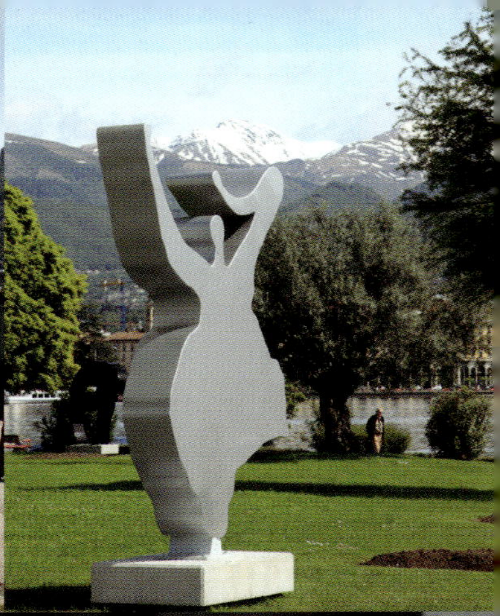

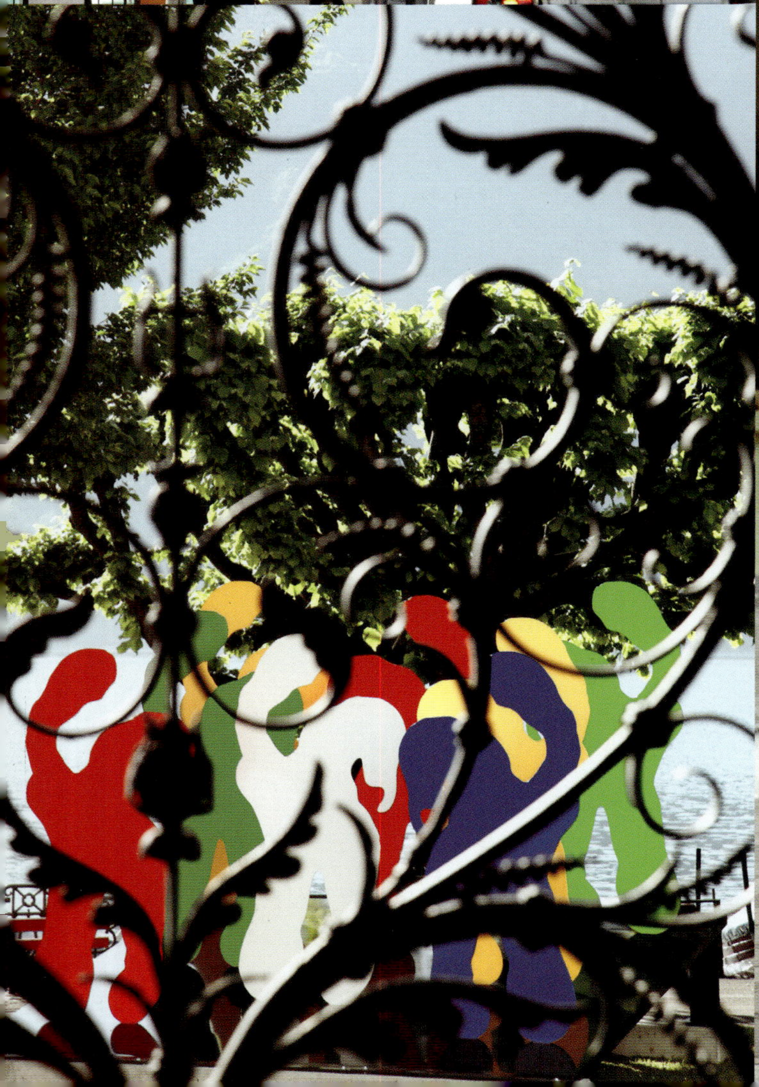

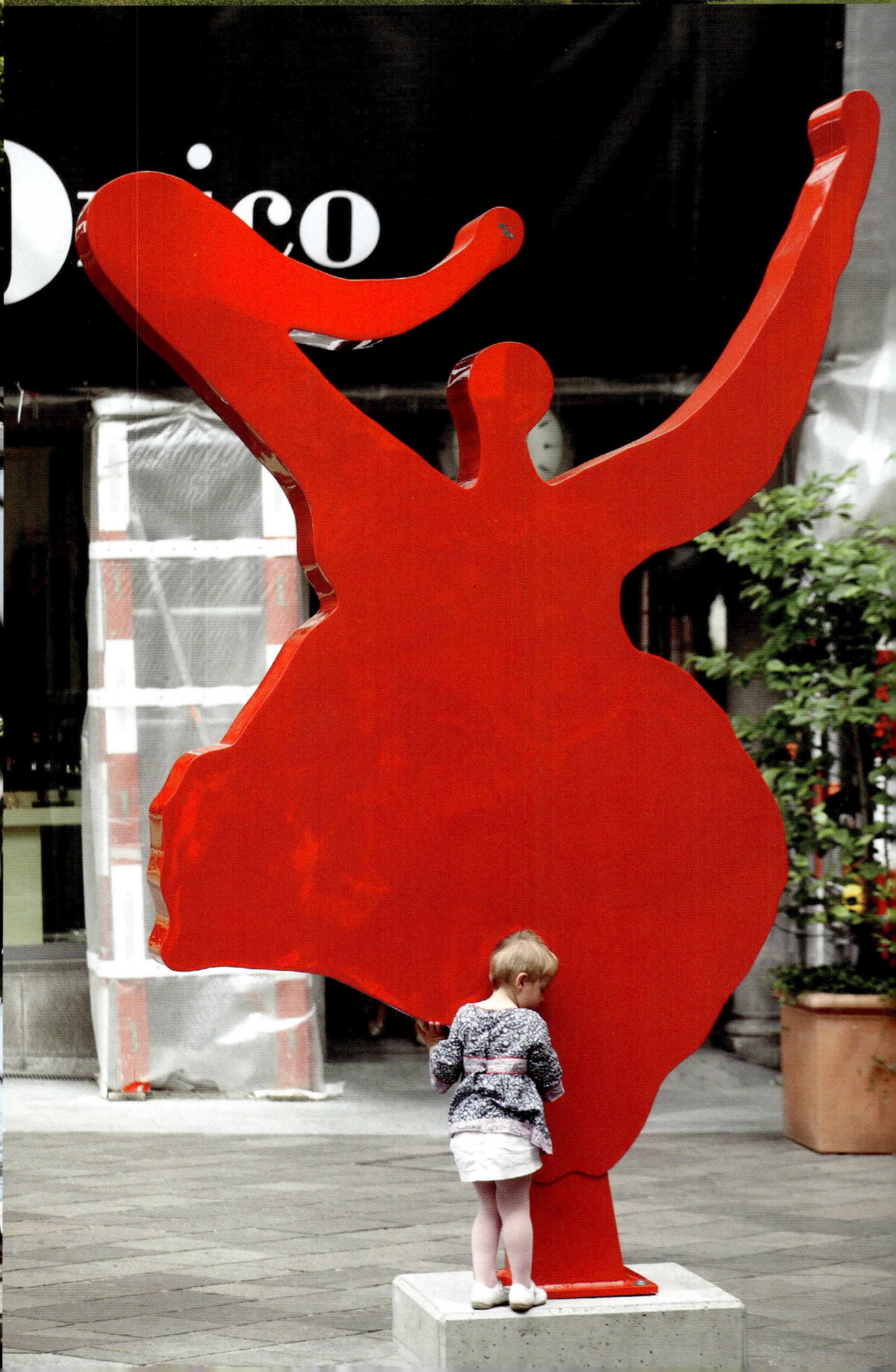

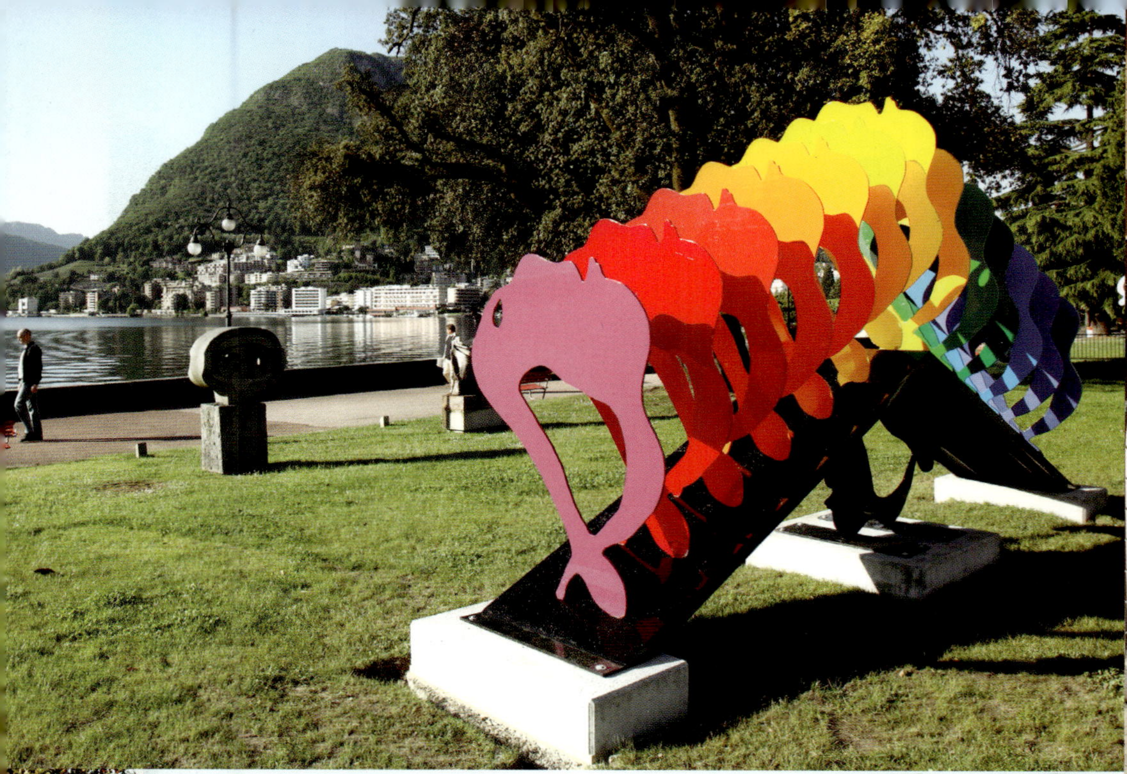

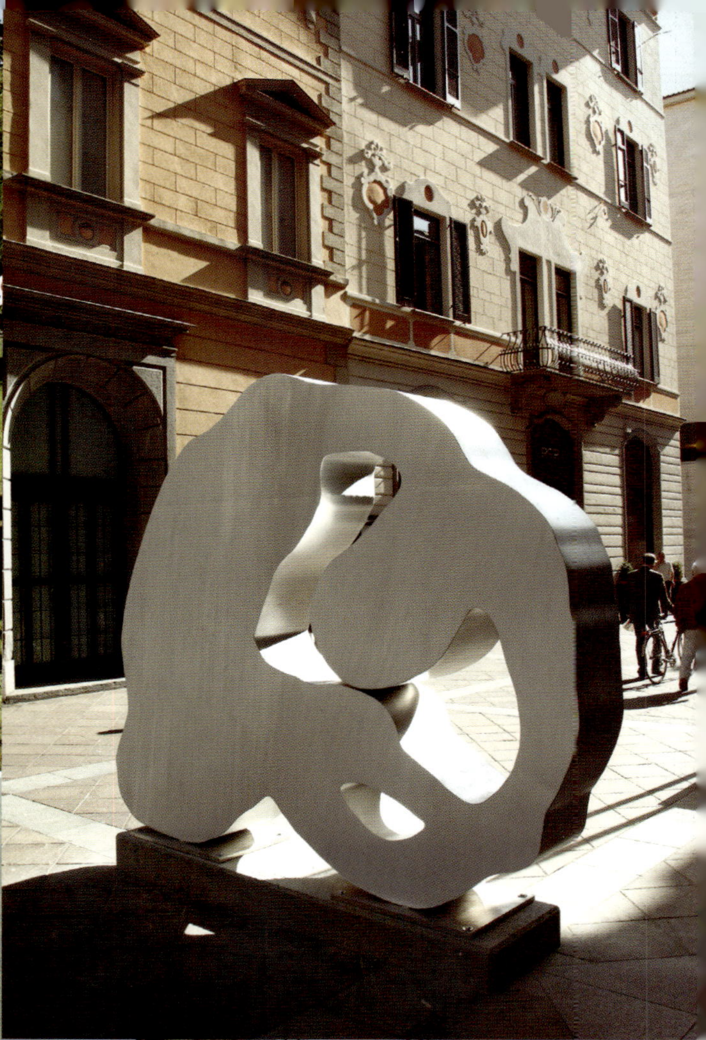

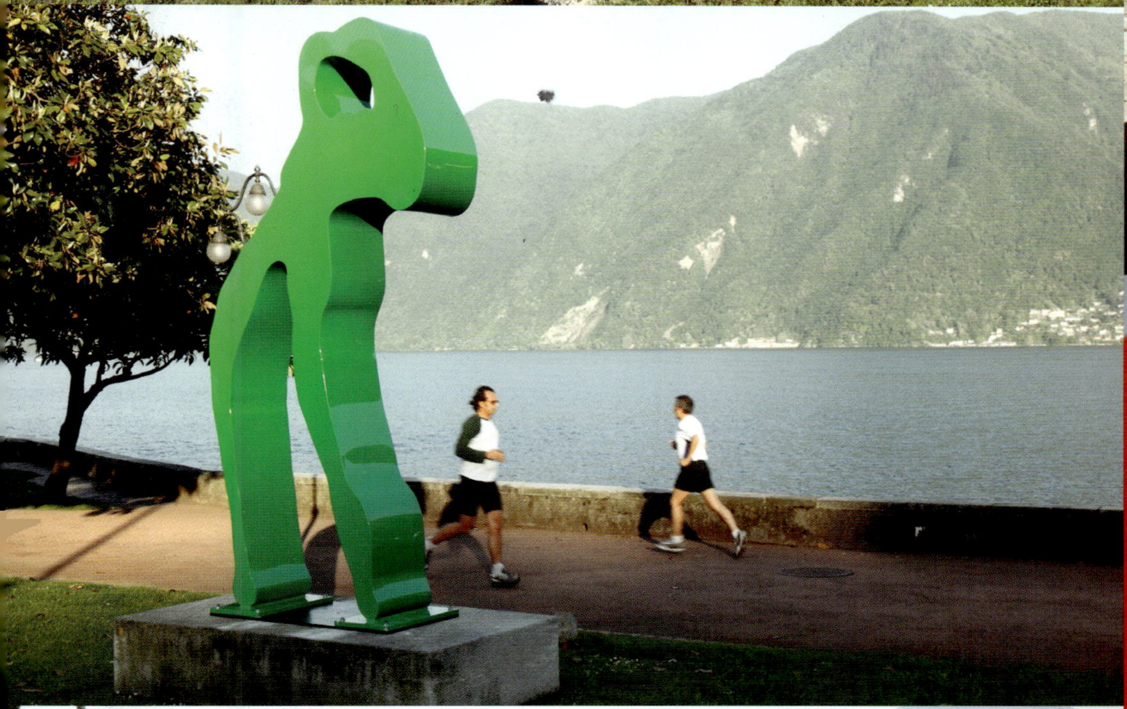

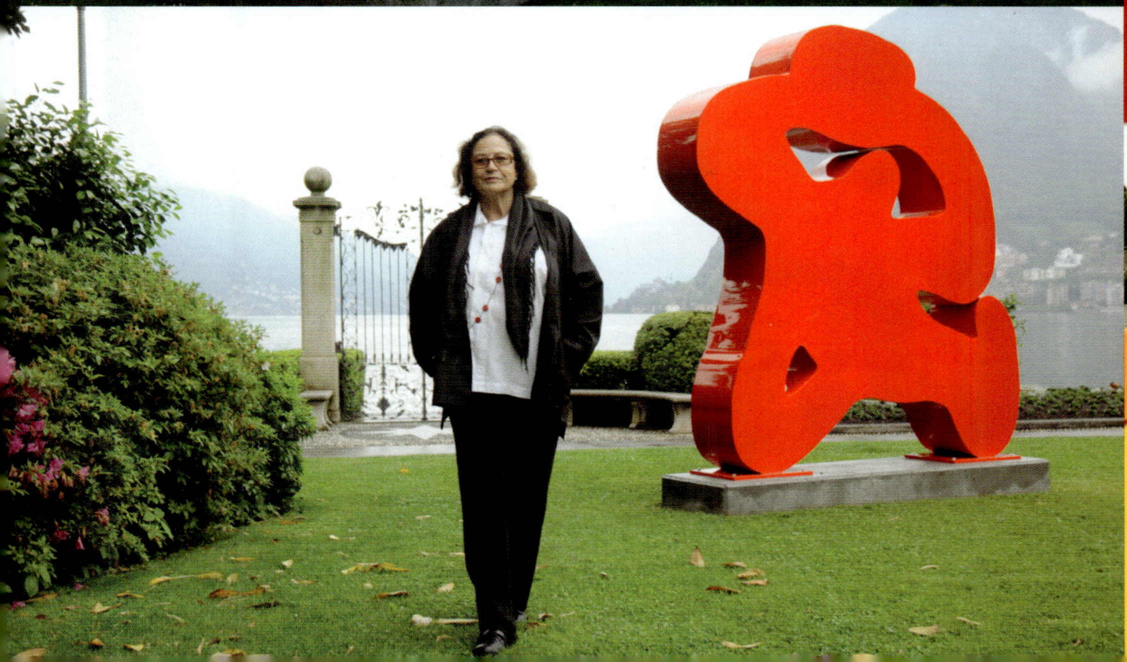

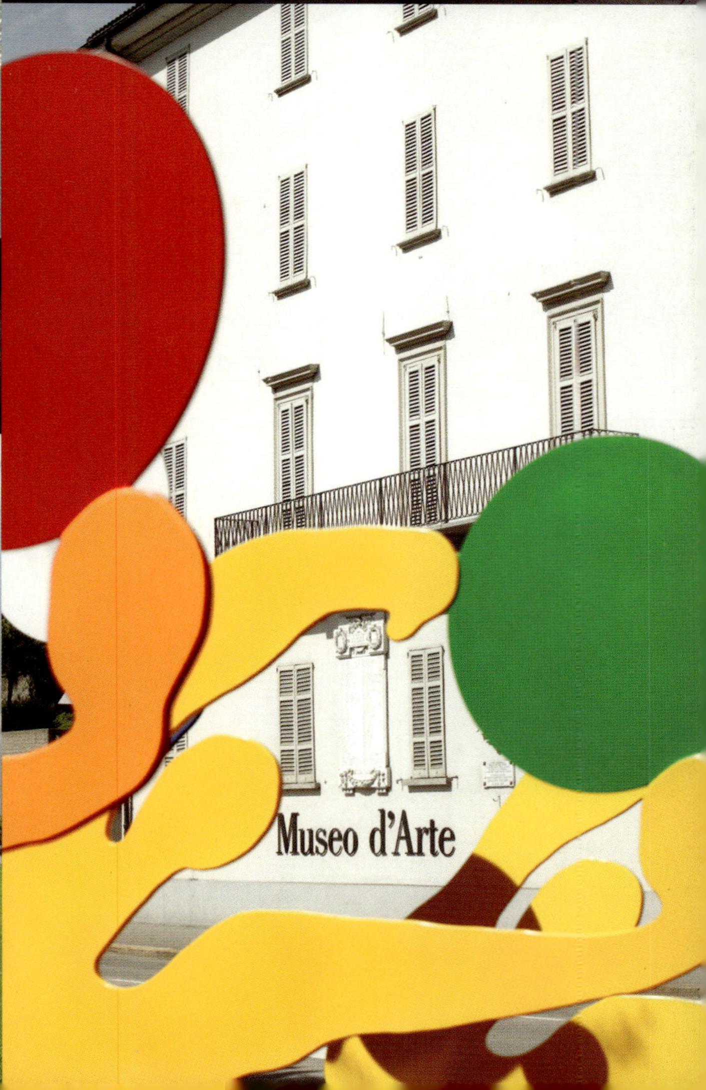
Museo d'Arte

nelle pagine precedenti
previous pages

Sculture di Rotraut a Lugano
Rotraut's sculptures in Lugano
Maggio / May 2009

Sommario / Contents

Rotraut: forme dell'energia riflessa

Bruno Corà

Il tempo di attuazione di una vocazione artistica è misterioso. Non se ne conosce, a priori, l'estensione né tantomeno la durata o l'inizio. Può, come nel caso di Rotraut, aver avuto un esordio e uno sviluppo prettamente di carattere pittorico ed evolvere poi come urgenza plastica e come interesse ambientale. Sta di fatto che oggi, a cinquant'anni dalla sua prima mostra personale avvenuta all'insegna di una pittura finemente proto-spazialista e in un certo senso atomistica (c'è chi definisce l'elementarità del suo gesto di matrice *informel*, ma avrei non pochi elementi per confutarlo) Rotraut si dichiara fortemente incline alla creazione plastica; le interessano i volumi e le forme che si possono posare *en plein air* o in ambienti chiusi, ma sempre avvolti da uno spazio che concorrono a definire. Le sue sculture laminari o scatolari si installano all'aperto in piazze e giardini con la stessa disinvoltura morfologica dei suoi recenti disegni, ma anche delle sue iniziali tracce e segni ottenuti sulla carta, sul legno o sulla tela con modalità assai diverse.
Una improgrammata coerenza si è venuta manifestando nel tempo, all'insaputa dunque dell'artista stessa che, quasi teleguidata da un'interna forza, ha mosso uno dopo l'altro i suoi passi in un percorso tanto autentico quanto inimmaginabile (ma non agli occhi di Yves Klein che sembra averle anzitempo pronosticato un futuro nella creazione plastica) di cui oggi è innegabile la fragranza.

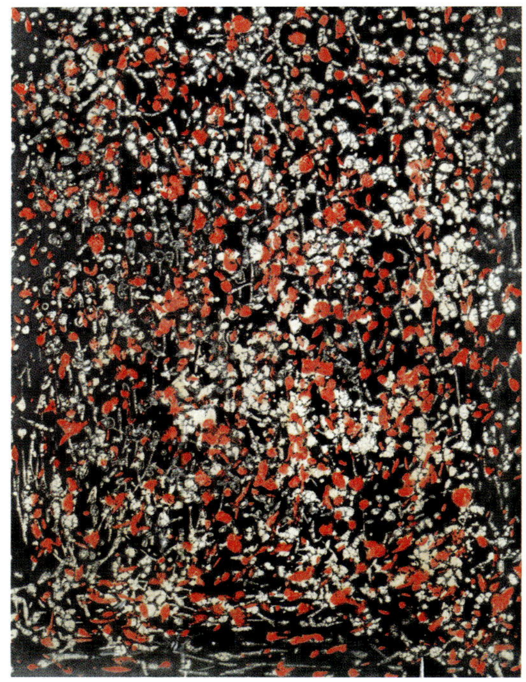

Galaxy
1958
inchiostro, farina e colla su tavola
ink, flour and glue on board
65 x 50 cm
Collezione privata
Private collection

La scultura scatolare e laminare

Le numerose sculture dislocate in piazze, spazi erbosi, strade e giardini di Lugano – ventidue complessive forme di diversa qualità metallica – stanno a dichiarare la felicità semplice ma non ignara, elementare ma non inesperta, di un'artista che mostra una maturità di linguaggio ben radicato in un lungo tirocinio, tutt'altro che privo di esigenti autoverifiche.
E per tornare sulla coerenza di questo lungo e non facile excursus, in parte compiuto a fianco di una delle figure mitiche dell'arte del XX secolo come Yves Klein – luminosa certamente per Rotraut, ma anche involontariamente condizionante il suo naturale tragitto – e in parte nella solitaria avventura che ne ha reso incollocabile l'esperienza, fuori da gruppi e da scuole, si suggerisce di guardare la policroma concatenazione di morfologie quali monumentali emblemi di un immaginario artistico prodigiosamente conservatosi allo stato della *rêverie* dell'infanzia e dell'adolescenza. Quella condizione che Matisse raccomandava a ogni artista di non perdere mai.
Tra queste grandi sculture dalle valenze monocrome come lucide carrozzerie di veicoli della fantasia e del desiderio e i piccoli depositi di colore lasciati cadere sulla superficie delle tele come nella serie dei *Jardins* vi è soprattutto una differenza di scala e di materia, non certo di intenzione poetica. Il passaggio dalla pittura alla scultura, in questa singolare vicenda, sembra tuttavia essere effettivamente latente in molti esempi, perfino offerti in mostra per l'occasione a Lugano, se si torna a osservare taluni episodi della iniziale ricerca di Rotraut.

L'immagine residuale

Nella pittura degli anni 1958-1959 si rilevano due aspetti tra gli altri che paiono non trascurabili: il primo è un'attitudine a formulare l'immagine attraverso una modalità di "impronta" che presuppone sempre un elemento o corpo intriso di colore, premuto su un supporto accogliente. Ben al di là dal constatare che ta-

Vol de sensibilité
1960
tecnica mista su tela
mixed media on canvas
89 x 146 cm
Collezione privata
Private collection

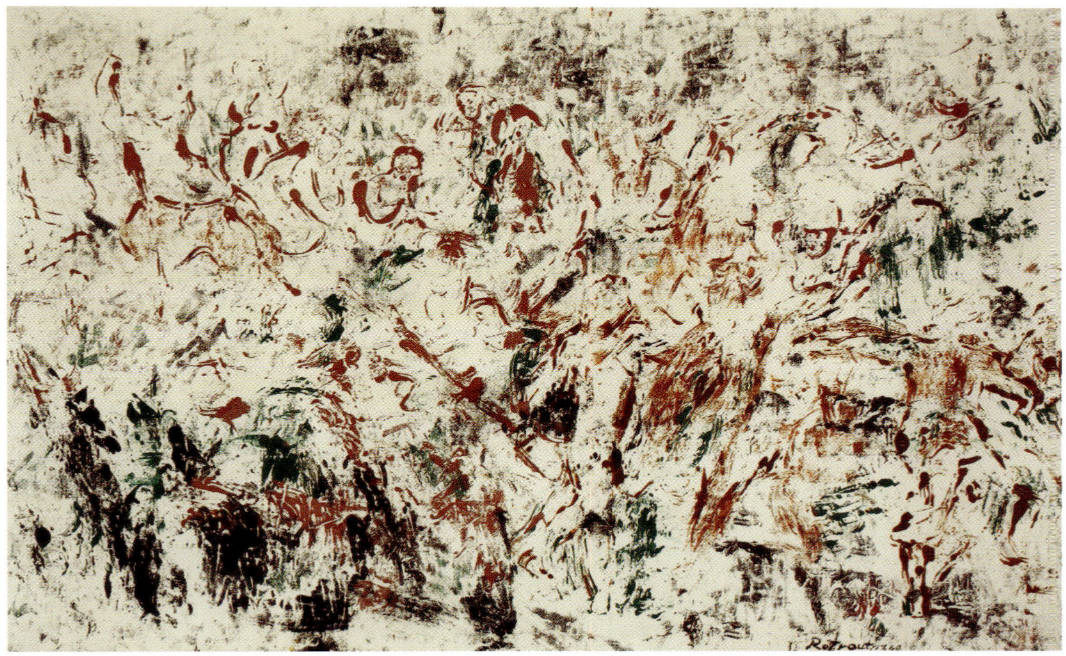

statare che tale attitudine sarà esercitata mirabilmente da Yves Klein con le antropometrie ma anche con talune cosmogonie, non si può tuttavia dimenticare che un noviziato calcografico interessa la prima produzione di Rotraut attraverso la xilografia, tecnica impartitale dal fratello-maestro Günther Uecker, grande esponente del Gruppo Zero e indiscutibile protagonista degli anni sessanta e successivi in Germania ed Europa.

Rotraut, dunque, prima dal fratello e poi da Klein, apprende a ottenere sensibili esiti da una tecnica di immediata e semplice applicazione. Sono di rilevante qualità, in tal senso, gli esempi già presenti nella mostra presso la New Vision Center Gallery di Londra nel 1959, di cui al Museo d'Arte si è potuto esporre sia il *Sans titre* (1958), inchiostro su carta, sia il *Sans titre* (1959 ca.), inchiostro, farina e legante con modalità affini alla tecnica dell'impronta.

Ma bisogna trovarsi al cospetto dei *Vols de sensibilité* per cogliere l'efficacia di un'intuizione originale, che se estende la tensione pittorica a limiti di provocatoria libertà, offre una precoce proposizione d'immagine concettuale conseguita dando valore al dato di residualità ottenuto mediante l'atto dell'impronta di una superficie precedentemente definita da Rotraut su un'altra predisposta al gesto di trasferimento materico. I *Vols de sensibilité* recano numerosi aspetti di lucida impazienza poetica: il *d'après* praticato da Rotraut come transfer di sensibilità da un antico maestro viene prima assunto come dato sensibile da conoscere e celebrare e poi da negare e dimenticare, per dare vita a una nuova creazione pittorica puntando sul *quantum* residuale della pittura. Iconografia e iconoclastia si inseguono in un unico testo. Inoltre il risultato ha un'incredibile forza evocativa come ce l'ha l'ombra per un corpo o la polvere per un oggetto a lungo rima-

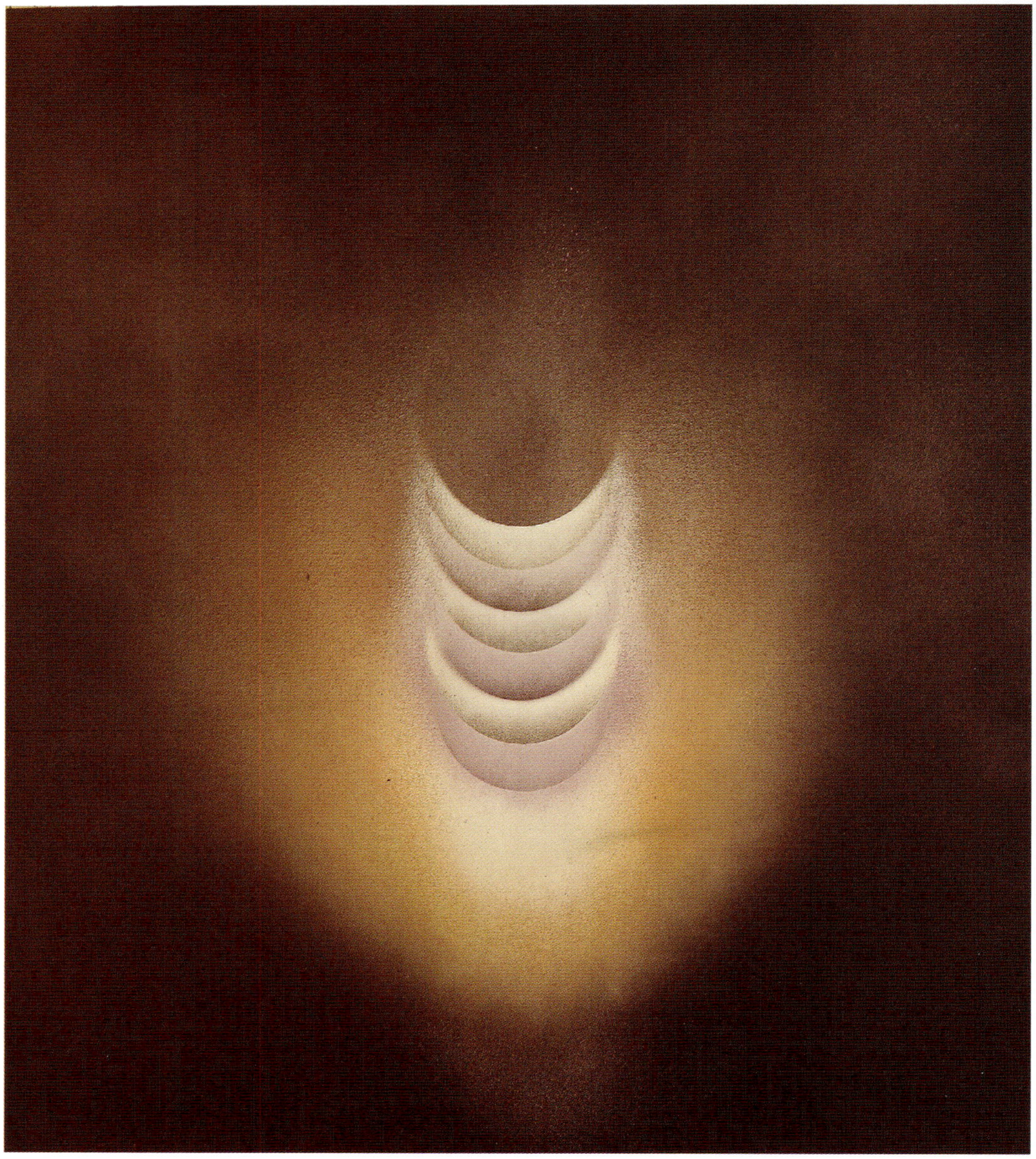

Le trou noir
1974
acrilico su tela
acrylic on canvas
140 x 130 cm
Collezione privata
Private collection

sto in un luogo e poi spostato. Ciò che resta come traccia di un'integrità assente esercita un'innegabile azione sull'immaginario che tenta la ricomposizione di un'entità perduta.
L'azione sottrattiva ha infine la capacità di lasciare vuoti che di per sé richiedono di essere anch'essi colmati dall'immaginario. Peraltro, con questo doppio registro additivo e sottrattivo, Rotraut lavorerà con non minore efficacia in quegli stessi anni creando diverse versioni di *Nébuleuse*, realizzate con l'impiego di supporti rigidi su cui stende farina con leganti e colore nero e di carte abrasive con le quali, "spuntando" i rilievi dell'impasto farinoso coperto con il nero, giunge a produrre l'effetto di cieli notturni costellati d'astri. Questi risultati si possono confrontare in quella tensione coerente, con le opere dal titolo *Galaxy* di qualche anno prima con modalità e tecniche additive del colore distribuito fluidamente sui supporti.
In tutti questi casi Rotraut ha fatto leva su una facoltà da lei posseduta e di cui ha avvertito la piena attitudine. Un modo rapido di recare il gesto pittorico, tutt'altro che ponderato ma non perciò meno esatto nell'ottenimento di esiti in buona parte controllati nella distribuzione del colore. Questa modalità attuativa derivante da un'inclinazione reattiva del tutto istintuale, frutto di una fiducia nelle proprie pulsioni emotive e creative, Rotraut l'ha identificata in ciò che lei definisce l'energia riflessa proveniente dalla natura della vita.

L'energia riflessa
Quando Rotraut parla dell'energia riflessa evoca una forza presente e comune a tutti i viventi, più o me-

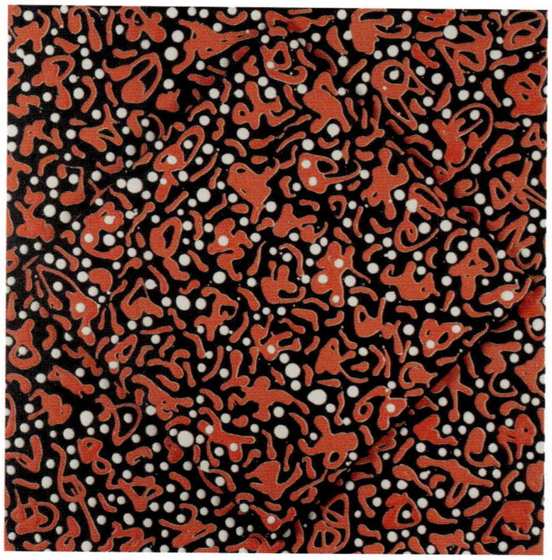

Jardin
1984 ca.
gesso, acrilico e medium
indurente su tela su tavola
plaster, acrylic and
hardening medium
on canvas on board
125 x 125 x 5 cm
Collezione privata
Private collection

no consapevoli di possederla. Inestricabilmente intrecciata all'istinto vitale, l'energia riflessa non ha bisogno di alcuna preparazione per essere posta in atto. Essa si manifesta e si libera con assoluta compiutezza e rapidità in stretta relazione al fenomeno che la suscita. Può essere considerata, per certi versi, come un elemento che sorge immediato e a misura di una qualsiasi fenomenologia che si verifichi e che la richiami. In ultima analisi, assai prossima a uno slancio vitale, essa è propriamente la sua speculare entità correlata e adesso connessa come l'effetto alla causa; ma mentre i due termini di ogni evento sembrano procedere univoci, l'energia riflessa ha una valenza oppositiva che mette in evidenza una qualità riequilibratrice.
Se si seguono le vicende biografiche di Rotraut, si può osservare di quale aspetto si sia rivestita la sua insorgenza e come sin dall'infanzia essa abbia svolto un ruolo determinante nelle fasi cruciali del suo percorso di donna e d'artista. Per questo Rotraut è molto attenta alle sue manifestazioni diverse e periodicamente ricorrenti che hanno sempre determinato importanti cambiamenti nel suo lavoro e nella sua vita.
D'altra parte, il suo temperamento artistico e tutta la sua esperienza rivelano ampiamente come una tale energia abbia soprattutto un gran valore per lei che a essa presta attenzione e inconscia devozione, eleggendola a invisibile ma reale valore di esistenzialità ed entità non eludibile. Più volte, il ricorso all'energia riflessa, sopravvenuta in momenti cruciali della sua vita, è stato determinante nelle scelte compiute e negli esiti conseguiti. E ha ragione Rotraut a prestare sensibile ascolto all'evenienza della sua imponderabile apparizione, poiché in nessun caso precedentemente all'origine di ciò che l'ha suscitata, essa si è dimostrata esente da effetti determinanti e di forte incisività nel suo destino di persona e di artista.
È attraverso l'evenienza dell'energia riflessa che in un certo momento Rotraut ha sentito di poter e dover infrangere alcuni diaframmi che le interdivano l'accesso a talune dimensioni (tra le altre, l'esercizio dell'espressione della linearità avendo, come Klein, proclamato fedeltà al colore; l'adesione a favore della scultura, trascurando relativamente la pittura etc.). Così, l'improvvisa facilità di attuazione del disegno le ha dischiuso una pratica geroglifica e morfemica notevole, nonché una spregiudicata volontà di trarne volumi e forme plastiche di grande investimento spaziale.
E sono stati questi risultati, conseguiti con assidua e tenace fede nella bellezza e speranza che l'arte è capace di suscitare, a far nascere opere come *Life* (1991), *Silver Gipsy* (1997), *Warriors* (1998), *Cosack* (2001), *Playing with Stars* (2005), *Thomas* (2009) e altre. Con esse Rotraut continua il suo dialogo con le forze invisibili ma esistenti suscitate da un'energia non diversa da quella che ha munito le opere di Yves Klein di una carica di immaterialità e universalità tuttora capace di irradiarsi.

Rotraut: Forms of Reflex Energy

Bruno Corà

The timing of an artistic vocation is mysterious. Its extent cannot be known a priori, still less its inception or duration. It can, as in the case of Rotraut, have a beginning and development of markedly pictorial character and then be driven to evolve into the area of the plastic arts and environmental interest. The fact is that today, fifty years after her first solo show of exquisitely proto-Spatialist and in a certain sense atomic painting (some would describe the elementary nature of her work in terms of Art Informel, but there is solid evidence to refute this), Rotraut declares her strong leanings towards the sculptural. Her interest is in shapes and volumes that can stand in the open or in closed environments, but always wrapped in a space that they themselves help to define. Her laminar or box-shaped sculptures are installed outdoors in squares and gardens with the same morphological nonchalance as her recent drawings but also the initial marks and signs made in very different ways on paper, wood and canvas.

A sort of unplanned coherence has come to manifest itself over the years, and hence without the artist herself realizing it. Almost as though remote-controlled by an inner force, she has taken one step after the other along a pathway as authentic as it is unimaginable (but not to Yves Klein, who appears to have foretold her future in sculptural creation very early on), the fragrance of which is today undeniable.

The box-shaped and laminar sculpture

The numerous sculptures located in the squares, grassy spaces, streets and gardens of Lugano—twenty-two shapes of different metallic quality—are there to proclaim the simple but not unaware, elementary but not inexpert happiness of an artist who displays a maturity of vocabulary firmly rooted in an apprenticeship that was long and anything but devoid of stringent self-testing.

Partly travelled alongside one of the legendary figures of 20th-century art—namely Yves Klein, unquestionably an illuminating presence for Rotraut but also one that involuntarily influenced her natural progress—and partly on her own in a solitary and unclassifiable experience developed outside any group or school, this long and by no means easy path has a coherence that can be discerned by looking at the polychromatic concatenation of morphologies as monumental emblems of an artistic imagination prodigiously preserved in the state of *rêverie* of childhood and adolescence: a condition that Matisse urged all artists never to lose.

The difference between the small amounts of colour deposited on the surface of canvases like those of the series *Jardins* and these great monochrome sculptures, like the gleaming bodywork of vehicles of the imagination and desire, is above all one of scale and material, certainly not of poetic intention. Examination of Rotraut's early work shows, however, that the transition from painting to sculpture in this singular development was effectively latent in many episodes, some of which are exhibited for the occasion in Lugano.

The residual image

Among the various aspects of Rotraut's painting over the period 1958–59, there are two that appear particularly important. The first is a focus on the image as an "imprint" created by pressing an element

or body soaked in colour against a suitable support. While it is true that this approach was to be adopted to wonderful effect by Yves Klein with his *Anthropométries* and some *Cosmogonies*, it cannot be forgotten that printing was involved in Rotraut's earliest work through woodcut, which she was taught by her brother and master Günther Uecker, a member of the Zero Group and unquestionably a leading figure in Germany and Europe during the 1960s and later decades.
Rotraut thus learned, first from her brother and then from Klein, to obtain appreciable results with a technique of simple and immediate application, as shown by the quality of the works exhibited in London at the New Vision Centre Gallery in 1959. Two of these can now be seen at the Museo d'Arte, namely *Sans titre* (1958), ink on paper, and *Sans titre* (1959 ca.), ink, flour and binding agent, using a process similar to the imprinting technique.
It is, however, on beholding the *Vols de sensibilité* (1963) that one realizes the effectiveness of an original intuition that takes pictorial tension to the limits of challenging freedom, while offering an early proposition of conceptual image achieved by giving value to the residual element obtained through the action of imprinting one surface previously developed by Rotraut onto another prepared for the transfer of material. The *Vols* display numerous aspects of lucid poetic impatience. The "*d'après*" practiced by Rotraut as the transfer of sensibility from an ancient master is assumed as an element first to be known and celebrated and then denied and forgotten, using the residual "quantum" of the painting to give birth to a new pictorial creation. Iconography and iconoclasm follow one another in a single text. Moreover, the result is endowed with incredible evocative power, like the shadow for a body or dust for an object left for a long time in one place and then moved. What remains as a trace of an absent whole has an undeniable influence on the imagination, which seeks to reconstruct the lost entity.
Finally, this subtractive action has the capacity to leave voids that in themselves also demand to be filled in by the imagination. It was indeed with this dual approach of addition and subtraction that Rotraut was to work with no less effectiveness in the same years on various *Nébuleuses*, spreading flour and a binding agent on rigid supports, applying black paint, and rubbing the resulting relief of floury paste covered in black with sandpaper to obtain the effect of a star-spangled night sky. These results can be compared in this coherent striving with the *Galaxies* produced a few years earlier with the additive technique of pouring dilute paint onto supports.
In all these cases, Rotraut harnesses a faculty that she possesses and of which she is fully aware, namely rapidity of gesture in painting that is anything but pondered and yet no less exact thereby in obtaining largely controlled results as regards the distribution of colour. Deriving from wholly instinctive reactivity and confidence in her emotive and creative drives, this approach is identified by Rotraut as what she calls the "reflex energy" flowing from the nature of life.

Reflex energy

When Rotraut talks about "reflex energy", she means a force more or less consciously possessed by and common to all living beings. Inextricably interwoven with the vital instinct, reflex energy requires no preparation to come into effect. It is released and manifests itself with the utmost fullness and rapidity in close relation to the phenomenon triggering it. It can be regarded in some respects as an element generated immediately and in proportion to whatever phenomena take place and call it into being. Very close to the vital impulse, in the final analysis it is correctly defined as a correlated entity mirroring it and now connected in the same way as effect is to cause. But while the two terms of every event appear to proceed univocally, reflex energy has an oppositional character that highlights a balancing quality.

Examination of the events in Rotraut's life shows the form that this took from the very outset and how it has played a decisive role in the crucial phases of her development as a woman and an artist ever since childhood. For this reason, Rotraut pays a great deal of attention to its various periodically recurrent manifestations, which have always led to major changes in her work and life.

At the same time, Rotraut's artistic temperament and all of her experience abundantly show that this energy has great value above all for her, elevated by her attention and unconscious devotion to the status of an invisible but real, existentially grounded and ineluctable entity. The harnessing of reflex energy at key moments in her life has repeatedly proved crucial as regards the decisions taken and the results attained. And Rotraut is right to pay sensitive attention to the eventuality of its imponderable apparition, since it has never failed to have vital and telling effects on her destiny as a person and an artist once triggered by some factor.

It is through the manifestation of reflex energy that Rotraut felt at a certain point both the power and the need to break down the barriers denying her access to certain dimensions (including sculpture, which involved a comparative decrease in her painting, and linear expression, despite Klein's and her own avowed allegiance to colour). A sudden facility for drawing thus opened up broad horizons for her in the hieroglyphic and morphemic field as well as an uninhibited determination to develop this into sculptural shapes and volumes of great spatial impact.

And it is these results, achieved through assiduous and tenacious faith in the beauty and hope that art is capable to arousing, which have led to works such as *Life* (1991), *Silver Gipsy* (1997), *Warriors* (1998), *Cosack* (2001), *Playing with Stars* (2005) and *Thomas* (2009). Through them Rotraut continues her dialogue with the invisible but really existing forces engendered by energy no different from that which filled the works of Yves Klein with the charge of immateriality and universality they are still capable of transmitting.

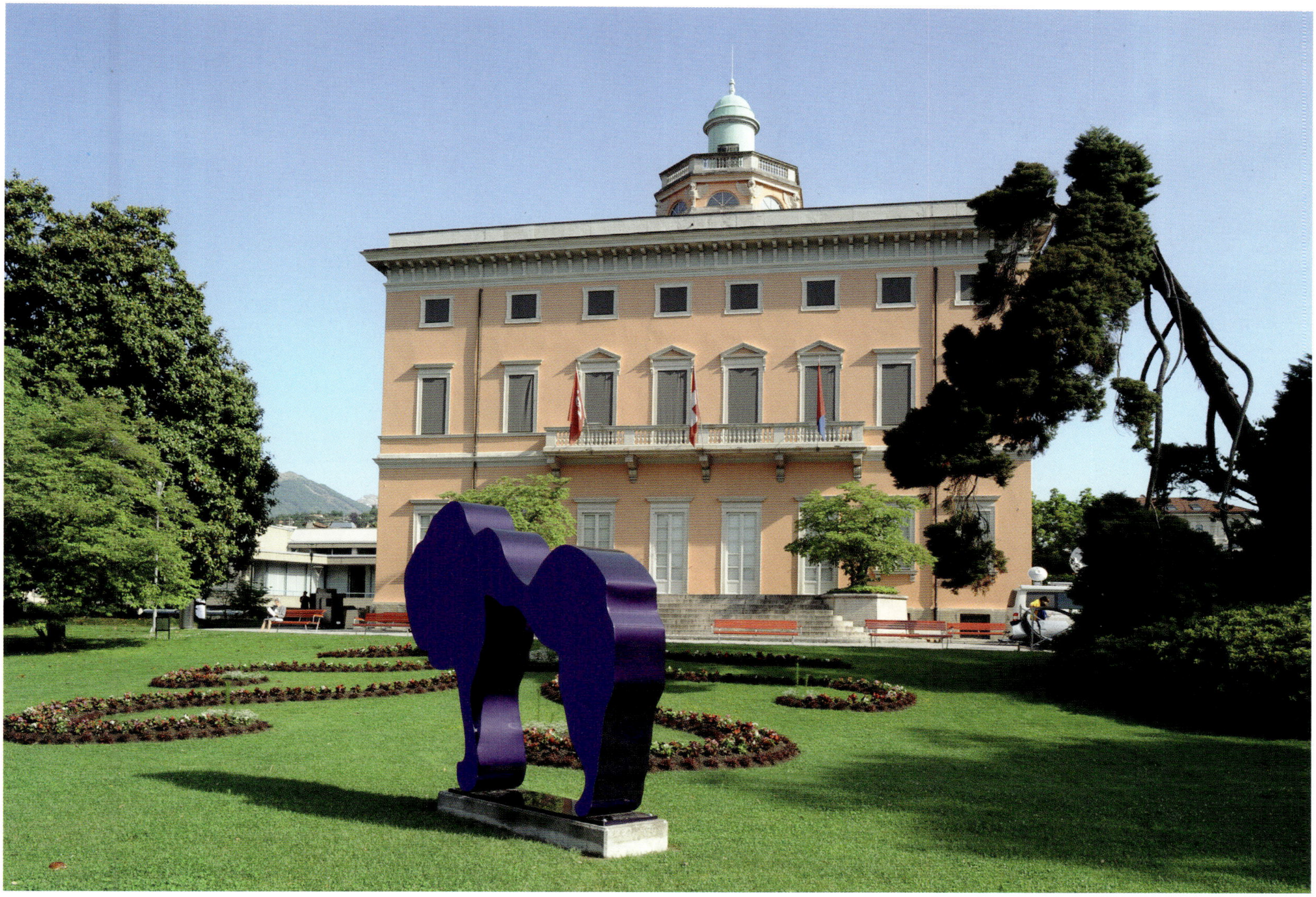

Rotraut nell'illuminazione del tempo

Jean-Michel Ribettes

Come entrare nella gioia?
Guardando una delle sue opere improvvisamente il mondo comincia a sorridere: la terra ruota sul suo asse, il peso del corpo si alleggerisce, tutta la natura si mette in mostra, le frecce del tempo vibrano e si disperdono e la gioia colpisce in pieno cuore. Una tela, una scultura di Rotraut è sempre un sorgere di lirismo puro, una promessa d'infanzia, l'incanto del presente. L'incanto è lì, diretto, sensibile, l'allegria è vicina, a portata di mano. Un esempio? La serie di sculture *Playing with Stars* (2005). Oppure il monumentale *Rainbow Bridge* (2001). E i recentissimi dipinti a forma di cuore, semplici, evidenti, esatti (*Senza titolo*, 2003). Oppure i primissimi *Paysages* (1958). E poi la magistrale opera, inaugurata nel 1959 e sempre in progresso, ossia la serie delle grandi *Galaxies*, i cui cieli scintillanti sovrastano maestosi tutto l'insieme.
Che intensità, che agitazione, che riposo. Poiché Rotraut crea ora sotto il sole di Phoenix, Arizona, nella quiete dell'immenso atelier, nella luce assoluta del deserto. Eppure ben si percepisce che la sua America passa da altre terre promesse, altri continenti transitori in cui si sviluppa successivamente o simultaneamente la sua vita: Düsseldorf, nella Germania occidentale, Montparnasse, a Parigi, e recentemente Sydney, in Australia. La luminosa Rotraut che sembra giocare con la pittura e prendersi gioco di tutto il resto riscrive i miti e le utopie, si diverte a vivere, medita all'infinito sulla creazione, il cosmo, la morte, l'amore, il tempo e l'oblio, ma anche sulla riconciliazione, l'equilibrio, l'armonia. È curiosa la capacità di questa slava (è nata in una penisola del mar Baltico, sulla costa del Meclemburgo, a Rerik Wostrow, nella Germania dell'Est) di evitare spontaneamente la morsa della tragedia, di dimenticare la circostante tristezza parassitaria, di smentire i naufragi della storia.
La sua arte precisa, vivace, tenera, colorata, luminosa, scoraggia, ovviamente, gli amanti della distruzione, della desolazione e dell'inevitabile annientamento, che hanno tanta indulgenza per la morte consenziente, per la rinuncia morale, per il nichilismo che non riesce a pensare alla propria negatività. Ma la solare Rotraut gioca con la percezione della chiarezza, con il momento senza seguito, con il bagliore della sensibilità per rivelare la gioia, la stravaganza e l'intelligenza. Crea un'arte che si apre su una ricchezza di sensazioni sagge e naturali, scaturite dal cuore del tempo.
È inventrice di silenzi e di ritmi, è creatrice di illuminazioni. Possiede una sua musica singolare, possiede le sue chiavi, i suoi abbagli, i suoi sogni sonnambuli e le sue apparizioni paradisiache. Possiede una sua luce, una sua energia, le sue astuzie. Tutta la sua opera si erge contro la malinconia, i lamenti rassegnati, la servitù volontaria, l'odio contro se stessi, il risentimento generale, il lento suicidio, la censura automatica, l'oscurantismo ordinario, la debolezza morale. Lo si conosce a memoria il disco reazionario e depressivo che lei rifiuta con tutto il suo essere. Ciò che respinge è la tirannia lamentosa del masochismo. Come entrare nella gioia? Ecco in cosa consiste tutto lo scopo profondo e sincero dell'opera: in questa volontà di illuminazione, viva, mite e gioiosa. Ecco la molla, il motore, il bersaglio.
La gioia? Ma non è una cosa troppo gratuita, irraggiungibile, enorme? E soprattutto, troppo semplice! Troppo disinibente, troppo libera! Eppure Rotraut ha il suo segreto che le permette di uscire dalla depressione contemporanea o dal risentimento malinconico.

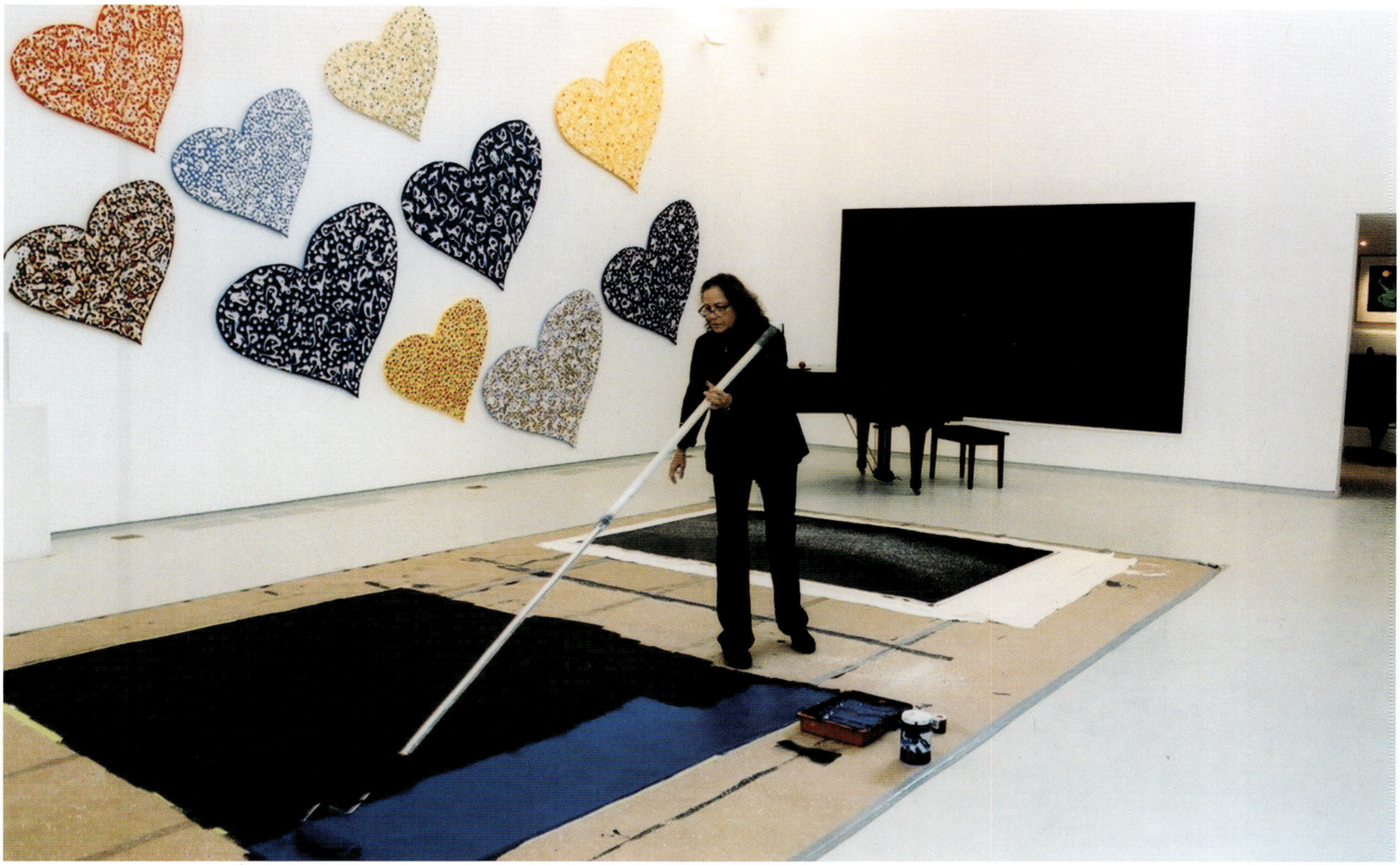

Rotraut nel suo atelier
Phoenix, Arizona
Rotraut in her studio
Phoenix, Arizona
2006

Il fanciullo che procrea e che gioca diventa re

Non ha mai dimenticato la sua infanzia, il suo segreto è questo. Si è trovata in pieno accordo con la raccomandazione di Matisse: "Bisogna guardare a ogni cosa della vita come quando si era bambini". Lei d'istinto guarda il mondo con una grazia noncurante, con disinvoltura. Può dunque permettersi di tutto ed è proprio ciò che fa. Con ogni nuova opera si erge un nuovo presente, un pensiero musicale cambia la mappa del cielo, una nuova luce incanta le mattine della vita.

L'artista è il bambino trionfante al quale nulla, nel passare tempo, fa ostacolo. Rotraut ammette di dipingere nell'euforia o nell'ossessione, "come un bambino che gioca". Questo regnare dell'infanzia nello scorrere della durata veniva formulato così da Eraclito (nel V secolo a.C.) : "La vita è un fanciullo che gioca, che muove le pedine; il fanciullo è re" (frammento 52). Le brevi parole del filosofo sottolineano

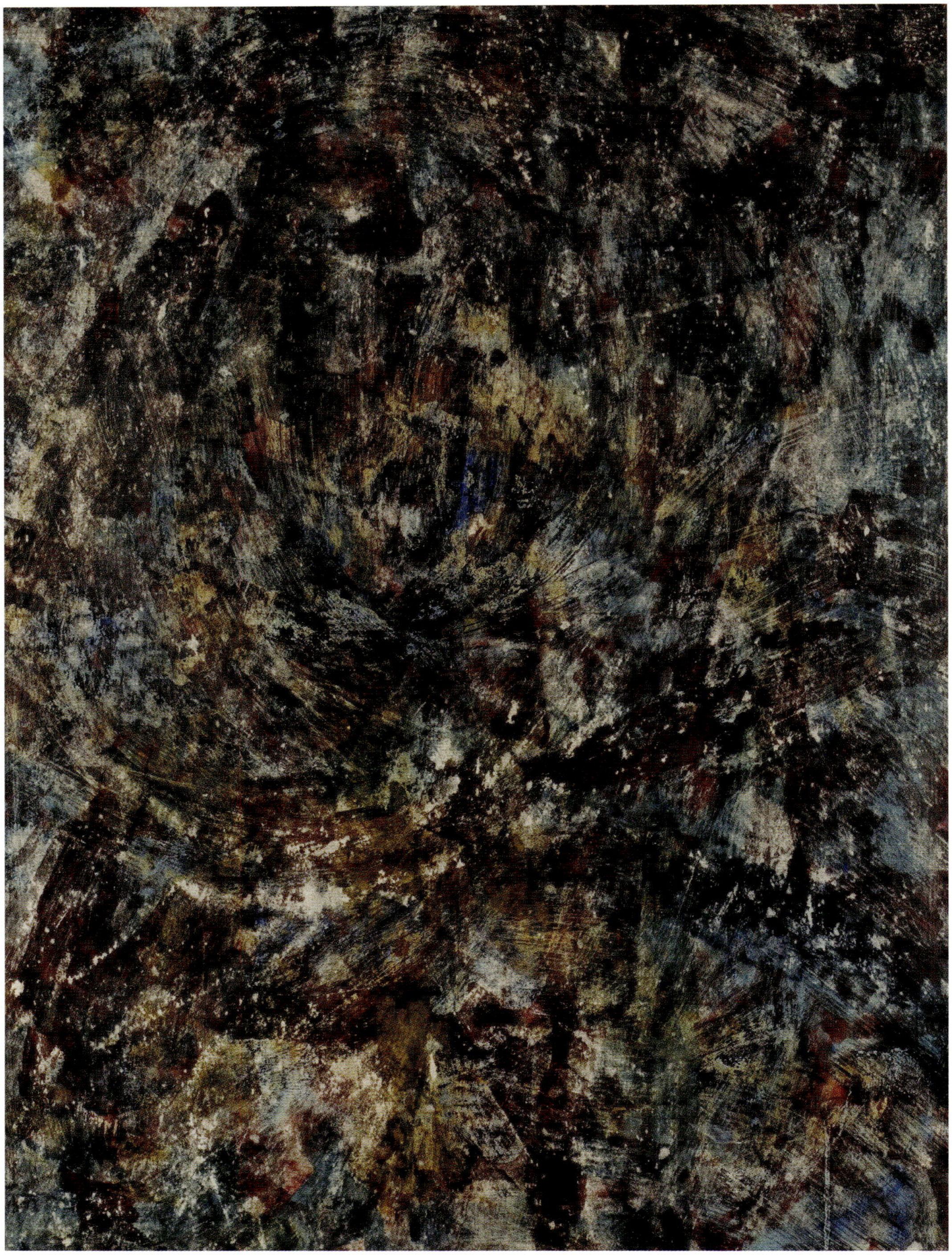

Sans titre
1958
gouache su carta su tela
gouache on paper
on canvas
65 x 50 cm
Collezione privata
Private collection

il significato stesso dell'eternità nella figura del bambino che a sua volta crea e gioca il gioco delle generazioni: la regalità, attributo di chi crea e procrea, tocca al fanciullo divenuto a sua volta genitore. In breve, la vita è proprio questo passaggio nell'eternità del tempo in cui il fanciullo che gioca e genera un fanciullo diventa re.
Rotraut risponde con una perfetta disinvoltura alle allusioni di Eraclito – il gioco e la procreazione, il sesso e la creazione, la maternità e la regalità, l'infanzia e l'eternità... Ecco perché il suo posto nel contesto artistico contemporaneo possiede un valore a parte. Immune al nichilismo contemporaneo, si scosta dall'estetica crepuscolare, dalle convulsioni espressioniste, dalla pesantezza psicologica. Rotraut si esonera dalla tenebra negativa, dalle grinze inquiete del realismo o della sociologia. Con una gaiezza deliberata lei sceglie la passione, ma liberata dal pathos ordinario. Aspira esclusivamente alla spensieratezza, ricerca semplicemente l'euforia leggera dell'infanzia. Non vuole che la meraviglia felice e l'illuminazione del presente. Opta per una pienezza virtuosa. "L'arte si crea man mano. Poi le cose derivano l'una dall'altra, co-

Sans titre
1957
inchiostro, farina e legante
su tavola
ink, flour and binding
medium on board
40 x 22 cm
Collezione privata
Private collection

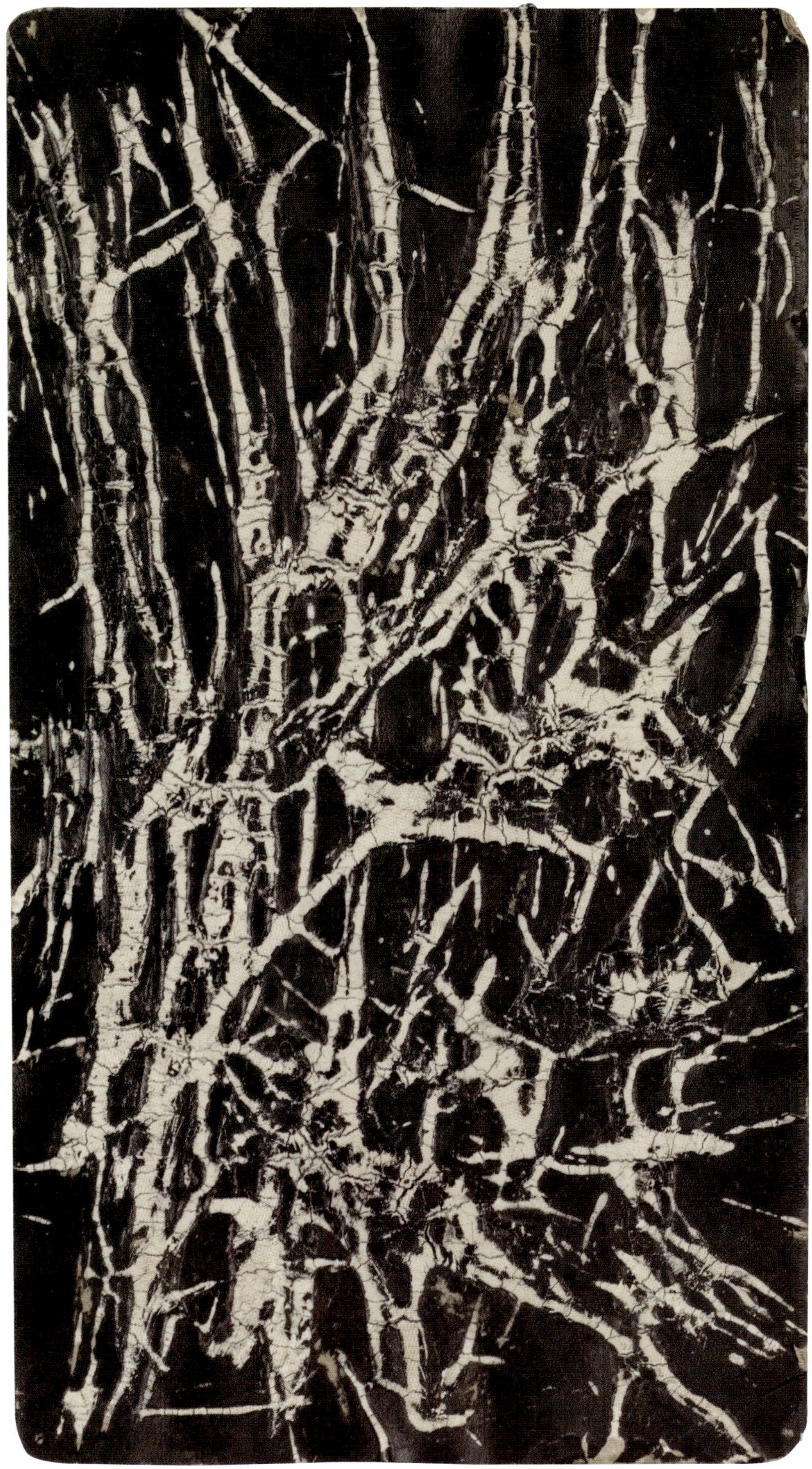

me una madre che ha un figlio, che ha un figlio, che ha un figlio ecc. È la catena naturale della creazione". Da dove le viene questa generosità, questa leggerezza, questa profondità, questo entusiasmo? Da una primitiva tragedia (nasce in Germania sotto la dittatura nazista, un anno prima della seconda guerra, e cresce sotto la dittatura sovietica)? Da un amore oltraggiato (a diciotto anni fugge all'Ovest e per dieci anni non ha più il diritto di rivedere i suoi genitori)? Da un grande lutto (Yves Klein muore improvvisamente il 6 giugno 1962, quattro mesi e mezzo dopo il loro matrimonio e loro figlio nasce due mesi più tardi)? Sì, questo lutto sarà una fine del mondo: "Il sole ha sfiorato la terra e poi è scomparso nello spazio".

Rotraut neutralizza il rumore e il furore del tempo, interrompe ogni volta la tristezza e il dispiacere e ritrova la luce concentrata dell'opera. L'energia sorge dallo spazio e dal vuoto per orchestrare in segreto ogni minimo dettaglio della sua arte, che le permette di passare attraverso il cicalare del mondo e reinventarsi la sua vita fuori dai cliché o dai drammi della storia e di preservarsi dalla violenza sociale, lontano dai calcoli pubblicitari, dall'agitazione e dal mondo degli affari. La pittura non è unicamente un mestiere, ma un centro di vita così fervido da riuscire a fingere la leggerezza. Le sue opere sono dei guerrieri che danzano nella luce del mattino (*Warriors*, 1998; *Dance*, 2001), delle stelle che trionfano sulla morte e la notte (*Playing with Stars*, 2005).

Si risposa nel 1968 con Daniel Moquay, a quel tempo attore e impresario, che ben presto si occuperà della direzione degli Archives Yves Klein e dell'organizzazione delle esposizioni di Rotraut. La pittrice delle *Galaxies* ritrova il suo ritmo poetico e metafisico nel distacco e nella concentrazione. La meditazione è costantemente rivolta verso la segreta polifonia del cosmo. Le sabbie del deserto e lo scintillio delle stelle si scambiano la loro luce: il dialogo avviene in modo invisibile, la pesante servitù della notte viene inghiottita dal silenzio nella freschezza dell'aria, la separazione è scongiurata.

L'amore è la parola che regna nella sua arte (*Love*, 2003). È un ponte metafisico, un arcobaleno in perpetua rinascita (*Rainbow Bridge*, 2001). L'amore è proprio ciò che affronta e sfida il passaggio del tempo. È, per Shakespeare, "un faro sempre fisso che sovrasta le tempeste e non vacilla mai". È, per Rotraut, un occhio (*Skywatcher*, 2001), una stella (*Soleil*, 1973), un fiore (*Jardin*, 1988), un desiderio di eternità (*Paradise*, 1988), una garanzia di freschezza, di giovinezza, di vitalità. È un canto che si leva in un'alba primaverile (*Dance*, 2001). In questo modo si innalza la *sensibilità*, che avvolge l'artista e la solleva segretamente con l'aria fresca del mattino verso il vuoto dello spazio e il caos delle galassie.

Il decollo della sensibilità nel cuore dell'illuminazione

Fin dalle prime opere Rotraut ricerca il decollo della sensibilità e ne trova spontaneamente l'espressione immediata in questa serie di pitture indimenticabili, dal titolo che è un manifesto: *Vol de sensibilité*. (Rotraut, ne sono convinto, riprenderà un giorno questa serie di un'importanza assoluta inaugurata nel 1958 e sospesa nel 1964). Vale la pena di sottolineare l'anfibologia della parola "vol" in francese, ambigua tra il furto e il sollevarsi, tra l'appropriazione e lo slancio. L'artista raccoglie, applicando una tela o un foglio vergine sul dipinto ancora fresco che ha appena realizzato a partire dalla diapositiva proiettata di un vecchio capolavoro, la traccia dei ritmi, delle masse e dei colori del quadro originale – la sua impronta lirica. Il processo la distanzia e la emancipa dalla ridondanza e dalla letteralità – né copia, né imitazione. Una quasi-radiografia che preleva le particelle elementari dell'opera originale e compie su di esse quasi un'analisi spettrale. Bisogna per forza ammettere che questo gesto di appropriazione, di una pertinenza penetrante, di una grande forza plastica, rimane concettualmente e storicamente precursore.

Per rivendicare la portata superiore di questo appropriazionismo antesignano, Rotraut pubblica nel 1960 un breve manifesto, *Première tentative consciente et réfléchie de vol direct de la sensibilité picturale de nos grands maîtres classiques* (Primo tentativo cosciente e ragionato di appropriazione diretta della sensibilità pittorica dei nostri grandi maestri classici), in occasione del Festival d'Art d'Avant-Garde organizzato a Parigi:

Ho deciso nel 1960 di tentare di rubare in modo puro e semplice la sensibilità pittorica dei Grandi Maestri della nostra arte occidentale così ermetica. Non vedo altro mezzo, nella nostra epoca, a eccezione di quello utilizzato

Tantra
1973
acrlico su carta su tela
acrylic on paper on canvas
81 x 65 cm
Collezione privata
Private collection

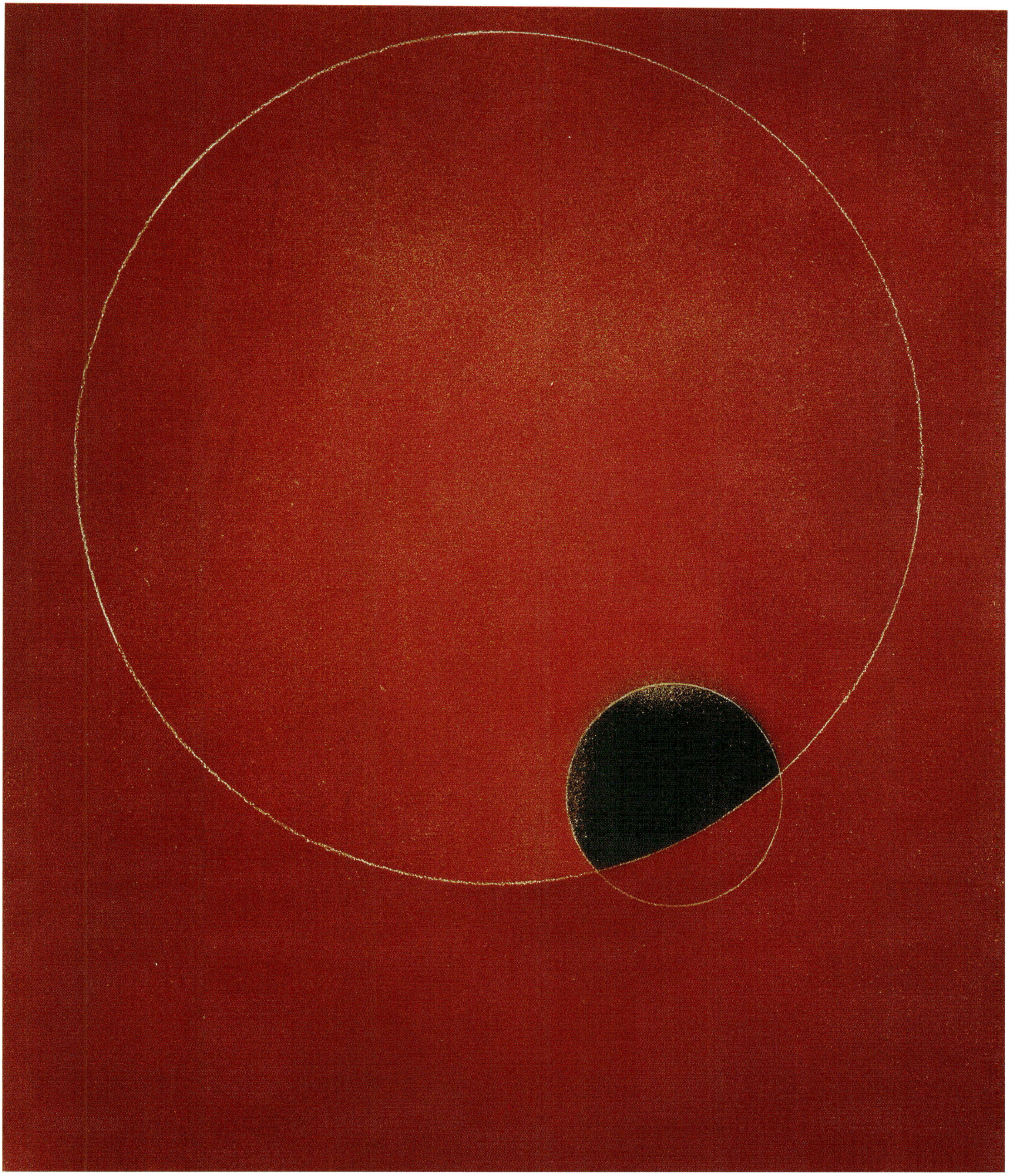

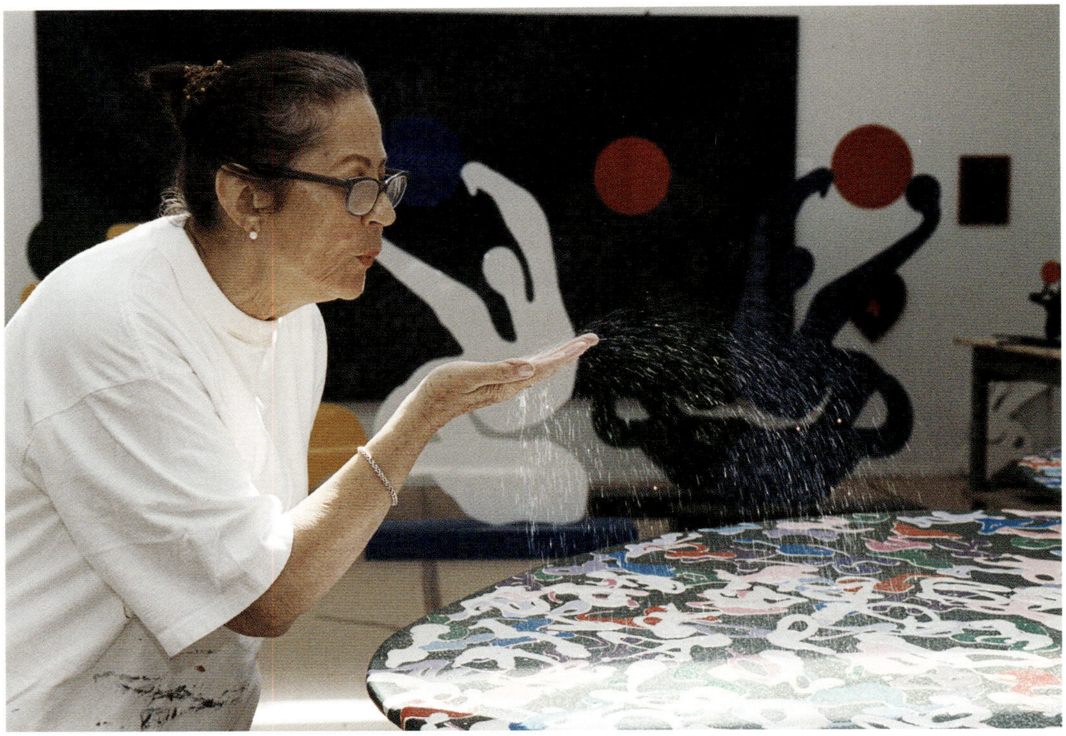

Rotraut nel suo atelier
Phoenix, Arizona
Rotraut in her studio
Phoenix, Arizona
2006

qui: l'impronta generale diretta del *Consiglio degli dei*: per ritrovare infine il cuore dell'illuminazione di Rubens che mi affascina da sempre. Non intendo copiare né imitare l'opera di Rubens, ma piuttosto tentare di rubargli con ogni possibile metodo affettivo, attraverso il tempo, e la storia, la qualità emotiva e spirituale della sua arte.

Il programma è chiaro: un furto ai danni dell'ermetismo viene organizzato a favore della qualità emotiva e spirituale dell'arte. Lo scopo dichiarato: penetrare puramente e semplicemente nel cuore dell'illuminazione! Niente di meno. Per andare contro l'ermetismo i mezzi utilizzati sono dunque quelli dell'impronta generale diretta. E il beneficio sperato non è da poco: la qualità, l'emozione, l'illuminazione. Si tratta proprio di afferrare la sensibilità senza la mediazione dell'intellezione o dell'immaginazione: afferrare la realtà oltre il concetto, oltre il percetto, nell'immediatezza dell'affetto. Afferrare la sensibilità tramite l'impronta generale diretta dell'emozione. Slittare direttamente nel cuore dell'illuminazione, come un vento gentile e fresco, come un soffio, uno scivolare leggero.

La paradossale e intangibile permanenza immateriale della carne

In effetti è Yves Klein a scrivere. La giovane Rotraut, che è tedesca, non scrive in francese con tanta precisione. Inoltre non è possibile non riconoscere il vocabolario del "Pittore Monocromo" e il suo stile, anche in questa breve e lirica dichiarazione in cui si trova a essere formulato il concetto artistico così innovativo cominciato da sua moglie. Per capire come nacque questa iniziativa è importante notare come il 23 febbraio 1960 Rotraut divenga un "pennello vivente", imprimendo sulla tela la traccia del suo corpo nudo ricoperto di pigmento blu oltremare. È la prima modella a partecipare a queste esplosioni carnali che divorano lo spazio con un'incandescenza blu estremamente rapida. Da dieci mesi Rotraut aiuta dunque Yves Klein a comporre le sue leggendarie *Anthropométries* che registrano, tramite un contatto generale diretto del colore puro con la tela, la "permanenza immateriale della carne" che impregna la sensibilità. Per "Yves il Monocromo" come per Rotraut, la funzione dell'impronta è al centro delle preoccupazioni da quando hanno visto il film di Fumio Kamei su Hiroshima, *The Shadow on the Stone*. Nell'epicentro dell'esplosione atomica un corpo di donna è trasformato in calore e in luce e, emersa dai detriti, la sua traccia rimane impressa su una pietra. La presenza fantomatica di questo corpo scomparso possiede un significato decisivo ai loro occhi, incarnando la paradossale e intangibile permanenza immateriale della carne che impregna della sua sensibilità la realtà tutt'intorno.

Galaxy
1988
acrilico su tela
acrylic on canvas
270 x 515 cm
Collezione privata
Private collection

Di conseguenza, nella sua iniziativa di appropriarsi dell'immaterialità pittorica di opere che hanno creato l'emozione e che hanno creato la storia dell'arte, Rotraut prende in prestito da Yves Klein il termine "sensibilità". Qual è l'importanza del significato di questa parola nella teoria del "Pittore Monocromo"? La sensibilità è "la moneta dell'universo [...] che ci permette di comprare la vita allo stato di materia prima". Ecco i termini che utilizza: la sensibilità, la moneta dell'universo, la vita allo stato di materia prima. Per "Yves il Monocromo" l'arte, l'arte nella sua totalità, si identifica nell'espressione immateriale della sensibilità – concepisce le regole rituali per la cessione delle *Zones de sensibilité picturale immatérielle* nel 1957, l'anno seguente organizza la ben presto mitica esposizione *La spécialisation de la sensibilité à l'état matière première en sensibilité picturale stabilisée, Le Vide (époque pneumatique)*. L'opera non è altro che l'impronta della vita stessa – è, al di là del visibile, l'impronta immateriale della sensibilità pittorica. L'inventore del *Vide* riassume, in un testo del 1959 (*Le Dépassement de la problématique de l'art*): "La qualità autentica del quadro, la sua stessa essenza, una volta creata, si trova oltre il visibile, nella sensibilità pittorica, allo stato di materia prima".

I cieli neri si ergono contro la morte

Prima dei suoi *Vols de sensibilité*, prima ancora del suo incontro con Yves Klein nel 1957, Rotraut aveva cominciato a dipingere dei quadri senza immagine. Dei grandi quadri lirici, senza immagine ma per nulla astratti, che si pongono immediatamente come immagine oltre l'immagine. I primi *Reliefs sans titre* (1956-1958) aprono la strada alla serie delle *Galaxies* che l'artista sviluppa ancora oggi. Questi dipinti iridati o leggermente scintillanti sono composti da paillettes sparse su uno sfondo uniforme, nero o blu notte. Con queste semenze di stelle di cui semina la superficie della tela, Rotraut ritrova il gesto della sua infanzia, nella fattoria sul mar Baltico. Nei primi quadri la schiuma lattea delle galassie era formata da una pioggia di farina, oggi sostituita da un dripping di pittura bianca (su sfondo blu) o da nebulose di scaglie di mica nere (su sfondo nero), delle spirali di paillettes traslucide, delle strisce di polvere iridata. Le galassie ruotano su loro stesse, scintillano nell'etere immutabile dei loro cieli notturni, obiettano alla morte senza soluzione. Questa si chiama pittura, questo si chiama pensiero. In

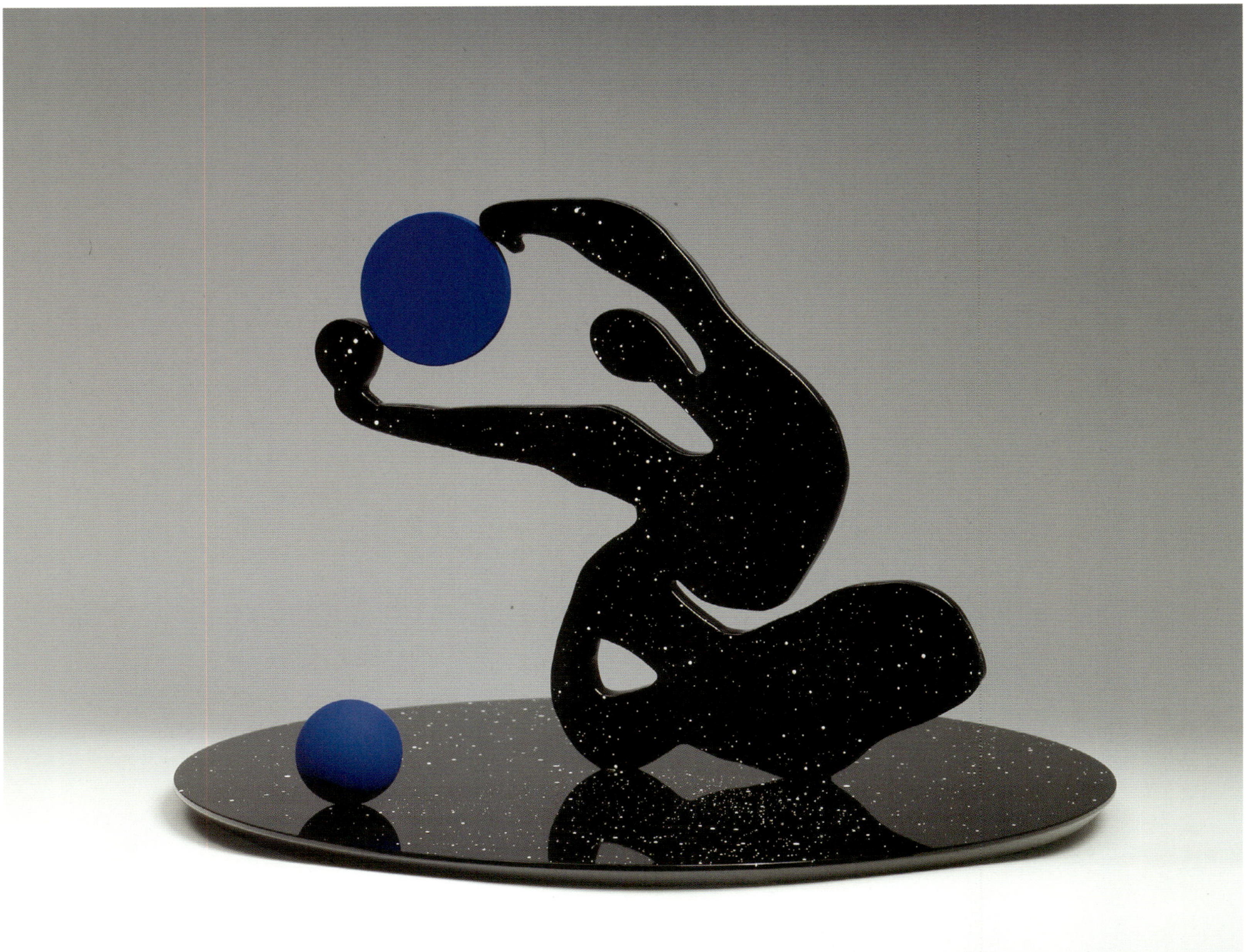

pieno deserto dell'Arizona, in mezzo a sterili montagne. Le grandi galassie in gravitazione turbinano in un cielo opaco solcato di luce nera e chiara che illumina il silenzio eterno degli spazi infiniti. Rotraut ricorda: "Il cielo ha cominciato ad avere senso quando ho sentito per la prima volta la parola 'morte'. Fu per me uno choc immaginare una tale oscurità per l'eternità". Ecco dove si trova l'esperienza della metamorfosi del tempo: nei cieli neri, che si ergono allo scopo di scongiurare i significati della morte.
Rotraut dipinge la galassia, lei è nella galassia, la galassia è in lei. Abita la montagna o il sole, il sole e l'oceano l'abitano, lei li dipinge. L'intenzione è profonda. Nulla di romantico, ma un'energia. Si tratta di un lampo, di un soffio, l'artista se ne impregna. La pittura è una scrittura, Rotraut si concentra e si lascia traversare. Si raccoglie, lascia la presa, raggiunge la grande semplicità zen del non-separato. Sa essere allusiva, disinvolta, libera, a suo agio. In realtà parte da un vuoto attivo, resta in movimento, coglie l'idea al volo. Se copiasse semplicemente la natura il risultato sarebbe insignificante, se ne facesse a meno cadrebbe nell'astrazione. Non è né realista né naturalista. Né astratta né espressionista. Scopre che la natura in verità va pazza per il vuoto, che non vede l'ora di mostrarsi in relazione a esso. La galassia non è dunque un decoro, un quadro da ricopiare, ma un'interlocutrice, una partner. "Il cielo è la mia cattedrale". Rotraut parla con gli astri, dialoga con essi, senza cercare di trattenerli. Il cosmo è un gioco, un'emergenza e Rotraut vi s'immerge danzando.

Playing with Stars
alluminio dipinto
painted aluminum
diametro / diameter: 53 cm
Collezione privata
Private collection

Dance
2001
alluminio dipinto
painted aluminum
217 x 291 x 291 cm
Collezione privata
Private collection

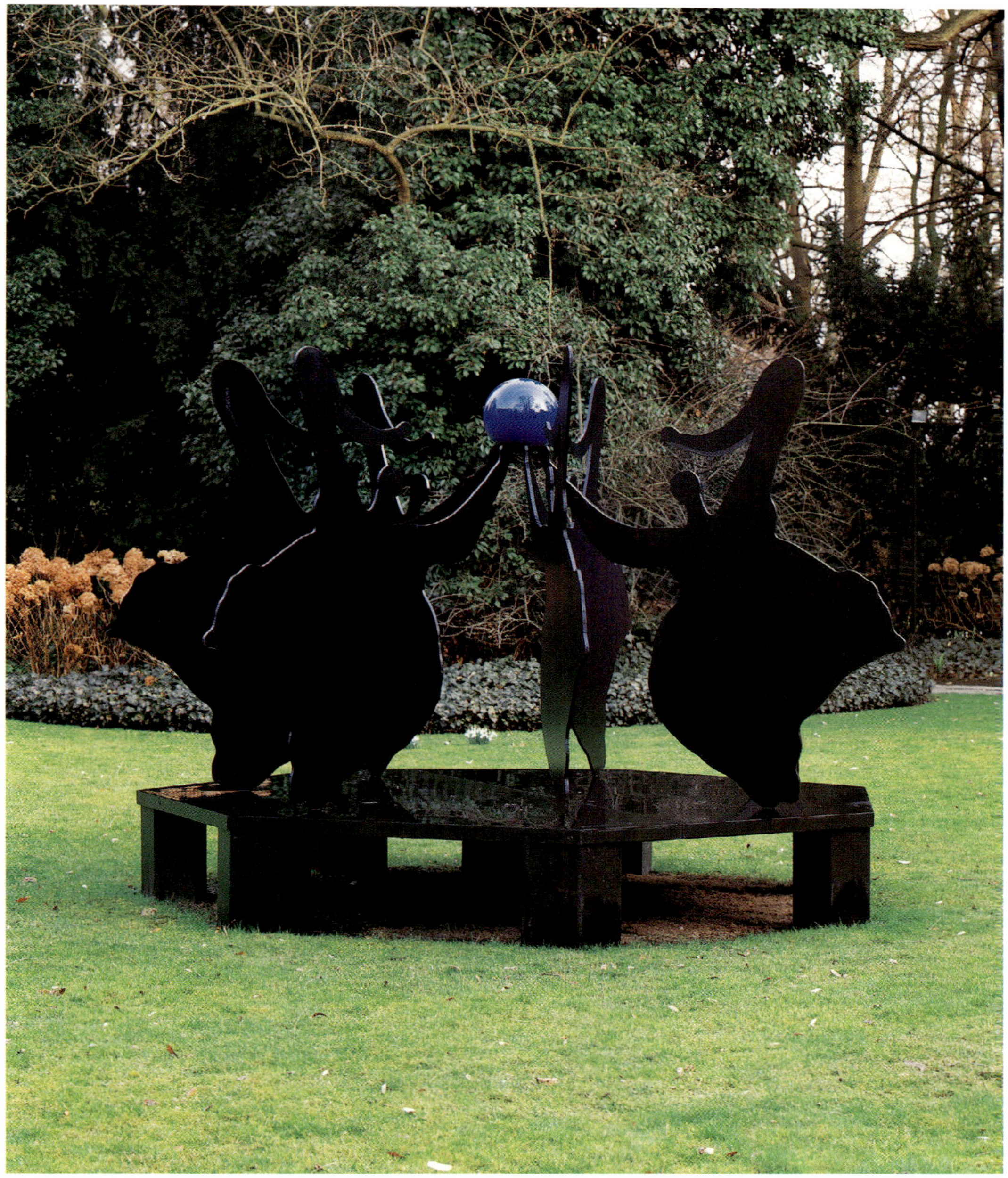

Godere lealmente del proprio essere

La sua arte è quella delle stagioni e della sensibilità, della respirazione e del caso, che si incaricano di tutto. "I quadri sono usciti da me come dei piccioni che prendono il volo". Un solo tratto di pennello, un solo gesto del polso, un dripping spontaneo, una manciata piena di paillette, un unico getto di pittura, una goccia di colore, una breve colata di gesso. La forma sorge da se stessa. "Come se si fosse sul punto di partorire, senza sapere come, né cosa. Il giorno in cui il bebè arriva, lo si guarda per fare conoscenza e vedere com'è fatto. Credo che sia veramente un po' così. Un'opera è come un'anima che ha voglia di nascere e che sceglie i suoi genitori".

Rotraut è *yin*, è *yang*, è in contatto con il *dao*, è nell'incanto dello *zazen*. È nella via della respirazione e dello spirito. Si è liberata della pesantezza e della confusione. È diventata spontaneamente giapponese, induista, tibetana. È nuotatrice, danzatrice, cosmonauta. Si trova naturalmente sul cammino dell'illuminazione, del satori, della levitazione. Tutto si fa leggero e, ovviamente, la pittura ne risente. Il pensiero accompagna il superamento. Essere e pensare sono la stessa cosa. Dipingere e danzare, pure. Si tratta di un esercizio mentale di meditazione e di gioia concentrate.

Tutto parte da lì, dal cuore dell'illuminazione in cui si scopre la via perfetta della rivelazione, della logica e del sogno. Dai primi *Vols de sensibilité* alla serie attuale dei cuori, passando per le *Galaxies*. Il

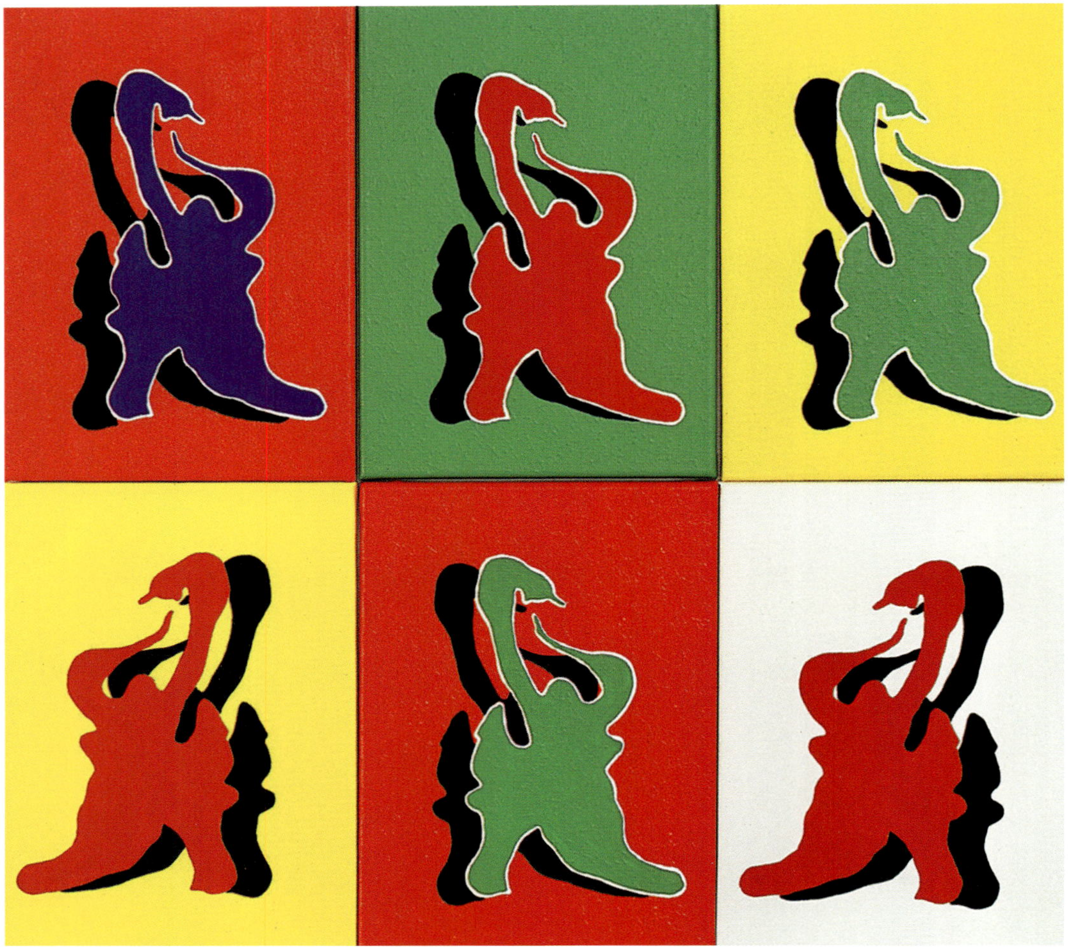

Fire Dancer
2003
acrilico su tela
acrylic on canvas
63,3 x 45,4 cm
Collezione privata
Private collection

triangolo d'oro dell'illuminazione, la cifra magica dell'idea, la vera mappa circolare della tenerezza[1]: amore a sinistra, cosmo in alto, sensibilità immateriale a destra. L'arte di Rotraut è l'esperienza di un'età dell'oro ritrovata, lei concepisce la pittura come una sorta di paradiso naturale. Come essere allo stesso tempo distaccata, solitaria, disponibile, gioiosa, armoniosa, serena? È semplice: rifiutando la rassegnazione, la gregarietà, la confusione, l'oscurantismo, la malevolenza, la brutalità. Rotraut ottiene un costante rinnovamento, si emancipa da ogni servitù e rinasce in continuazione. Possiede un accesso immediato alla vibrazione della sensibilità e della vita, che considera con abbastanza stupore e freschezza da permetterle di godere lealmente del proprio essere.
Fluidità della danza e della felicità: "L'acqua ondeggiava come un brandello di stoffa che trattiene ancora un po' di luce come l'acqua sa fare" (William Faulkner, *L'urlo e il furore*). Il disegno e la pesantezza sono banditi: "Non si disegna una montagna. È una punta che sorge in connessione diretta con lo spirito", dice Rotraut. Ecco che cosa ricerca nella pittura: rimanere in connessione diretta con lo spirito. Sempre al cuore dell'illuminazione. Nella vertigine del presente. Dal cosmo al neurone e fino alla mano, che risponde direttamente, lo spirito è l'organo essenziale. Ciò che interessa alla *voleuse de sensibilité* è "come ci si dissolve, come ci si dispiega quando si abbandona il proprio corpo e si fluttua come la terra, tranquillamente, nello spazio. Esistere, semplicemente". E precisa: "C'è intelligenza nel sistema solare, dopo la scomparsa dei corpi".

Degli inni alla gioia presente
Rotraut cerca il punto d'armonia, la risonanza, la liberazione. La sua arte si tuffa in una totale insurrezione di felicità. Lo spazio e il tempo approvano. L'opera è epurata e compatta, piena e flessibile, retinica e manuale, mentale e sensuale, generosa e gioiosa. L'insieme, che rifiuta la pesantezza e l'astrazione di regime, è un elogio naturale della leggerezza, una sfida alla pesantezza. Rotraut, intensa e rapida, risponde agli stimoli più pressanti. Idee, schizzi, improvvisazioni precise. Si sentono il tocco, le carezze, la concentrazione, la luce, il caso logico, l'ardore neuronale, il riposo felice, il piacere, l'as-

senza di esibizionismo o di sforzo laborioso: *Tantra* (1973), *Space* (1987), *Paradise* (1988), *Playing with Stars* (2005)...

La poesia improvvisamente ti fa un cenno, leggera, sincera e chiara. Eppure, è quasi un niente: un solo getto di colore, un dripping trascurato, un'energia distesa, rovesciata, libera. Con Rotraut la primavera è all'ordine del giorno, la freschezza nuda e sinuosa, lo sbocciare e il canto. Una scultura può essere un'affermazione di piacere, di gioia, di bellezza: *Gipsy* (1997), *Cosack* (2001), *Dolphing Fighting the Wave* (2003), *Life* (1991). Quest'arte è fatta per essere recepita come una musica, una danza, un piacere. Le *shaped canvas* dalle forme fluide come lo scivolare del tempo ritmano lo spazio: *Fire Dancer* (2003), *The Drip* (2002), *Dragon Dance* (2002). Il quadro è un tempo, una fuga, un duo, un'armonia cadenzata, un gioco di note, piano, sforzando, marcato, forte... Suona dei colori sfiorando, accentuando, placando, scivolando. Senza la musica non c'è pittura, non c'è rilievo, non c'è volume che ruoti su se stesso.

L'essenziale è allontanare la noia e la malinconia, congedare l'estetica dal dolore, tenere a distanza la tristezza dell'"anima slava" e il gusto morboso per l'espressionismo e la disgrazia. Attenzione, Rotraut è capace di celebrare solo l'euforia leggera, la magia, la grazia disinvolta e l'ardore. "E i quadri sono usciti da me come dei piccioni che prendono il volo". Ci si attende da lei delle commemorazioni morali e lei si accontenta di giocare a *pigeon vole*. Vi fa dei ponti di arcobaleno, delle galassie, dei buchi neri, delle stelle e dei soli, delle immagini d'aria e dei volumi di fuoco che danzano osservando il cielo. "Il cielo è la mia cattedrale. Mi piace lavorare all'aperto e meditare, dipingere". Sul motivo. Degli inni alla gioia presente. Dei canti spontanei e calcolati che mettono in moto guerrieri, gitani, lingue di fuoco che si muovono nell'aurora del mondo al ritmo della musica delle sfere. "Questa attrazione verso la luce sostiene la vita, qualsiasi siano le prove". Non le resta che mobilitare la polvere di stelle, memorie di neve, soli di fuoco, per liberare per sempre la sua pulsione di danzatrice e portarla al trionfo. È sulla buona strada, la tristezza è scomparsa, la bruttezza è annullata, la stupidità è arretrata, l'oscurità e il nulla hanno perso. "È la morte che rifiuto". Non si potrebbe essere più chiari.

[1] L'autore si riferisce alla *Carte du Tendre* (dal romanzo del XVIII secolo *Clélie*) in cui l'autrice Madeleine de Scudéry traccia una mappa delle emozioni umane sotto forma di una carta topografica allegorica di Arcadia i cui villaggi (Billet Doux, Petits Soins ecc.) sono bagnati dal fiume Inclination.

Rotraut within the Enlightenment of Present Time

Jean-Michel Ribettes

How does one enter into joy?
The moment you look at one of her works, the world dawns, the globe spins on its axis, the weight of bodies grows lighter, all of nature unfolds, the hands of time quiver and open, and joy expands in your heart. A canvas or a sculpture by Rotraut is always an uplifting revelation of pure lyricism, the promise of childhood, the enchantment of the here and now. Yes, her works sensibly and directly affirm the presence of enchantment, and life and joy come within reach. Can one provide examples of this? The sculpture series *Playing with Stars* (2005) springs to mind, and certainly her monumental *Rainbow Bridge* (2001), and her very recent paintings in the shapes of hearts (*Untitled,* 2003), so simple, so evident and precise, or her earliest *Landscapes* (1958), and then her magisterial work, inaugurated in 1959 and still in progress, the series of vast *Galaxies* whose glittering heavens majestically overarch the entirety of her oeuvre.
What extraordinary intensity, movement, and repose. For Rotraut now creates beneath the Arizona sun in the serenity of her immense Phoenix studio saturated with the absolute light of the desert. But one deeply senses that her vision of the American West is mediated through the prism of other promised lands and other transitory continents where her life successively or simultaneously unfolds: Düsseldorf in West Germany, Montparnasse in Paris, and, more recently, Sydney in Australia. The luminous Rotraut seems to play with painting, and she approaches everything else in the spirit of play, rewriting myths, casting new utopias, and taking sheer joy in living. She meditates infinitely upon creation and the cosmos, upon death, love, time, and oblivion, but also upon the themes of reconciliation, balance, and harmony. How beguiling is the capacity of this Slav—born in East Germany at Rerik Wostrow on a peninsula barely connected to the Baltic coastline of Mecklenburg—who so spontaneously breaks the clenched grip of tragedy, who casts aside the insidious and corrosive sorrow of her times, and refutes the shattering disasters of history.
Her art—exact, lively, tender, colorful, and luminous—clearly casts aside those with a taste for destruction, those who court affliction and the inevitability of annihilation, those who so complacently accept the sentence of death, those who assume a posture of moral cowardice, those who so willingly adopt a nihilism that is intrinsically powerless to perceive its own negativity. Yes, the solar Rotraut plays with the very perception of light, with the self-contained moment, with the flash of sensibility to reawaken joy, to illuminate the strange, to vitalize intelligence. She creates art that is open to a rich flood of sensations both refined and natural that surge forth from the heart of time.
Rotraut is an inventor of silences and rhythms, a creator of illuminations. She possesses a unique music to whose dazzling astonishments, somnambulant dreams and premonitions of paradise she holds the keys. She possesses its light, its energy, and its magical spells. Her entire work stands boldly against the wasteland of melancholy, resigned lamentation, voluntary servitude, self-hatred, against the cancers of generalized resentment and moral cowardice, against the slow suicide of blind censure and common obscurantism. We all know by heart the reactionary and oppressive chant against which she stands, the doleful tyranny of masochism that she rejects with all her being. How does one enter into joy? Coursing deeply and sincerely throughout her work—its wellspring, its driving force, and its

goal—is her desire to open the way to joy, and her will—so lively, so nuanced, and so intrinsically buoyant—to illuminate it.
Joy? But is this not something that is given, something unattainable, enormous? Above all, something too elemental! Altogether too immoderate, too free! And yet, Rotraut possesses her own secret, a secret that enables her to break free from ambient depression and from the resentment that feeds upon melancholy.

The child at play who brings forth children and becomes king
She has never forgotten her childhood, and in this is her secret. She has at last and forevermore come into complete harmony with the elementary teaching of Matisse: "One must perceive all of life just as one perceived it as a child." She instinctively grasps the world with natural insouciant grace. Thus she is free of constraints and this is indeed how she proceeds. With each new work a new present awakens, a musical thought alters the map of the heavens, and the dawning of life is enchanted with illumination.
The artist is the triumphant child to whom nothing in time's passage bars the way. Rotraut freely declares that she paints euphorically, obsessively, "like a child at play." It is of this kingdom of childhood in time's flowing current that Heraclitus formulates (V century B.C.): "Life is a child at play, who brings forth children. A child becomes a king." (Fragment 52) The philosopher's few words emphasize the meaning, and even its implications for eternity, of the trope of the child who gives birth in her turn and in so doing is engaged in the eternal play of generation. Royalty, the attribute of those who create and engender, devolves upon the child who in turn becomes parent. In short, life is certainly this passage through the eternity of time in which the child who plays and brings forth children becomes king.
Rotraut responds with perfect ease and grace to the elliptical meanings of Heraclitus—play and generation, sex and creation, maternity and royalty, childhood and eternity. This is why she holds a place of special value in the landscape of contemporary art. On guard against contemporary nihilism, turned away from a darkened aesthetic, from the contorted agonies of expressionism, and from deadening psychological allegory, Rotraut has freed herself from the grip of the shadows of negativity, from the nervous twitching of realism and sociology. With premeditated joy, she has embraced passion, passion free of banal pathos. She aspires only to be carefree. She seeks out only the lighthearted delight of childhood. She desires only radiant enchantment and the illumination of the present. She chooses a virtuosic plenitude. "Art is created in a continuing process. Things flow one from another, like a mother who gives birth to a child, who gives birth to a child, who gives birth to a child, etc. This is the naturally linked chain of creation."
From what source has Rotraut drawn this generosity, this lightness, this depth, this enthusiasm? Does it well up from the tragedy of birth? (Born in Germany one year before the outbreak of World War II, Rotraut survived the Nazi dictatorship to grow up under Soviet-imposed Communist dictatorship). Does Rotraut's bright nature come from abandoned love? (At the age of eighteen she fled to the West and for ten years lost the right to see her parents). Has it emerged for the depths of grief? (Yves Klein died suddenly on June 6, 1962, four and one half months after their marriage, their son born two months

later). Yes, this grief that was to be an ending of the world: "The Sun glanced the Earth and then vanished into space."

Rotraut calms the din and tumult of time. Each time she breaks through the clouds of affliction and sorrow to rediscover the fused light of her creation. Energy rises from the emptiness of space to secretly orchestrate the smallest details of her art, thus allowing her to pass through the noisome chaos of the world to recast her life beyond the stereotypes and dramas of history and to preserve herself from social violence, far removed from the calculations of self-interested promotion and business, and isolated from disturbance. Painting is not uniquely a trade, but rather a focal point of life, a life that is so passionately lived that it can present itself lightheartedly. Her works are warriors that dance in the light of the morning (*Warriors*, 1998; *Dance*, 2001); they are stars that vanquish death and the night (*Playing with Stars*, 2005).

She remarries in 1968 to then actor and impresario Daniel Moquay, who soon takes in hand the direction of the Yves Klein Archives and the management of Rotraut's exhibitions. In detachment and concentration the painter of *Galaxies* recaptures her poetic and metaphysical rhythms. Her meditation is constantly focused upon the secret polyphony of the cosmos. The desert sands and the shimmering stars exchange their light in an invisible dialogue, and the heavy bondage of night is consumed by silence into the coolness of the air in an exorcism of separation.

Love is the primary signature, the guiding light of her art (*Love*, 2003). It is a metaphysical bridge, a rainbow constantly reborn (*Rainbow Bridge*, 2001). Love is what most affirmatively addresses and defies the passage of time, as in the Shakespearean conception "it is an ever-fixed mark that looks on tempests and is never shaken." For Rotraut, love is an eye (*Skywatcher*, 2001), a star (*Soleil*, 1973), a flower (*Jardin*, 1988), a longing for eternity (*Paradise*, 1988), a pledge and a promise of freshly blossoming youth and vitality. Love is a song arising in the dawn of a spring morning (*Dance*, 2001). So awakens the *sensibility* that envelops the artist and secretly uplifts her on cool currents of morning air towards the void of space and the chaos of the galaxies.

The uplifting of sensibility at the heart of illumination

Already, in her first works, Rotraut seeks to liberate and distill sensibility. She spontaneously discovers an immediate expression of this in the series of unforgettable paintings that stand as manifesto: *Vol de sensibilité*. (I am certain that someday Rotraut will again take up this important series of paintings, which she launched in 1958 and carried forward until 1964). It is useful to point to the pregnant ambiguity of the word "vol" in French, whose meaning equivocates between predation and levitation, between appropriation and soaring flight. Applying blank canvas or paper to a still fresh painting that she has just created based upon the projected image of an old master work, the artist harvests the tracing of the rhythms, the densities and the colors of the original painting, its lyrical imprint. This process distances the new work from its model, liberating a new expression free of literal redundancy that is neither a copy nor an imitation but is a quasi-x-ray that lifts the essential elements of the original work to create out of them a new image in the form of a spectral analysis. Such an act of appropriation—an act undeniably of gripping relevance and great artistic strength—today remains both conceptually and historically pioneering.

To affirm at its inception the valuable aspiration of this *appropriationism*, in November 1960, on the occasion of the Festival d'Art d'Avant-Garde organized at Paris, Rotraut published a short manifesto, *Première tentative consciente et réfléchie de vol direct de la sensibilité picturale de nos grands maîtres classiques* (First Conscious and Meditated Attempt to Lift the Pictorial Sensibility from the Great Masters of Classic Art):

> I decided in 1960 to purely and simply try to take possession of the pictorial sensibility of the great masters of western art, which is so obscure. I can not see any other means, in our era, other than the one I have used here: the direct, general mark of *The Council of the Gods*: to be able to finally find the heart of Rubens' illumination, which has always fascinated me. For me it is not a matter of copying, nor imitating, Rubens' work, but to try to steal from him, through any possible affective means, through time and history, the emotional and spiritual quality of his art.

The program is clear: *to thwart the hermetic an uplifting of sensibility is initiated to favor the emotional and spiritual quality of art*. The declared goal: to penetrate *purely and simply* to the *heart of illumination*. Nothing less. To advance *against hermeticism*, the means employed then are those of *general direct impression*. What this yields is not at all inconsequential: *quality*, *emotion*, and *illumination*. It is clearly a matter of grasping the essence of sensibility without the mediation of the intellect or the imagination: to seize the reality behind the concept, beyond the percepta (sense data), in the immediacy of affect, to grasp sensibility through the *general direct impression* of emotion, to glide directly like a sweet cool wind, to slip as lightly as a breath into the *heart of illumination*.

The paradoxical and intangible immaterial permanence of flesh

In fact, it is Yves Klein who drafts the text. Young Rotraut, whose native tongue is German, does not write French with sufficient exactitude. Aside from this, one cannot fail to recognize the vocabulary of the "Monochrome Painter" and even his style in this concise and lyric declaration in which is formulated the utterly new artistic conception that Rotraut has initiated. To grasp the origin of this initiative it is of interest to know that on February 23, 1960, Rotraut became a "living brush" and imprinted upon the canvass the trace of her nude body coated in ultramarine blue pigment. She is the first model to participate in these explosions of human flesh that with such extreme rapidity devoured the space in ultramarine incandescence. For ten months Rotraut thus aids Yves Klein in the composition of his legendary *Anthropométries* which record, through general direct contact of pure color with the canvas, the "immaterial permanence of the flesh" impregnating the sensibility. For "Yves the Monochrome" just as for Rotraut, the function of the imprint is the focal point of their preoccupations since they had seen a screening of the film by Fumeo Kamei on Hiroshima, *The Shadow on the Stone*. In the epicenter of the atomic explosion a woman's body is transformed into heat and light, which, surging forth from the ruins, leaves its trace imprinted on a stone. The phantom presence of this atomized body had a primordial meaning in their eyes. It incarnated the paradoxical and intangible immaterial permanence of flesh that impregnated with its own sensibility the reality surrounding it.

As a consequence of this, in her initiative to appropriate the pictorial immateriality of master works that has embodied emotion and indeed formed the historical foundation of Western art, Rotraut borrows from Yves Klein the term "sensibility." What significance then has this term in the Monochrome Painter's theory? For Klein *sensibility* is "the money of the universe [...] that permits us to purchase life in its first state. For "Yves the Monochrome" art, indeed all art, is identified with the immaterial expression of sensibility. In 1957 he conceives the ritual for the relinquishment of the *Zones de sensibilité picturale immatérielle* and the following year he organized the soon to become mythic exhibition *La spécialisation de la sensibilité à l'état matière première en sensibilité picturale stabilisée, Le Vide (époque pneumatique)*."

The work is nothing other than the imprint of life itself—it is, beyond the visible, the immaterial imprint of the pictorial sensibility. The inventor of the void focuses this definition in his important critical text of 1959 (*Le Dépassement de la problématique de l'art*): "Once a painting has been created, its authentic quality, its essence, its very being is found in a dimension beyond the visible, in pictorial sensibility in its first material state."

Black skies standing against death

Before her *Vols de sensibilité*, even before her meeting Yves Klein in 1957, Rotraut had undertaken the painting of imageless canvasses. Large lyrical canvasses, imageless but not at all abstract, which took as their point of departure the horizon of an image farther distant than the image represented. The first *Reliefs sans titre* (1956-1958) opened the way to the series *Galaxies* that the artist is developing still today. The iridescent, subtly glittering paintings are composed of sparkling flakes strewn upon surfaces in uniform black or midnight blue. In these sowing of stars with which she seeds the surface of the canvas, Rotraut rediscovers the movements of her youth on the farm on the shores of the Baltic Sea. In the first paintings the milky frothing of the galaxies was formed by a dusting of flour, today replaced by a dripping of white paint (upon a blue background) or by nebulas of black mica scales (upon a black background), spirals of translucent particles, tailings of iridescent dust. The galaxies turn upon themselves; they glitter in the immutable ether of their nocturnal skies; they inescapably interpose themselves against death. This is painting; this is thought—here, in the heart of the Arizona desert, in the midst of sterile mountains—bound together as one. Enormous galaxies gravitationally wheel in a lusterless sky hollowed in a clear black light that illumines the eternal silence of infinite space. Rotraut remembers: "The sky began to have meaning when for the first time I understood the word 'death.' It was a shock for me to conceive such darkness for eternity." It is within this that one experiences the metamorphosis of time, in the towering depths of black skies that loom up to exorcise the significance of death.

Rotraut paints the galaxy; she is within the galaxy; the galaxy is within her. She dwells within the mountain and in the sun, the sun and the ocean dwell within her, she composes them with her brush. Her purpose is profound. There is nothing of the romantic in it, but rather energy, a flash of light, a breath by which the artist impregnates herself. Painting is an inscription passing through the painter. Rotraut concentrates herself and then releases herself. She attains the great state of pure Zen simplicity, of non-separation. She has mastered the art of the allusive, of detachment, of liberty, and of ease. In essence, she departs from an active void. She remains in movement, she captures the concept in flight. Were she simply to copy nature, the exercise would be meaningless. Were she to exile herself from nature, she would fall into abstraction. She is neither realist nor naturalist, neither abstract nor expressionist. She discovers that nature in truth is infatuated with the void, that nature seeks uniquely to unfold in relation to the void. The galaxy then is not merely a decoration, not an image to be copied; it is an interlocutor, a partner. "The sky is my cathedral." Rotraut speaks with the stars; she converses with them without seeking to fix them in place. The cosmos is a play, an emergence into which Rotraut immerses herself through dance.

The honest pleasures of being

Her art is an art of the seasons and of the sensibility, of breathing and of chance, which embrace everything. "Paintings emerge from me like doves taking flight." A single stroke of the brush, a simple movement of the wrist, a spontaneous dripping, a handful of spangles, a unique spray of paint, a touch of color, an arrested flow of plaster. The form emerges of its own accord. "As if one were going to give birth, without knowing how or what. The day the infant is born into the world, one looks at it to come to know it and to see of what it is made. I truly believe that it is something like that. A work is like a soul who desires to be born and who chooses its parents."

Rotraut is *ying*, she is *yang*, she makes contact with the *Tao*, she is in the radiance of the *zazen*. She is in the path of breathing and spirit. She has detached herself from weight and confusion. She has spontaneously become Japanese, Hindu, and Tibetan. She is a swimmer, a dancer, and an astronaut. She is naturally on the path of illumination, of *satori*, of levitation. Everything lightens and, yes, the painting reflects this. Thought accompanies the leap. Being and thinking merge into one, as painting and dancing become the same act. It is a mental phenomenon of concentrated meditation and joy.

Everything flows from this, from the heart of illumination in which is found the unblemished path of revelation, of logic, and of dreams. From the first *Vols de sensibilité* to the current series of hearts in passing through the *Galaxies*... the golden triangle of illumination, the mystical number of the idea, the true circular map of *Tendre*[1]: Love to the left, the Cosmos above, Immaterial Sensibility to the right. The art of Rotraut's world is the art of a rediscovered golden age. She conceives painting as a kind of natural paradise. How to be at once detached, solitary, open, cheerful, harmonious, and peaceful? The answer is simple: in refusing resignation, gregariousness, confusion, obscurantism, malevolence, and brutality. Rotraut has attained a state of constant renewal, has broken all the bonds of servitude and is continually reborn. She has achieved an immediate access to resonance of sensibility and of life that she considers with sufficient sense of wonder and freshness to delight honestly in her being.

The fluidity of dance and of bliss: the atmosphere around the painting undulates like fabric infused with dimming light. Banishment of drawing and of heaviness: "One does not draw a mountain. It is a point which rises in direct relation with the spirit," states Rotraut. And this is precisely what Rotraut seeks in her painting, to remain in direct connection with the spirit. Always at the heart of illumination, in the radiance of the present moment, from the cosmos to the neuron, right to the direct response of the hand, the spirit is an essential organ. What is of interest to the the 'Uplifter of Sensibility' is "how one dissolves, how one blossoms, when one abandons ones body and floats free as the Earth floats tranquilly in space. Just to exist." More precisely she states: "There is intelligence in the solar system after the vanishing of bodies."

Hymns to present joy

Rotraut seeks out the locus of harmony, of resonance, of deliverance. Her art plunges into a complete insurrection of happiness. Space and time smile upon this. The work is purified and compact, full and flexible, of both the eye and the hand, of both the intellect and the senses, and it is both generous and gay. The ensemble rejects the heavy hand of officious doctrine and abstraction and is naturally inclined to favor suppleness and to defy weight. Rotraut creates intensely and quickly… ideas, sketches, and precise improvisations. We feel the touch, the caresses, the concentration, the light, the chance logic, the neuronal ardor, the happy repose, the pleasure, the absence of exhibitionism or of labored effort: *Tantra* (1973), *Space* (1987), *Paradise* (1988), and *Playing with Stars* (2005)…

The unexpected poetry—light, sincere, transparent—beckons to you. What calls out, moreover, is almost nothing, all but immaterial, a color that is cast upon the canvas, a carefree dripping, a blossomed energy, turning into oneself, free. With Rotraut, spring is the order of the day, the fresh revolving song of cool air, buds bursting into life. A sculpture can be an affirmation of pleasure, of bliss, and of beauty: *Gipsy* (1997), *Cosack* (2001), *Dolphin Fighting the Wave* (2003), and *Life* (1991). This is art composed to be received as music, as dance, as a bursting forth of joy. The shaped canvasses are in fluid forms as the slipping away of time echoes in space: *Fire Dancer* (2003), *The Drip* (2002), and *Dragon Dance* (2002). The painting is a musical tempo, a fugue, a duo, a cadenced harmony, a play of notes… *pianissimo, sforzando, marcato, forte*… a play of colors… a play of color in motion, glancing, accentuating, slapping, and gliding. Without music there is no painting, no relief, no volume turning upon itself.

The essential is a distancing from boredom and melancholy, from the sadness of the Slavic soul, a dismissing of the aesthetics of sorrow, of the morbid taste for expressionism and unhappiness. Yes, let it be clear, Rotraut is capable only of rejoicing in lighthearted euphoria, enchantment, spontaneous grace, and ardent passion. "And the paintings emerge from me like doves taking flight." One might expect moral commemorations from her, and yet she is happy to celebrate the soaring and pirouetting of birds in flight. She creates rainbow bridges for you, and galaxies, black holes, stars and suns, images of fire and air that dance in their witness to the heavens. "The sky is my cathedral. I love to work out of doors, to meditate and paint in open spaces." She draws her theme directly from nature, the creation of hymns to living joy, songs at once spontaneous and premeditated, which awaken the vitality of warriors, of Gypsies, of tongues of flame that shimmer in the aurora of the world in the rhythm of the music of the spheres. "This attraction to light sustains life, whatever the hardships." It remains to her only to mobilize the dust of the stars, memories of snow, fiery suns, in order forever and completely to free the instinct to dance that carries her triumphantly forward. She is well on her way: sorrow has been eradicated, ugliness eliminated, stupidity driven away, darkness illumined and nothingness vanquished. "It is death that I refuse." Indeed, it could not be stated more clearly.

[1] Reference to the *Carte de Tendre* (from the 17th Century French novel *Clélie*) in which author Madeleine de Scudéry charts the human emotions in the form of an allegorical map of Arcadia whose villages of Billet Doux, Petits Soins, etc., are watered by the waters of the river of Inclination.

La scultura della gioia di vivere. Conversazione con Rotraut

di Bruno Corà

Bruno Corà: Rotraut, vorrei sapere come hai iniziato il tuo lavoro.
Routraut: Ho iniziato a dipingere, come mio fratello, molto presto. Günther frequentava l'Accademia e mi ha insegnato a fare delle xilografie. All'inizio, non avendo soldi, lavoravo presso delle famiglie. Volevo andare a Nizza, ma non avevo abbastanza soldi per pagare la mia bicicletta e tantomeno il biglietto aereo. Ho cominciato a lavorare in fabbrica, dove guadagnavo 1 marco e 20 all'ora, mi ricordo, facevo molte ore di straordinario e avevo affittato una camera per 60 marchi.

BC: Perché hai lasciato la Germania dell'Est e sei andata a Nizza?
R: Mio fratello mi ha mandato a Nizza da Arman perché pensava che fosse bene che io apprendessi il francese. E là ho iniziato a incidere il legno con un coltello speciale, come mi aveva insegnato mio fratello. Ma mi sono tagliata gravemente la mano, come si vede ancora oggi, avevo la camera piena di sangue. Sono dovuta andare all'ospedale e mi sono detta che non avrei mai più utilizzato un coltello per fare questo tipo di lavori. Mi sono detta: perché incidere se si può lavorare giustapponendo materiali? Mi sono ricordata che durante la guerra mio fratello lavorava con la farina e l'acqua per incollare i suoi francobolli. Mi sono detta che poteva essere una buona materia da utilizzare. Ho preparato la farina semplicemente con acqua, all'epoca non avevo ancora dei colori Caparol e ho iniziato a distendere l'impasto sul legno in maniera molto spontanea e ho ridipinto tutto in nero.

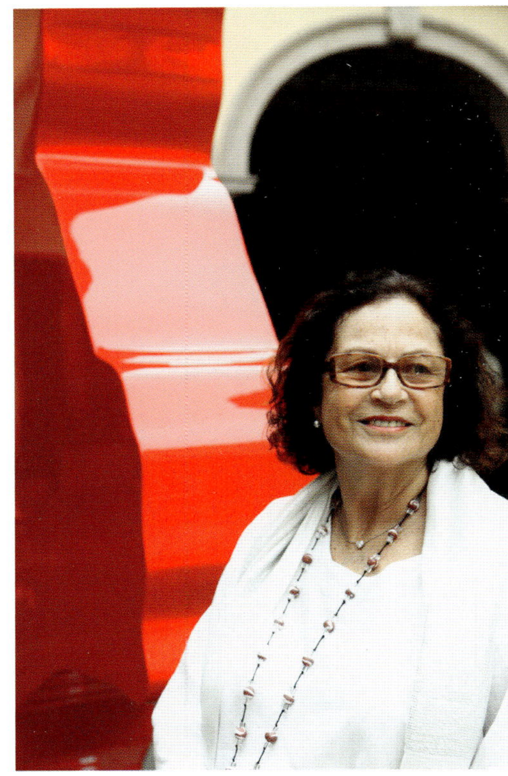

Rotraut a Lugano
Rotraut in Lugano
Maggio / May 2009

BC: In mostra a Lugano c'è una *Nébuleuse* fatta con l'impiego della farina, molto bella, sembra una galassia...
R: Sì, ma queste vengono molto più tardi e risentono dell'influenza di Pollock. All'inizio era la terra che mi interessava, le radici degli alberi; c'è una colossale espressione di vita nelle radici degli alberi, e anche nelle tracce dell'acqua; quando l'acqua non c'è più lascia delle forre dove è passata, molto impressionanti; è come nel deserto, dove la terra si cretta; ho adorato quelle crepe...
Nella farina quando dipingevo tutto di nero apparivano delle *craquelures* (screpolature) nelle quali c'era del nero e questo era molto bello. Passavo sulla superficie la carta vetrata per rendere bianca la parte in rilievo, mentre il resto rimaneva nero. E quando facevo delle impronte, ne facevo alcune e poi mantenevo il rilievo. Sia l'impronta che il rilievo erano delle opere.

BC: La prima esposizione di queste opere l'hai fatta subito oppure hai dovuto attendere per mostrare questi lavori?
R: Ho esposto alcuni di questi lavori in una libreria a Nizza da Matarasso e ho portato anche qualche disegno da Arman; lavoravo molto da Arman. Durante il giorno mi occupavo dei suoi figli e la sera lavoravo e tappezzavo la mia camera con cose nuove, facevo anche delle *gouaches*...

BC: Arman lavorava ancora da solo o aveva già incontrato gli altri artisti?
R: Conosceva Yves...

BC: Naturalmente, come pure Claude Pascal...

Rotraut e Yves Klein a Parigi
Rotraut and Yves Klein in Paris
1960 ca.

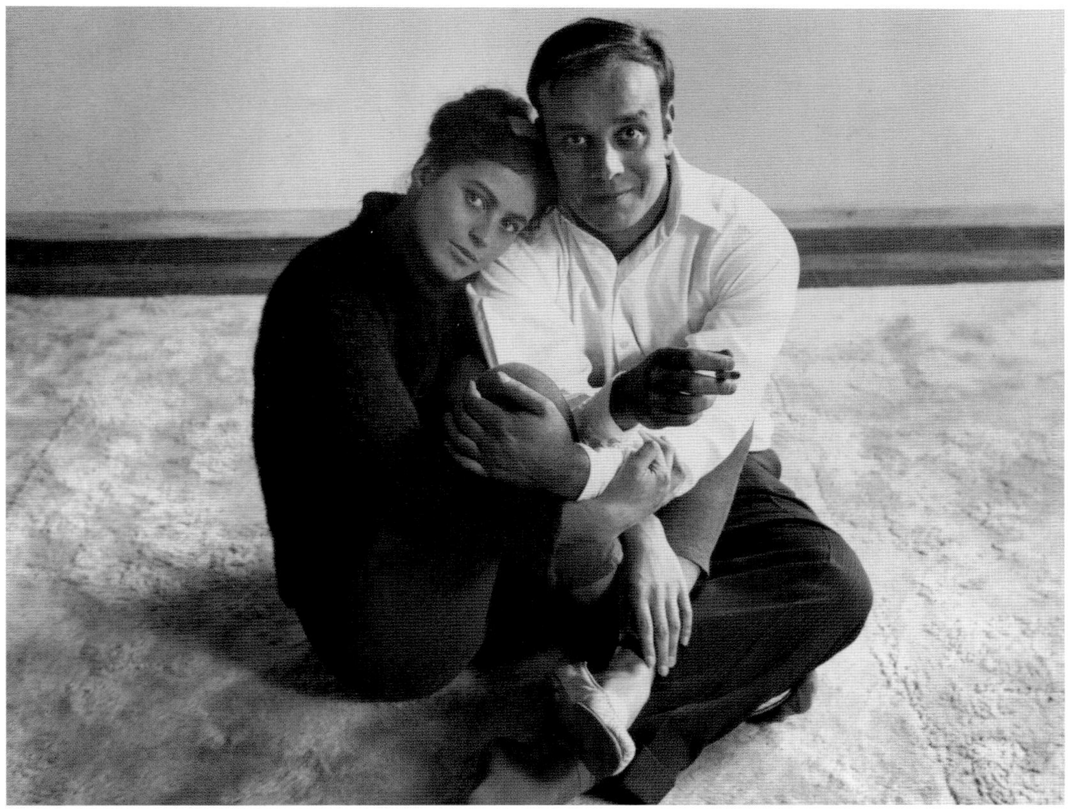

R: Yves è arrivato poco dopo; ha visto i miei disegni in bianco e nero, mi ha chiesto se conoscevo un artista di nome Franz Kline che faceva cose analoghe; in realtà non conoscevo Kline, facevo sempre le cose seguendo un impulso interiore, amavo molto la spontaneità, l'energia riflessa. L'energia riflessa mi ha salvato la vita; il riflesso è intelligente, il riflesso è collegato con l'intelligenza universale.
Se devo tornare alla mia infanzia nella fattoria, mi sovviene l'amore per la terra; ho avuto la fortuna di lavorare la terra con le mie mani, sentirla sulle mie ginocchia, raccogliere le patate, strappare delle piante per farne crescere delle altre, un rapporto molto carnale, camminare a piedi nudi sulla terra era fare l'amore con la terra, avevo delle sensazioni molto forti; adoravo anche il lavoro, anche se il lavoro era duro; la sera quando mi coricavo nel letto sentivo l'elettricità che mi attraversava il corpo; era la stanchezza totale; lavoravo sempre fino a quando non avevo più forza; non volevo uscire dalla stalla fino a quando non avevo pulito tutti gli animali.

BC: Ho guardato i tuoi cataloghi e nei tuoi libri osservo che tra il 1957 e il 1962 hai sviluppato un rapporto particolare con i materiali...
R: ... e anche con gli animali!

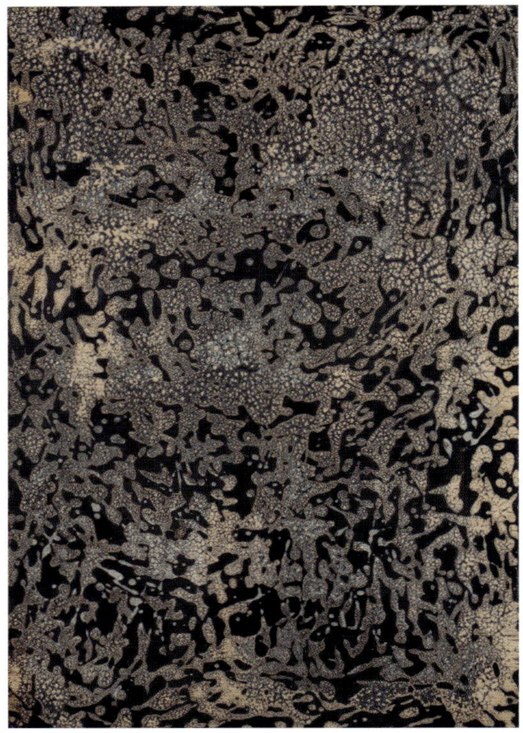

Empreinte de relief
1960 ca.
inchiostro su carta
ink on paper
64,8 x 50,2 cm
Collezione privata
Private collection

Sans titre
1963
tecnica mista su tavola
mixed media on board
92 x 65 cm
Collezione privata
Private collection

BC: ... naturalmente anche con gli animali... ma hai modalità differenti di lavorare con i colori, con le macchie, con gesti ampi e con linee...
R: Nelle *gouaches* passavo sulla superficie dipinta con la carta vetrata, per rendere il tutto omogeneo, oppure per le *Galaxies* facevo apparire le stelle... era un momento magico...

BC: Ciò che mi interessa particolarmente sono le tue diverse modalità di fare immagine.
R: Sì il sole, i rilievi di radici... in fondo tutto ciò che dà la vita; la vita all'inizio è immateriale e desidera mostrarsi. Ho la sensazione che le mie sculture, nascendo mediante un gesto rapido, in una frazione di secondo con il liquido che uso, provengano da un'attrazione per la vita, la vita è attratta da questo fenomeno di rapidità gestuale.

BC: Quello che è molto forte è la relazione tra il gesto e i supporti, la superficie è immediatamente investita, il gesto è molto spontaneo, non c'è mediazione.
R: Sì. Non voglio che il sapere intervenga; l'arte come la vita vuole essere vista, e cerco di manipolarla il meno possibile, lasciarle la libertà d'espressione più totale, che si nutra del mio subconscio per estrarre anche la mia memoria. In altre parole c'è una partecipazione del mio subconscio piuttosto forte poiché riconosco delle cose e la vita che c'è dentro le rende viventi, la memoria diventa vivente.

BC: Un'altra cosa che ho trovato molto interessante è il fatto che hai iniziato presto a indagare il rapporto con la superficie e a fare delle impronte.
R: Sì, le impronte sono state la prima cosa. Facevo dei disegni, ma non erano importanti; quello che mi interessava erano le impronte e ciò a partire dal 1957... in realtà avevo quattro anni quando ho iniziato a fare delle cose immediate ed è da lì che tutto parte... naturalmente solo io riconoscevo qualcosa in quello che facevo; ora sono felice perché si vedono le mie sculture che in realtà sono delle nascite, sono indirettamente delle epifanie, ma mostrano qualcosa che io vedo. E posso metterle veramente in mostra da sole, senza che nulla le disturbi attorno, ma nascono da un piccolo gesto.

BC: Piccolo ma molto forte. Mi piacerebbe che tu mi parlassi dei *Vols de sensibilité*, come nascono tecnicamente?

Vol de sensibilité d'après "Les Sabines" de Jacques-Louis David
1960
tecnica mista su tela
mixed media on canvas
60 x 80 cm
Collezione privata
Private collection

Lune
1963
acrlico su tavola
acrylic on board
149,5 x 199,5 cm
Collezione privata
Private collection

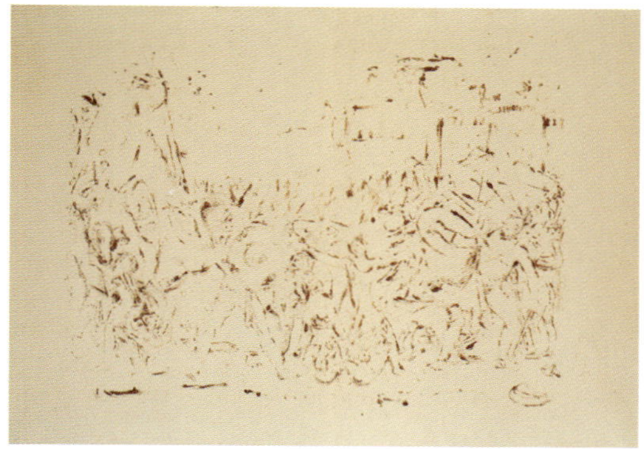

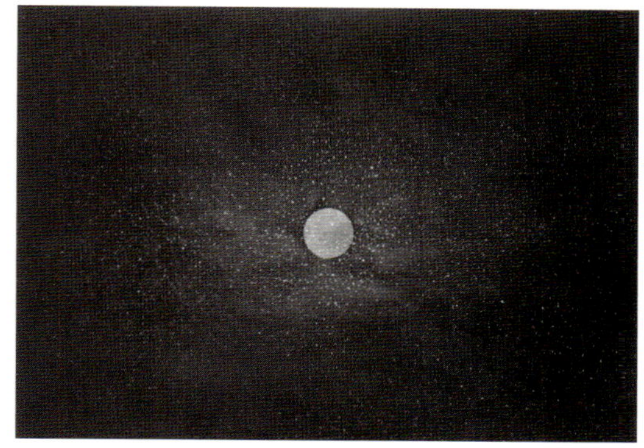

R: Prima dipingo molto rapidamente sulla carta quello che vedo nella diapositiva che proietta l'immagine di un'opera. Poi la metto a terra e prendo un altro foglio di carta o una tela e faccio l'impronta. In alcuni casi ho fatto due impronte, ma la seconda è meno forte della prima ...

BC: Si tratta dunque sempre di un immagine a rovescio...
R: Dipende naturalmente anche dall'orientamento della diapositiva... bisogna stare attenti. In realtà non è sempre a rovescio... è rovesciata quando faccio la seconda impronta...

BC: Qualcuno potrebbe pensare che si tratta di un *d'après*. In realtà l'immagine ha perso qualsiasi somiglianza con l'opera "originale". In un certo senso l'impronta è un residuo dell'iconografia originale, e ciò che resta di un'azione, l'immagine sparisce e ciò che rimane sono impronte di colore.
R: Sì. In fondo a me interessa l'impronta, l'immagine resta indefinita, rimangono solo le sensazioni dell'immagine originale.

BC: Oltre a te e Yves, c'erano ancora altri artisti che facevano delle impronte?
R: No, non mi sembra. Ho visto altri artisti fare dei dipinti come *d'après*, ma nessuno fare delle impronte a partire da rilievi pittorici e neppure fare delle sculture con il gesso liquido in una frazione di secondo.

BC: Già nelle *Galaxies*, le prime sono del 1959, appare il problema della percezione dell'immagine, la resa della luce, del contrasto...
R: Sì, voglio rappresentare la luce della morte. Il nero non esiste, c'è la luce. Lo spazio contiene qualcosa di rilassante, di positivo, di buono ...

BC: Certo, si percepisce immediatamente il problema dello spazio e della luce. Nel 1959, in quello stesso momento ha luogo un'esperienza, quella del Gruppo Zero di cui facevano parte tuo fratello, ma anche Otto Piene, Heinz Mack etc.; anche nei loro lavori il problema della luce è centrale. Non solo in Francia e Germania, ma anche in Italia, penso a Francesco Lo Savio che a sua volta indaga il tema dello spazio-luce...
R: Ma pensa anche a Vermeer e a Turner e ai romantici!

BC: Sono illustri precedenti...
R: La luce dà colore, perché senza la luce non c'è colore... se ami la luce, la prima cosa a cui pensi è il colore... ogni artista in fondo pone la luce tra le sue preoccupazioni.

BC: Tutto questo l'hai chiamato *Galaxies* già nel 1959 e poi più tardi nel 1987.
R: Sì, perché è il mio ambiente. Siccome io sento di essere la terra, noi siamo la terra, questo è il nostro ambiente.

BC: Dall'altra parte ci sono i *Vols de sensibilité*.
R: Sì, rappresentano la parte spirituale. Guardo nell'anima dell'artista e invece di copiare l'opera come

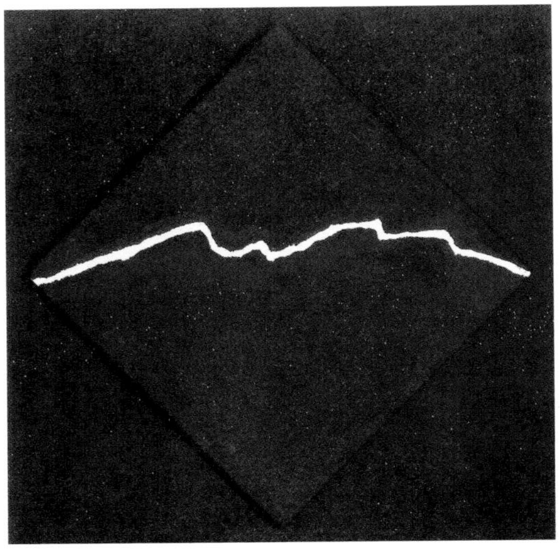

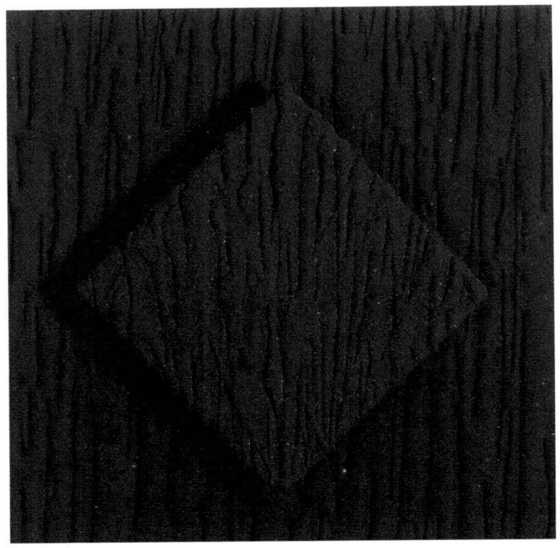

Paradise Valley
1988
acrlico e gesso su tavola
acrylic and plaster on board
150 x 150 cm
Collezione privata
Private collection

Mémoire bleue
1988
gesso, colla e pigmento
su tavola
plaster, glue and pigment
on board
60 x 60 cm
Collezione privata
Private collection

fanno gli studenti dell'accademia, mi interesso della spiritualità dell'artista, della sua sensibilità. Quando guardo la proiezione dell'opera entro in contatto telepaticamente con lui, faccio della meditazione. La cosa più importante è di mettermi al posto dell'artista del passato. Ciò mi ha permesso di spostarmi attraverso altre persone. Ho imparato a spostarmi costantemente verso me stessa, ritornare nel ventre di mia madre perché ho sempre vissuto il mio parto ma non ne ero cosciente. Nel mio subconscio c'era qualcosa che mi ha forzato tutte le sere, tutte le notti a entrare in una sorta di estasi e appena giungevo a quel punto mi addormentavo. Era quasi un desiderio, una necessità di fare questo "viaggio" prima di addormentarmi e questo fino a 23-24 anni poiché quando ero incinta e Yves è morto ho vissuto le stesse sensazioni, ma questa volta da sveglia. Avevo le labbra gonfie, mi sentivo come addormentata, probabilmente avevo il cordone ombelicale attorno al collo, prima di nascere. Sentivo la pressione sul corpo, nel ventre di mia madre ero di traverso, incastrata tra le anche. Mia madre ha dovuto essere operata e alla fine sono uscita da sola. Mi sento ancora come un guerriero che lotta; erano sensazioni molto forti che mi hanno accompagnata fino a quando sono rimasta incinta io stessa. E quando mio figlio Yves Amu si muoveva nella mia pancia e quando suo padre, Yves Klein, è morto mi dicevo: e se tutte queste sensazioni le avessi già vissute? Ero in treno e mi guardavo nello specchio, andavamo a La-Colle-sur-Loup per il funerale di Yves, tutto a un tratto potevo riconoscere le cose a livello conscio. Ero sicura che si trattava della mia nascita e da allora tutto è cambiato. Ciò mi ha dato la possibilità di viaggiare, di spostarmi in differenti persone in maniera telepatica. Per me queste cose sono molto naturali, cioè di percepire ciò che gli altri sentono. E anche per questo ero affascinata dai grandi maestri del passato, adoro la pittura classica; volevo sentire quello che loro avevano sentito alla loro epoca; ci si può spostare nel tempo...

BC: Si tratta quasi di un transfert, un dialogo con altri artisti...
R: Sì, una comunione.

BC: Qual è l'importanza che dai alla meditazione rispetto al tuo lavoro?
R: Ho imparato a cercare qualcosa, a essere in meditazione totale, a non pensare a nulla e a trasferirmi nel tempo. Mio padre dimenticava spesso dove aveva lasciato gli attrezzi da lavoro. Io gli dicevo, aspetta... Quando ti muovi nel tempo, il tuo subconscio registra assolutamente tutto. È il miglior occhio possibile. E riuscivo ad andare immediatamente dove si trovava l'oggetto smarrito. Una volta avevo perso un anello che non valeva molto, ma che io amavo tanto. Era mia madre che me l'aveva regalato. Aveva una bella pietra rossa. Avevo già dato da mangiare a molti animali, avevo del fieno dappertutto. Sono andata verso il mucchio di fieno. Ho messo la mano in fondo al mucchio e ho tirato fuori il mio anello. Nel subconscio, ogni gesto che fai, anche l'anello che cade, è registrato. Ed è come il riflesso che mi ha affascinato: una volta ho messo la mano nella bocca di un cane attaccato a una catena; lui voleva mordermi e mi avrebbe morso... Allora di riflesso ho messo la mia mano in

Goussonville
1988 ca.
tecnica mista su tela
mixed media on canvas
155 x 200 cm
Collezione privata
Private collection

fondo alla sua bocca, cosa che gli ha fatto male alla gola ed è scappato. Io ero la prima a non aver capito cosa fosse successo. Credo che la magia la trovi realmente nelle cose quando sei di fronte a un'esperienza che comincia a renderti consapevole di ciò di cui sei fatto. E ciò ti fa riflettere.
Mi è successa la stessa cosa quando sono andata a sciare la prima volta. Ho iniziato a scivolare lungo un pendio. Non avevo ancora imparato a fermarmi. Ho rischiato di finire in un precipizio. E cosa ho fatto? Per riflesso ho frenato sterzando. Sono delle cose che sono in noi. Come nel golf, mi è successo una sola volta di tirare una buona palla. È stato un piacere; il suono del colpo era perfetto, la lunghezza era straordinaria, un buon *drive*, era un colpo perfetto. Quando si riesce a fare questo è perché c'è un movimento che chiama un altro movimento e tutto succede in una frazione di secondo, è semplicemente perfetto... È un po' come faccio le mie sculture e questo si sente interiormente: tutto è perfetto. Nello sport, penso che qualcuno che va a correre all'atto della partenza deve già pensare di essere all'arrivo, deve essere capace di spostarsi nel tempo e penso che sia questo che fa vincere. Anche per i lottatori di sumo vale lo stesso. Prima dell'incontro c'è una fase di preparazione meditativa per potersi spostare nel tempo. In questo modo si sviluppa un'energia superiore e colui che riesce a prepararsi al meglio vince. Non è solo una questione di forza. Ed è questo che rende queste persone spirituali e molto rispettate.

BC: Dopo la morte di Yves e la nascita di tuo figlio, tra il 1962 e il 1973, come evolve il tuo lavoro? Hai continuato a dipingere?
R: Certo. Nel 1962-1963 ho fatto delle spirali, delle *Nébuleuses*, dei *Tableaux lunaires*, ho continuato i *Vols de sensibilité*, ho fatto numerosi quadri con i miei rilievi. Più tardi ho fatto la serie dei *Soleil* (1973).

BC: C'è sempre una relazione con l'idea cosmologica e l'idea della luce. Osservo delle eclissi... anche questo è un fenomeno luminoso.
R: Sì... e i *Trous noirs* nel 1972.

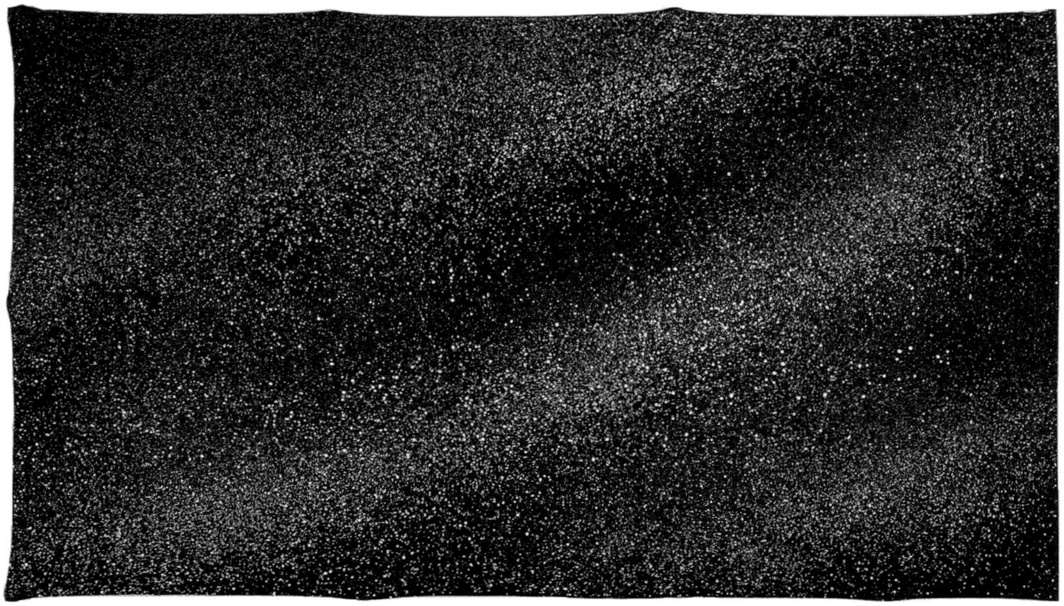

Galaxy
1987
acrilico su tela
acrylic on canvas
136 x 238,5 cm
Collezione privata
Private collection

BC: I *Trous noirs* sono in relazione con la fisica spaziale?
R: Adoro guardare foto, documentari, ma le mie immagini nascono sempre da ciò che sento interiormente, non copio le cose.

BC: In seguito pervieni al gruppo di opere che hai denominato *Jardin* (1987-1990). Nei "giardini" c'è una dimensione di *horror vacui*...
R: Sai perché si chiamano "giardini segreti"? È Daniel Moquay ad aver dato questo nome. Facevo le *Galaxies*, ma queste opere le facevo un po' come un giardino segreto. Ciò che era straordinario è che quando facevo queste forme che oggi sono le mie sculture, le ridipingevo con i colori (prima erano bianche) e mentre le dipingevo sentivo un'energia che mi nutriva per fare nuovamente delle *Galaxies*, opere che anche per il loro grande formato richiedono moltissima energia. E mi deconcentravo per riuscire a lavorare durante la luna piena o appena prima, c'era un'energia migliore, e mi nutrivo letteralmente di questi quadri.

BC: Ma c'è una idea di *horror vacui*, ovvero sembra che il quadro debba essere pieno di forme colorate. E rispetto alle *Nébuleuses* che sono in bianco e nero queste opere sono molto colorate. Si percepisce una senso di complessità.
R: Sì. Ho fatto molti rilievi, prima con delle gocce relativamente grandi. All'inizio lavoravo con un colino, mettevo un litro di farina liquida e passavo molto velocemente sulla superfice ottenendo molte gocce. Più tardi con una grande scopa facevo del dripping. Ma tra una tecnica e l'altra utilizzavo una specie di colino e lasciavo cadere l'impasto ottenendo una composizione più articolata.

BC: C'è una foto che ti ritrae con una specie di tasca da pasticcere...
R: Le mie forme quando nascono sembrano proprio pasticceria; come delle torte che metti in forno. Prendo un sacco della spazzatura nero e ci metto sopra le mie forme che sono inizialmente bianche e il tutto assomiglia a delle torte ...

BC: Tra i *Vols de sensibilité*, i *Jardins* e i *Papillons bleus* c'è una relazione dettata dal colore: nel primo caso rimane il colore dopo l'impronta, nel secondo caso c'è il colore quasi molecolare che metti sui rilievi, e nel terzo caso il colore riempie il disegno.
R: In merito ai *Papillons bleus*, mi mancava sempre il disegno. Ho iniziato a disegnare a Nizza, ma poi ho smesso perché il disegno non era abbastanza fluido. Ho provato a rifare e a colorare i miei scarabocchi, mancava la perfezione, non mi piacevano abbastanza. E dopo la mostra retrospettiva presso la Stiftung Ahlers nel 2007 tutto a un tratto sono riuscita a fare i disegni che ho sempre desiderato fa-

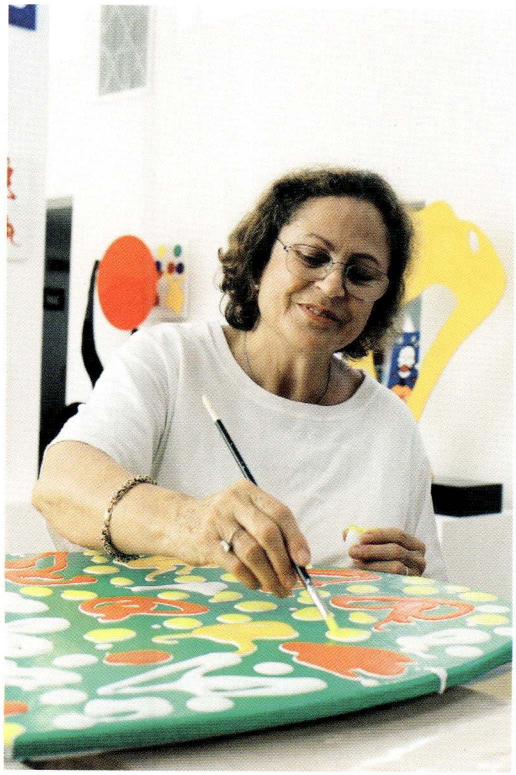

Rotraut nel suo atelier
Phoenix, Arizona
Rotraut in her studio
Phoenix, Arizona
2002

re. Tutto a un tratto ho avuto la certezza di chi fossi. In quel momento facevo ancora delle forme a cuore e poi tutto a un tratto la mia matita è partita da sola e ho iniziato a fare dei piccoli disegni... È stato un momento di grande sollievo.
Ho sempre ammirato le persone che hanno una scrittura articolata, che sono sicure quando firmano; la mia scrittura è come quella di un bambino; riflette la mia timidezza, il mio essere introspettiva. Non che io non abbia una perfezione interiore, ma ho vissuto talmente tanti traumi, anche a scuola, e sentivo il bisogno di farla emergere. Tutto a un tratto c'era questa perfezione ed è stata veramente una liberazione. Mi sono liberata della mia difficile nascita, finalmente avevo capito cos'è stata... e provo ancora oggi una grande gioia quando faccio questi quadri.

BC: Vorrei rivolgerti una domanda molto delicata rispetto ai *Papillons bleus* o ai *Kite Paintings* anche in relazione al momento in cui nel tuo lavoro compare la linea, come ad esempio in opere come *Paradise Valley* (1988) oppure *Goussonville* (1988 ca.).
R: Devo riferirmi alla serie delle linee blu e alla *Mémoire bleue.* Sono nello spazio e guardo la terra da lontano e cerco di sentire se la terra sopravviverà oppure no. Dopo la mostra di Alhers ho avuto la certezza che la terra resterà e questa è la linea blu; non mi sono interrogata sul nostro destino perché noi siamo destinati a scomparire, ma la terra – poiché noi siamo la terra – qualora non restasse, noi resteremo. Noi resteremo nell'universo.

BC: La domanda che volevo farti a proposito di questa "linea" è la seguente. È una questione dialettica tra te e Yves Klein. C'è stato un momento in cui egli ha detto: "Sono per il colore, contro la linea"...
R: Sì, e penso sempre a questa affermazione, ma penso – e non dovrei dirlo, poiché adoro nei *Monochromes* il fatto di rappresentare lo spazio – che solo la vita organica ha una linea e questa è la vita e io sono molto terrestre. Yves era più cosmico e ha fatto le impronte con le modelle perché ha scoperto una mancanza di disciplina, ha perso contatto con la terra, è andato troppo in alto, non ha saputo mantenere un equilibrio tra la terra e il cosmo e l'immateriale. Yves mi ha spiegato tutto questo e mi ha detto di mantenere sempre l'equilibrio tra la terra e lo spazio. Mi ha detto: "Per me è troppo tardi". Sentiva che sarebbe partito. Ma si è sempre aggrappato alle cose: ha fatto le *Peintures de feu*, le impronte ...

BC: Personalmente trovo interessante che tu abbia scelto la linea perché sei partita con delle galassie, la pittura degli anni 1958-1959 è sempre spazialista, ma alla fine la linea è come una conquista...
R: La linea ha l'aura della spiritualità degli esseri organici, la terra ha pure una sua aura, non puoi negare la linea; la linea è ovunque. È per questo che mi sono presa la libertà di tracciare la linea. Io credo a queste cose. Mi ha sempre molto interessato malgrado io sia pure nello spazio totale. Sono in grado di gestire le due cose perché sono sempre stata molto terrestre e legata alla terra quando ero giovane. Yves non aveva coltivato questa esperienza ed è passato direttamente a cose più forti; e questo è molto pericoloso per la nostra anima perché assumi una tale dimensione che il cervello non è più in grado di contenere; sei dunque più grande di quanto il cervello è in grado di assimilare. Si tratta di un'energia assolutamente sovradimensionata. Ho potuto sentire questo. È colossale. Quando fai un'opera immateriale tutto questo ti supera, vai talmente oltre che diventi quasi Dio. È stata un'esperienza molto forte, ma io non sono così. Lui era realmente il genio di tutta la sua opera. Io non sono un genio, sono legata alla terra, alle cose molto più semplici. Lui ha raggiunto una dimensione che per molti è difficile da accettare.

BC: Veniamo alle tue sculture. Non si tratta di una scultura plastica in tre dimensioni, si tratta di qualcos'altro.
R: C'è una ragione per tutto questo: non volevo "tradire" l'originale. Domina la linea. E ciò che è affascinante è il fatto che le puoi fare piccole o grandi e non perdi nulla dal punto di vista espressivo.

BC: Le opere talvolta sono laminari...
R: È dovuto alla conservazione della forma originale che è lineare e piccola.

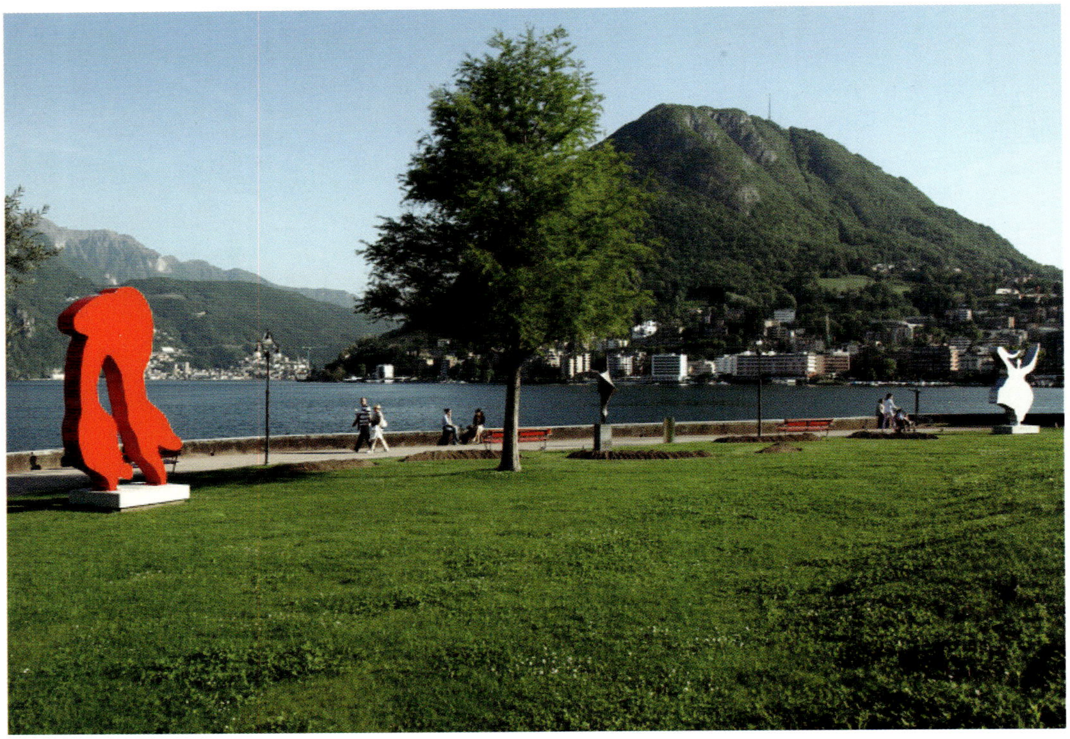

Life e *Silver Gipsy* a Lugano
Life and *Silver Gipsy*
in Lugano
Maggio / May 2009

BC: Si tratta dunque di una tua scelta di fondo…
R: Certo. Le sculture rappresentano la linea in quanto tale, non si tratta di composizioni.

BC: Che ruolo assume la base nel tuo lavoro?
R: Credo che la base deve valorizzare la scultura e non deve fare parte dell'opera, bensì distinguersi chiaramente dalla scultura. In passato abbiamo pitturato le basi, cosa che non mi piaceva molto. Adesso siamo riusciti a fare le basi in maniera separata e di un altro colore.
Quando la base è di cemento va benissimo perché si differenzia chiaramente dall'opera.

BC: Come fai a scegliere il colore di una scultura?
R: La scelta è molto istintiva. La cosa interessante è che anche cambiando il colore la scultura resta bella. Nel caso di *Life*, all'inizio avevo scelto il colore oro, poi è diventata nera e infine rossa e mi piaceva in tutti e tre i colori.

BC: Nel caso di *Life* è interessante l'andamento, l'opera si staglia a partire da due piccoli appoggi, ha uno "slancio" davvero vitale.
R: Si direbbe un cavallo che s'impenna. E quando ricade sembra un tulipano. L'opera è un po' inclinata, ma tiene.

BC: Quando tocca terra sembra una lama. È molto forte.
R: Ho chiamato *Life* quest'opera perché ho un amico ebreo a Phoenix, un medico, che è venuto nel mio atelier poco dopo che ho fatto questa forma e ha avuto un'espressione che mi ha fatto pensare a quel nome.

BC: Molte delle tue opere hanno una morfologia umana.
R: Sì, nascono dalla mia memoria. Ho visto dei cosacchi ballare, ho lavorato con dei russi, poi ci sono i giocatori di basket. Si tratta di cose che hanno fatto parte del mio ambiente.

BC: Le forme evocano una sintesi di gesti…
R: Sì l'idea di sintesi mi piace; la sintesi è il miscuglio di cose differenti. Le forme nascono nel sub-

conscio e si mischiano alla memoria. In un certo senso le mie sculture sono una sorta di fenomeno composto dall'energia, dal liquido, dalla vita, dal subconscio, dalla memoria. Nella memoria ci sono più cose che si mischiano... Mi ricordo di molte cose che ho visto. La moglie di mio figlio Yves Amu ha perso un bambino a causa di un'infezione. Il bambino non avrebbe potuto sopravvivere. Qualche giorno dopo la morte del bambino ho fatto una scultura che assomiglia a un feto. È impressionante come le cose vengono fuori.

BC: Mi interessa la scultura anche quando è di metallo, in acciaio Cor-ten, non colorato.
R: Il Cor-ten è molto difficile da lavorare ed è molto pesante.

BC: E in merito al rapporto tra il colore e il contesto cosa puoi dirmi?
R: Trovo che le mie opere dialoghino bene sia con lo spazio urbano che con il paesaggio naturale. Le forme organiche si adattano a tutto.

BC: Ho parlato con molte persone e tutte apprezzano molto la presenza in città delle tue opere soprattutto perché emanano la loro solarità e conferiscono una dimensione vitale ai luoghi. Il tuo lavoro, a differenza di quello di altri artisti che sono drammatici, pessimisti, ha un lato di lievità e di gioia, si sente che apprezzi la bellezza della natura e quello che ti circonda in generale.
R: Ci sono molte realtà drammatiche attorno a noi e si percepiscono, non possiamo ignorarle, sono là e spesso le situazioni sono ancora peggiori rispetto a quello che riusciamo a immaginare. Ma bisogna sempre avere speranza e la bellezza può proprio controbilanciare queste realtà drammatiche. C'è chi si impegna in politica, chi come Bacon dà spazio nell'arte ai propri incubi, io ho voglia di far vedere la gioia di vivere e che c'è sempre speranza. Non voglio pensare a cose negative, alle malattie. . ce ne sono talmente tante attorno a noi... voglio rovesciare tutte queste cose. Ciò non significa che io non sia al corrente delle cose brutte che succedono nel mondo e che questo non mi faccia soffrire. Ma per sopravvivere alla sofferenza e alla mia propria depressione, sono come un filo d'erba che vive nel deserto dove la terra è durissima, ma che riesce comunque a uscire. L'altro giorno a Phoenix guardavo la terra che è dura come la pietra e sai cosa ho visto crescere? Dei funghi. Un fungo è molle, ma è comunque riuscito a uscire dalla terra.

BC: C'è una magnifica poesia in cui Dylan Thomas parla dell'energia che viene dalle piante e scrive "la forza che nella verde miccia spinge il fiore"...
R: Assolutamente, ed è per questo che adoro le radici, i rami... si tratta della vita e noi siamo qui per vivere e tutta la nostra vita deve essere basata sulla sopravvivenza universale, dobbiamo sopravvivere nel tempo, dobbiamo elevarci alla forza della vita stessa, poiché la vita è la più grande forza che esiste. Così come i lampi, che sono una cosa magnifica.
La vita è un miracolo, il fatto che mi sia tagliata la mano da ragazza è stato un miracolo poiché senza quel taglio non sarei mai arrivata a fare le mie sculture. È molto importante saper leggere le cose, ascoltare per poter capire quale è la strada che devi percorrere. La mia unica preghiera è quella di riuscire a percorrere il cammino per il quale sono predestinata, di fare ciò che è in noi sin dalla nascita, che ci fa vivere, che ci dà fiducia nella vita.

Lugano, 12 maggio 2009

The Sculpture of the Joy of Living. Conversation with Rotraut

by Bruno Corà

Bruno Corà: I would like to know how you started.
Rotraut: I began painting when I was still very young, like my brother. Günther went to the academy and taught me how to make woodcuts.
At first, having no money, I worked for families. I wanted to go to Nice but didn't even have enough money to pay for a bicycle, let alone a plane ticket. I started work in a factory, where I earned 1 mark 20 an hour, as I recall. I did a lot of overtime and rented a room for 60 marks.

BC: Why did you leave East Germany and go to Nice?
R: My brother sent me to stay with Arman in Nice because he thought it would be a good thing for me to learn French. And there I began to carve wood with a special knife, as my brother had taught me, but cut my hand very badly, as you can still see today. There was blood all over the room. I had to go to hospital and I told myself I would never again use a knife for that type of work. Why cut things if you can work by juxtaposing materials? I remembered my brother using flour and water to glue stamps during the war and thought it might be good material. I simply mixed the flour with water, not having Caparol colours at the time, and began to spread the paste on the wood in a very spontaneous way. Then I painted it all black.

BC: There is a *Nébuleuse* made with flour on show here in Lugano. It's very beautiful, like a galaxy…
R: Yes, but those came much later and were influenced by Pollock. In the beginning it was the earth that interested me, the roots of trees. There is a colossal expression of life in the roots of trees, and also in the tracks of water. When water stops flowing, it leaves these extraordinary ravines. It's like in the desert, where the earth splits open. I love those rifts.
When I painted everything black, cracks appeared in the flour with black inside them, and this was really beautiful. I rubbed the surface with sandpaper to make it white while all the rest remained black. And when I took imprints, I did a few and then kept the relief. Both the imprints and the relief were artworks.

BC: Did you show these works immediately or did you have to wait to hold your first exhibition?
R: I showed some of these works in the Matarasso bookshop-gallery in Nice together with some drawings by Arman. I worked a lot at Arman's. I took care of his children during the day and plastered the walls of my room with new things in the evening. I also did gouaches.

BC: Was Arman still working on his own or had he already met the other artists?
R: He knew Yves.

BC: Of course, and Claude Pascal too.
R: Yves arrived a bit later. He saw my drawings in black and white and asked me if I knew an artist named Franz Kline who was doing similar things. I really didn't know Kline. I always followed an inner

impulse in doing things. I loved spontaneity, reflex energy. Reflex energy saved my life. Reflex action is intelligent, connected with the universal intelligence.
If I go back to my childhood on the farm, I remember my love of the earth. I had the good fortune to work the soil with my hands, to feel it under my knees, to dig up potatoes, to pull some plants up in order to let others grow, a very carnal relationship. Walking barefoot on the ground was like making love with the earth. I had very strong feelings. I also loved the work, even though it was hard. Lying in my bed at night, I felt the electricity running through my body. It was total fatigue. I always worked until I had no strength left. I wouldn't come out of the stalls until I had cleaned out all the animals.

BC: I have looked at your catalogues and notice in your books that you developed a particular relationship with materials between 1957 and 1962.
R: And also with animals!

BC: And with animals too, of course. But you have different ways of working with colours, with broad gestures, patches and lines ...
R: I rubbed the gouaches with sandpaper to make it all homogeneous and made stars appear for the Galaxies. It was a magical moment.

BC: It is your different ways of creating images that interest me in particular.
R: Yes, the sun, the reliefs of roots... basically everything that gives life. Life is immaterial at first and strives to show itself. I have the feeling that my sculptures, born out of a quick gesture in a fraction of second with the liquid I use, originate in attraction for life. Life is attracted by this phenomenon of gestural rapidity.

BC: What is very strong is the relationship between gesture and support. The surface is addressed immediately, the gesture is very spontaneous, there is no mediation.
R: Yes. I do not want knowledge to intervene. Like life, art wants to be seen, and I try to manipulate it as little as possible, to leave it the utmost freedom of expression, so that it can feed on my subconscious and bring out my memory too. In other words, my subconscious participates very strongly because I recognize things and the life inside them brings them to life. Memory comes to life.

BC: Another thing I find very interesting is the fact that you began to investigate the relationship with the surface and to take imprints at a very early age.
R: Yes, the imprints were the first thing. I did drawings but they were not important. It was the imprints that interested me, and that started back in 1957... In actual fact, I was 4 when I began to do immediate things, and that is where it all started. I saw a lot of things in what I was doing... Of course, I was the only one to see anything in what I was doing. I'm happy now because people see my sculptures, which are really births, indirect epiphanies, but show something that I see. And I can really put

them on show by themselves, with nothing around to disturb them. But they are born out of a small gesture.

BC: Small but very strong. I would like you to tell me about the *Vols de sensibilité*. How are they born in technical terms?
R: I first paint very quickly on paper what I see in a slide projecting the image of a work. Then I put it on the ground, take another sheet of paper or a canvas, and take an imprint. In some cases I take two, but the second is not as bold as the first...

BC: So it is always a reversed image...
R: That naturally depends also on the way the slide is shown... you have to be careful. In actual fact, it is not always reversed... it is reversed when I take the second imprint...

BC: This might suggest the idea of a "d'après". In reality the image has lost any resemblance to the "original" work. In a certain sense, the imprint is a residue of the original iconography, what remains of an action. The image disappears and imprints of colour are all that remain.
R: Yes. I am basically interested in the imprint. The image remains indefinite. Only the sensations of the original image remain.

BC: Apart from you and Yves, were there any other artists doing imprints?
R: No, I don't think so. I've seen other artists do *d'après* paintings, but no one that does imprints on the basis of pictorial reliefs or sculptures with liquid plaster in a fraction of a second.

BC: The problem of the perception of the image, the rendering of light and contrast already appears in the Galaxies, the first of which date from 1959.
R: Yes, I want to represent the light of death. Black does not exist. There is light. Space contains something relaxing, positive, good ...

BC: Absolutely, the problem of space and light is perceived straight away. That period in 1959 coincided with the experience of the Zero Group, of which your brother was a member along with Otto Piene, Heinz Mack and the others. The problem of light is central also in their works. Not only in France and Germany but also in Italy, I'm thinking of Francesco Lo Savio, who was again investigating the subject of light and space...
R: But you should also think about Vermeer and Turner and the Romantics!

BC: Illustrious precedents...
R: Light gives colour, because without light there is no colour... If you love light, the first thing you think of is colour... Light is essentially a concern of every artist.

BC: You called all this Galaxies back in 1959 and then later in 1987.
R: Yes, because it is my environment, because I feel that I am the earth. We are the earth. This is our environment.

BC: And then there are the *Vols de sensibilité*.
R: Yes, they represent the spiritual side. I look into the soul of the artist. Instead of copying the work, as students at the academy do, I am interested in his spirituality, his sensibility. When I look at the slide projection of the work, I enter into telepathic contact with him. I meditate. The most important thing is to put myself in the place of the artist of the past. This has allowed me to travel through other people. I have learned to travel constantly towards myself, to return to my mother's womb, because I always experienced my birth but did not realize it. There was something in my subconscious that forced me every evening and every night to fall into a sort of ecstasy, and I would fall asleep as

soon as I reached that point. It was almost a desire, a need to make this "journey" before going to sleep. This went on until the age of 23 or 24, because I experienced the same sensations when I was pregnant and Yves died, but this time while awake. My lips were swollen. I felt as though I was asleep. I probably had the umbilical cord wrapped around my neck before being born. I felt pressure on my body. I was turned sideways in my mother's womb, stuck between her hips. My mother had to be operated on and in the end I came out by myself. I still feel like a warrior who goes on fighting. These very strong sensations stayed with me until I got pregnant too.
And when my son Yves Amu moved in my womb, and when his father Yves Klein died, I asked myself whether I had already experienced all those feelings. I was on a train, looking at myself in the mirror. We were going to La Colle sur Loup for Yves's burial and all of a sudden I began to recognize things at the conscious level. I was sure that it was my birth, and nothing has ever been the same since. It enabled me to travel, to move into different people through telepathy. These things—perceiving what others feel—are very natural for me. And this is also why I was fascinated by the great masters of the past. I love classical painting. I wanted to feel what they had felt in their day. It is possible to travel through time...

BC: Like a sort of transference, a dialogue with other artists...
R: Yes, a communion.

BC: What importance do you attach to meditation in your work?
R: I have learned to look for something, to be in a total state of meditation, to think of nothing and travel in time. My father often forgot where he had left his tools from work, and I would say, wait a minute... When you move in time, your subconscious registers absolutely everything. It is the best eye possible. And I was able to go immediately to the place where the lost object was. I once lost a ring. It wasn't worth much but I really loved it. It was my mother who gave it to me. It had a beautiful red stone. I had already fed a lot of the animals and there was hay everywhere. I went to the heap of hay, reached down to the bottom and pulled my ring out. Every move you make, even the dropping of a ring, is recorded in the subconscious. And it is like a reflex action, which also fascinates me. I once put my hand into the mouth of a chained dog. It wanted to bite me and would have done so but instinctively I put my hand towards the back of its mouth. This hurt its throat and it ran away. I was the first to be bewildered by what had happened. I believe that you really find the magic in things when an experience makes you begin to realize what you are made of. And that makes you think.
The same thing happened to me when I went skiing for the first time. I started sliding down a slope. I hadn't learned how to stop yet and was in danger of going over a cliff edge. So what did I do? A reflex action made me brake by turning. These are things we have inside us. Like golf. I played a good shot only once. It was a delight. The sound of the blow was perfect and the length extraordinary. It was a perfect drive. When you succeed in doing this, it's because one movement leads to another and everything happens in a fraction of second. It is simply perfect... It's a bit like the way I make my sculptures, and this is something you feel inside. Everything's perfect.
I think that in sport, in a race, you have to think at the start that you are already at the finish. You have to be able to move through time. I think that this is how you win.
The same goes for sumo wrestlers. Before the match there is a phase of contemplative preparation so that you can move in time. That way superior energy is developed and the one who prepares himself best wins. It is not just a matter of strength. And this is what makes those people spiritual and highly respected.

BC: How did your work develop after the death of Yves and the birth of your son, between 1962 and 1973. Did you go on painting?
R: Of course. I produced spirals, *Nébuleuses* and *Tableaux lunaires* in 1962 and 1963. I went on with the *Vols de sensibilité* and did a lot of paintings with my reliefs. The *Soleil* series came later (1973).

BC: There is always a relationship with the cosmological idea and the idea of light. I observe eclipses... which are also a luminous phenomenon.
R: Yes, and the *Trous Noirs* in 1972.

BC: Are the *Trous Noirs* related to the physics of space?
R: I love looking at photos and watching documentaries, but my images are always born out of what I feel inside. I don't copy things.

BC: You then arrived at the group of works you call *Jardins* (1987–1990). There is a dimension of horror vacui in these "gardens"...
R: Do you know why they are called "secret gardens"? It's Daniel Moquay who gave them this name. I was producing Galaxies and did these works a bit like a secret garden. The extraordinary thing is that when I made these shapes, which are now my sculptures, I painted them over with colours (they were white before). And while I was painting, I felt a flow of energy that gave me the strength to go back to the Galaxies, works that require a great deal of energy also because of their size. And I distracted myself so that I was able to work during the full moon or just before, when the energy was better. Those paintings literally nourished me.

BC: But there is an idea of horror vacui. In other words, it seems that the painting has to be full of coloured shapes. And these works are highly coloured with respect to the nebulas, which are black and white. A sense of complexity is perceived.
R: Yes. I did a lot of reliefs, first with comparatively big drops of material. I worked at first with a strainer. I filled it with a litre of liquid flour and moved it very quickly over the surface so as to get a lot of drops. Later I switched to dripping with a broom. But between one technique and the other, I used a sort of strainer and I let the paste drip to obtain a more structured composition.

BC: There is a photo of you with a sort of pastry bag...
R: My forms look just like pastry when they are born, like cakes you put in the oven. I take a black bin bag and put my shapes, which are initially white, on top of it. It all looks like cakes...

BC: There is a relationship governed by colour between the *Vols de sensibilité*, the *Jardins* and the *Papillons bleus*. In the first case, the colour remains after the imprint. In the second, there is the almost molecular colour you put on the reliefs. In the third, the colour fills up the drawing.
R: As regards the *Papillons bleus*, drawing was a skill I always lacked. I started drawing in Nice but stopped because it wasn't fluid enough. I tried to redo my scribbles and colour them, but there was no perfection and I didn't like them enough. And then, after the retrospective at the Stiftung Ahlers in 2007, I suddenly managed to do the drawings I had always wanted to do. All of a sudden, I had the certainty of who I really was. I was still doing heart shapes at the time and suddenly my pencil set off by itself and I began to do some little drawings. It was a moment of great relief.
I have always admired people who have structured handwriting and are sure of themselves when they sign their names. Mine is like a child's writing. It reflects my shyness and introspective character. It is not that I have no inner perfection, but I had so many traumatic experiences, also at school, and felt the need to let them out. All of a sudden, there was this perfection. It really was a great relief. I freed myself from my difficult birth, I finally understood what it was... And I still feel great joy today when I do these paintings.

BC: I would like to ask you a very delicate question about the *Papillons bleus* and the *Kite Paintings*, also in relation to the moment at which the line appeared in your work, for example in works like *Paradise Valley* (1988) and *Goussonville* (1988).
R: I have to talk about the blue line series and the *Mémoire Bleue* here. I am in space and I look at the earth from far away and try to understand whether it will survive. Since the Alhers show, I have

felt certain that the earth will remain, and this is the Blue Line. I do not ask myself about our fate, since we are destined to disappear, but we will remain even if the earth—because we are the earth—does not. We will remain in the universe.

BC: There is a question I wanted to ask you about this "line". It is a dialectical issue between you and Yves Klein. At a certain point he said, "I am for colour, against the line."
R: Yes, and I always think about that. But I think—and I shouldn't say this, since I love the fact of representing space in the *Monochromes*—that only organic life has a line and this is life and I am very terrestrial. Yves was more cosmic. He did the imprints with the models because he discovered a lack of discipline. He lost his foothold on the earth. He went too high and was unable to maintain balance between the earth and the cosmos and immateriality. Yves explained all this to me and told me always to keep balance between the earth and space. He said it was too late for him. He felt that he was going. But he always kept hold of things. He did the fire paintings and the imprints...

BC: I find it very interesting that you arrived at the line, because you started out with cosmologies. The painting of the period 1958-59 is always Spatialist, but in the end the line is like a conquest...
R: The line has the aura of the spirituality of organic beings. The earth also has an aura of its own. You cannot deny the line. The line is everywhere. This is why I took the liberty of drawing the line. I believe in these things. It has always interested me a great deal in spite of the fact that I am also in total space. I am able to handle both things because I have always been very terrestrial and was closely linked to the earth when I was young.
Yves did not have this experience and went straight on to stronger things. And this is very dangerous for our spirit, because you attain a dimension that the brain is no longer capable of containing. You are so big that the brain cannot take it in. It is a question of completely disproportionate energy. I have been able to feel this. It is colossal. When you create an immaterial work, you transcend all this. You go so far beyond that you almost become God. It was a very strong experience, but I am not like that. He really was the genius of all his work. I am not a genius. I am tied to the earth, to much simpler things. He reached a dimension that many find it difficult to accept.

BC: Let us talk about your sculpture, which is not three-dimensional but something else.
R: There is a reason for all this. I did not want to "betray" the original. The line dominates. And what is fascinating is the fact that you can make them small or large without losing anything as regards expression.

BC: The works sometimes appear like blades...
R: This is due to the preservation of the original form, which is small and linear.

BC: And so it's something you basically chose...
R: Of course. The sculptures represent the line as such. They are not compositions.

BC: What role does the base play in your work?
R: I believe that the base must enhance the sculpture and that it must not be part of the work but clearly distinguished from it. In the past we painted the bases, which is something I don't like much. Now we have managed to make the bases separately and in another colour. It works very well when the base is concrete because it is clearly distinguished from the work.

BC: How do you choose the colour of a sculpture?
R: The choice is very instinctive. The interesting thing is that the sculpture remains beautiful even when the colour changes. In the case of *Life*, I had initially chosen the colour gold, which then became black and finally red, and I liked it in all three colours.

BC: In the case of *Life*, it is interesting how the work seems to soar from two small points of support with a truly vital impetus.
R: It's like a horse rearing up. And when it comes down, it's like a tulip. The work is slightly tilted, but it holds together.

BC: It's like a blade when it touches the ground. It's very powerful.
R: I called this work *Life* because I have a Jewish friend in Phoenix, a physician, who came into my studio just after I made this shape. It was the expression on his face that made me think of the title.

BC: Many of your works have a human morphology.
R: Yes, they are born out of my memory. I have seen Cossacks dancing and worked with Russians. And then there are the basketball players. These are things that have been part of my environment.

BC: The shapes suggest a synthesis of gestures.
R: Yes, I like the idea of synthesis. Synthesis is the melding of different things. The shapes are born in the subconscious and mixed with memory. In a certain sense, my sculptures are a sort of phenomenon made up of energy, liquid, life, the subconscious and memory. There are many things mixed up in the memory... I remember many things I have seen. The wife of my son Yves Amu lost a child because of an infection. It could never have survived. A few days after the death of the child, I made a sculpture that looks like a foetus. It is astonishing how things come out.

BC: Your sculpture also interests me when it is made of metal, of Cor-Ten steel, and not coloured.
R: Cor-Ten is very difficult to work and very heavy.

BC: What can you tell me about the relationship between colour and context?
R: I find that my works establish a good dialogue both with urban space and with natural settings. Organic forms adapt to everything.

BC: I have talked to a lot of people and they all appreciate the presence of your works in the city very much, above all because of the radiance they communicate and the way they endow their settings with a vital dimension. Unlike the dramatic, pessimistic works of other artists, yours have an aspect of lightness and joy. One feels that you appreciate the beauty of nature and what is around you in general.
R: There are many dramatic realities around us and they are all perceived. We cannot ignore them. They are there, and often the situations are even worse than we can ever imagine. But we must always have hope, and beauty can help to counterbalance these dramatic realities.
Some are politically committed and some, like Bacon, give room in art to their nightmares. I want to show the joy of living and that there is always hope. I don't want to think about negative things, about illnesses... There are so many around us... I want to turn all these things upside down. This does not mean that I am not aware of the nasty things that happen in the world and that they do not cause me grief. But in order to survive my grief and depression, I am like a blade of grass that lives in the desert, where the ground is really hard, but still succeeds in sprouting. The other day in Phoenix I was looking at the earth, which is as hard as a rock, and do you know what I saw growing? Mushrooms. A mushroom is soft but it still managed to grow out of the earth.

BC: There is a magnificent poem by Dylan Thomas about the energy of plants. It begins: "The force that through the green fuse drives the flower".
R: Absolutely, and this is why I love roots and branches... This is life and we are here to live. All of our life must be based on universal survival. We must survive in time and attain the strength of life itself, because life is the greatest force that exists like bolts of lightning, which are something magnificent.

Life is a miracle. The fact that I cut my hand when I was young was a miracle, because without that injury I would never have come to produce my sculptures. It is very important to know how to read things, to listen so that you can understand the path you have to take. My only hope is that I can travel the road for which I am predestined and do what it is inside us from birth, what makes us live, what gives us confidence in life.

Lugano, 12 May 2009

Primo tentativo cosciente e ragionato di appropriazione diretta della sensibilità pittorica dei nostri grandi maestri classici

"Ho deciso nel 1960 di tentare di rubare in modo puro e semplice la sensibilità pittorica dei Grandi Maestri della nostra arte occidentale così ermetica.
Non vedo altro mezzo, nella nostra epoca, a eccezione di quello utilizzato qui: l'impronta generale diretta del *Consiglio degli dei*: per ritrovare infine il cuore dell'illuminazione di Rubens che mi affascina da sempre.
Non intendo copiare né imitare l'opera di Rubens, ma piuttosto tentare di rubargli con ogni possibile metodo affettivo, attraverso il tempo e la storia, la qualità emotiva e spirituale della sua arte".

Rotraut, Parigi, novembre 1960

Vol de sensibilité d'après
"Vénus et l'Amour
découverts par un satyre"
du Corrège
1963
olio su tela
huile sur toile
168 x 109,5 cm
Collezione privata
Private collection

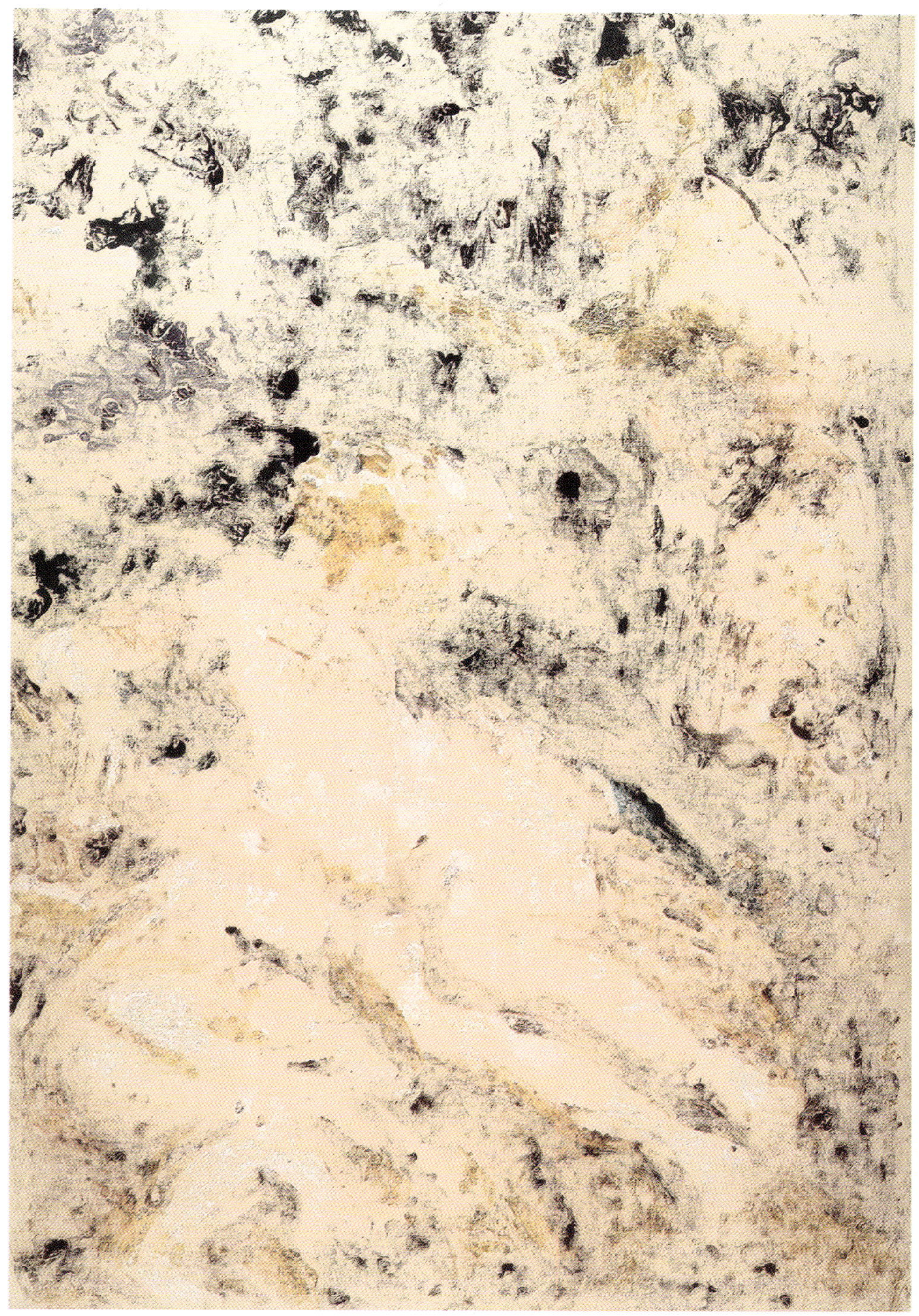

First Conscious and Judicious Attempt of Direct Appropriation of our Great Classic Masters' Pictorial Sensibility

"I decided in 1960 to purely and simply try to take possession of the pictorial sensibility of the great masters of western art, which is so obscure.
I can not see any other means, in our era, other than the one I have used here: the direct, general mark of *The Council of the Gods*: to be able to finally find the heart of Rubens' illumination, which has always fascinated me.
For me it is not a matter of copying, nor imitating, Rubens' work, but to try to steal from him, through any possible affective means, through time and history, the emotional and spiritual quality of his art."

Rotraut, Paris, November 1960

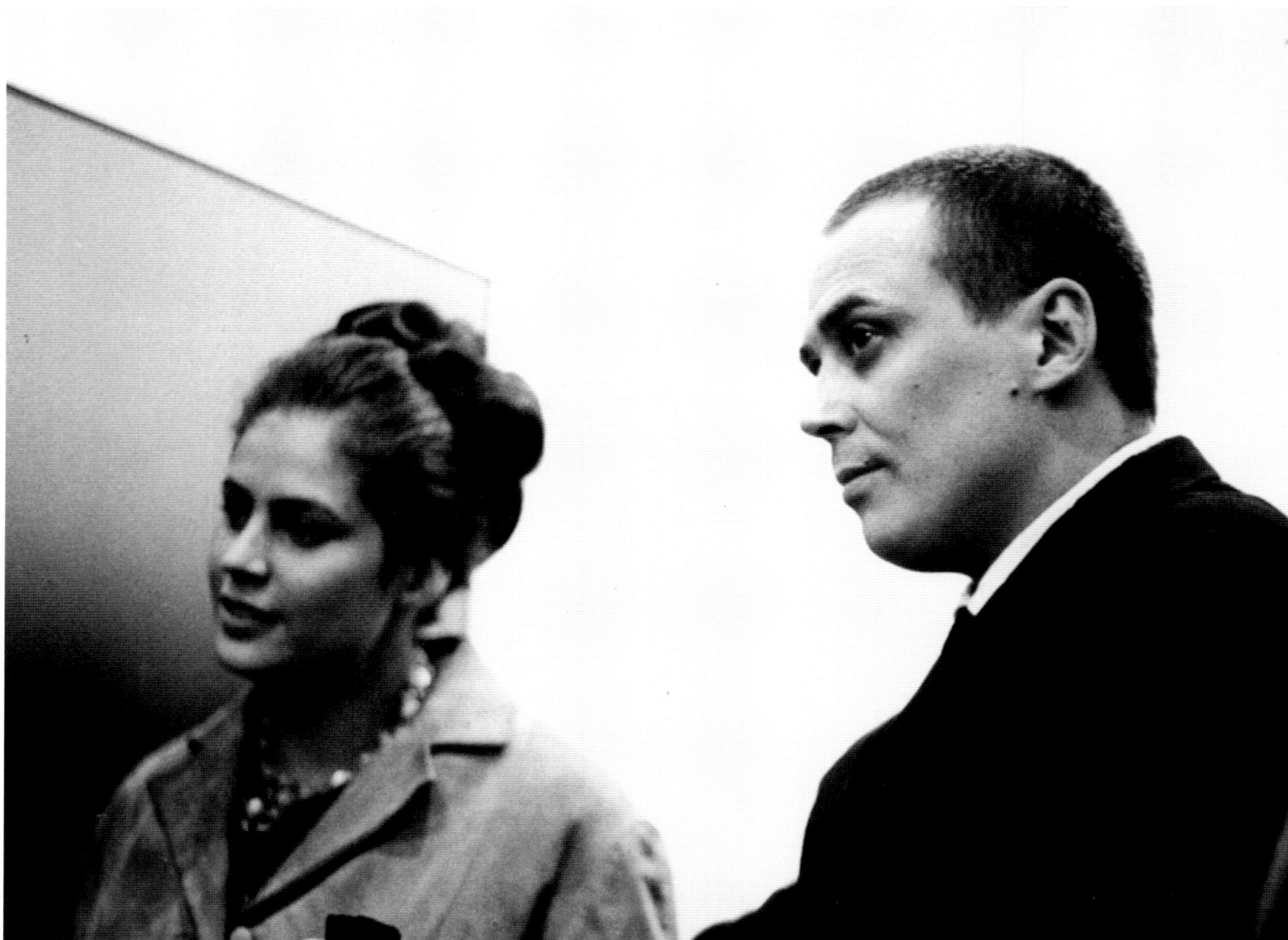

Rotraut e suo fratello
Günther Uecker
Rotraut and her brother
Günther Uecker
1964 ca.

Il cielo di Rotraut
i cieli della notte
l'oscurità illuminata
l'oscurità dello spazio
il fluttuare di un mare di luce
fluttuante come gli angeli
che si dissolvono nel bagliore di pietre preziose,
immergersi
annegare
nella nebbia del passaggio dal visibile all'invisibile
risplendere ancora una volta nella meraviglia della luce
prima che si perda nell'oscurità,
nella sicurezza dello spazio,
dove il canto degli angeli potrà essere udito

Uecker

Rotraut's sky
the skies of night
the illuminated darkness
the darkness of space
the poise of a sea of light
poised like the angels
fading away in the light of gemstones,
immersed
drowning
in the haze of the transition from visible to invisible
to radiate once again in the beauty of the glow
before losing itself in the darkness,
in the safety of that space,
where the songs of the angels are made audible

Uecker

La sensibilità nella realtà

Hans Möller

Per noi esiste una sola arte: quella della sensibilità nella realtà, libera da eccessive umanizzazioni e autobiografie. L'artista la rende visibile, udibile e percepibile; egli ha il dono di sentirla, di vederla e di percepirla. L'arte per gli artisti: da praticare e di cui godere. Per quanto riguarda il godere di essa, chiunque si disponga a farlo può far parte di questa nuova aristocrazia di persone altamente sensibili. Una disposizione che viene dalla propria volontà.
Ciò che mi cattura qui è la vera libertà che appare. Un'arte libera.
Non ci sono regole, non ci sono scompartimenti, a eccezione dell'onestà e della modestia. Tutti i mezzi sono concessi. Qualsiasi cosa sia d'aiuto, qualsiasi materiale, non ci sono dispute, nessuna diffidenza, nessuna guerra.
Non c'è nessun mio, nessun plagio, nessun furto. (Che cosa si vuol poi rubare? L'originalità, l'impronta personale sono diventate prive di valore. Ciò che per noi costituisce l'arte è presente una volta sola: l'energia che muove tutto, l'unica materia, accessibile a tutti, propria a ognuno: la sensibilità). Comunismo perfetto? Un nuovo idealismo? Se qualcuno conosce lo zero: questo è lo zero! Satori. Conoscenza trascendentale. L'intuizione, la totalità e l'individualità che diventano chiare nello stesso istante. Il nuovo realismo. Universalismo: verità. Ciò che conta è il volo esteso tramite la sensibilità.
Respingiamo l'idea di far arte o di contemplarla. Noi viviamo nell'arte. Nel senso inteso da Yves Klein, che affermò:

> [...] la nuova aristocrazia sarà composta da uomini che, dotati di una sensibilità più alta, pura e serena, possiedono il talento di dissolversi nell'infinito, che non hanno nessuna paura di fronte al loro spazio interiore e alla vertigine che esso provoca nel suo dissolversi [...]

Rotraut: il furto della sensibilità

Abbiamo parlato prima di un gruppo di persone che abbiamo chiamato artisti e che, per quanto riguarda l'arte, si dividono in due gruppi: coloro che la praticano e coloro che godono di essa.
Rotraut appartiene a entrambi i gruppi: da un lato fa parte di coloro che godono di essa e dall'altro possiede la capacità di produrla.
Rotraut presenta dei dipinti che chiama "furto della sensibilità".
A essere precisi non ruba nessuna sensibilità, piuttosto si appropria di qualcosa di essa: un istante di smascheramento.
La affascinano i quadri dei maestri classici, e penso a Rubens in special modo. Tramite un'attenta osservazione Rotraut inizia a svestire il dipinto. Ne coglie la sensibilità. Ci sono sicuramente metodi diversi per riflettere sull'arte. Alla fine le riflessioni diventano dei giudizi, a causa dell'incapacità di tener fuori dalla riflessione il punto di vista personale.
Rotraut aggira questo ostacolo tramite l'osservazione attiva: dipingendo. Oggettiva il suo metodo di osservazione il più possibile facendo ricorso alla proiezione, che è incorruttibile. Non fa nulla di diverso da ciò che raccomandano i maestri zen: "osserva per dieci anni il bambù, diventa tu stesso bambù, poi dimentica tutto e – dipingi".

Poi dimentica tutto: il momento del discernimento. Si avvicina all'improvviso quando ci si estranea dal proprio essere.
Come accade all'attore moderno sul palco: mentre recita la sua parte sta a lato di se stesso, osservando attentamente e controllando che cosa viene dopo, intervenendo al momento giusto: quando tutto concorda, ossia nel punto in cui si manifesta la sensibilità.
È in questo istante che Rotraut entra in azione, stando a lato di se stessa e osservando il processo di contemplazione: priva l'osservatore della contemplazione e lascia un'impronta su una tela. Un furto è stato commesso. Il segno della sensibilità pura è tangibile, ne è rimasto il segno sul quadro, è divenuto esso stesso oggetto di osservazione.
Vorrei sottolineare: non si tratta qui di descrivere la sensibilità, nello stesso modo in cui Fontana non intendeva descrivere un taglio. Qui la sensibilità è sicuramente presente, come nell'altro caso il taglio, esiste nella realtà. Così come Fontana apre le superfici dei suoi quadri allo spazio che contiene la sensibilità, allo stesso modo Rotraut presenta i suoi dipinti verginali invitando la pura sensibilità a partorirvi nel momento in cui si produce un "furto della sensibilità".

Maggio 1964

Sensibility in Reality

Hans Möller

For us, there is but one art: that of those all too human offerings, autobiographies, freed sensibility in reality. The artist renders it visible, allows it to be heard, to be felt. The artist has a talent for hearing, seeing and feeling it. Art for artists: both the practice and enjoyment of art.
Anyone can belong to this new nobility of highly sensitive people who enjoy art, as long as they are willing. A talent of one's own will. What captivates me, is the genuine freedom that presents itself here. A free art. There are no rules, no boundaries, except for those of honesty and humility. Every means is allowed. Every aid, any material you wish. There are no disputes, no suspicion, no war.
There is no mine, no plagiarism, no theft (what could one possibly want to steal? The originality, the work of one person's hand, have become worthless. For us, what makes art art, is only present once: the energy that drives everything, the only matter. Accessible to all, something each one of us can call our own: sensibility). Communism perfected? A new idealism? When one knows what zero is: then this is zero!
Satori. Transcendental knowledge. The intuition, totality and individuality experienced simultaneously. The new realism. Universalism: truth. What counts is to be driven on the wings of fancy by sensibility. We decline to make art or to regard it. We live in art. In the way Yves Klein intended.
He said:

[...] The new aristocracy will be formed by people who possess the quality of a high, pure and cheerful sensibility, who are capable of diffusing themselves into the infinite, who are not afraid of the spaces that dwell inside them, and the dizziness created as a result of diffusion [...]

Rotraut: theft of sensibility
We began by speaking of a group of people whom we named artists and who in turn, as far as art was concerned, were separated into two groups: those who practice it and those who enjoy it.
Rotraut belongs to both such groups. On the one hand she falls under the category of those who enjoy art, on the other, she possesses the energy to create.

Rotraut herself produces tableaux which she names the "theft of sensibility". Strictly speaking she does not steal sensibility, rather she steals something from sensibility: a moment of unmasking.
The work of the old masters, I believe most of all Rubens, fascinated her. In studying such a painting, Rotraut begins to undress it. She tentatively discerns sensibility. There are certainly many possible ways to study art. Ultimately however they all end up being a form of judgment, not least through the degree to which one is unable to keep the personal viewpoint out of the way one views the art. Rotraut sidesteps this pitfall by being active in the way she views art: she paints. She objectifies her method of viewing largely by utilizing an incorruptible projection. In doing so she is in fact doing nothing other than what the zen master calls for: "observe bamboo for ten years, end up becoming bamboo oneself, then forget everything and—paint."
Then forget everything: the moment of recognition. It inexorably creeps up on one, when one has managed to estrange oneself from one's own self.
In a manner akin to that of the modern actor on the stage, who all the while as he acts, stands beside himself and watches everything critically and checks what comes next and declaims what he must whenever it fits. When everything fits: the moment in which pure sensibility manifests itself.
In this moment Rotraut, who is standing beside herself, watching the process of contemplation, suddenly steps into action: she deprives the onlooker of contemplation and makes an impression on the canvas. A theft has occurred; leaving visible traces of pure sensibility behind, stuck on a tableau, it has itself become the object to be contemplated.
I would like to reiterate: what we are concerned with here is not the portrayal of sensibility, just as Fontana was not concerned with making a cut. In this case sensibility is visibly present, in the same way that in Fontana's case the cut in reality is present. In the same way Fontana opens the surface of his picture to the room containing sensibility, Rotraut presents her virginal canvas to invite pure sensibility to give birth in the "theft of sensibility".

May 1964

nella pagina successiva
following page

Rotraut a Londra
Rotraut in London, 1959

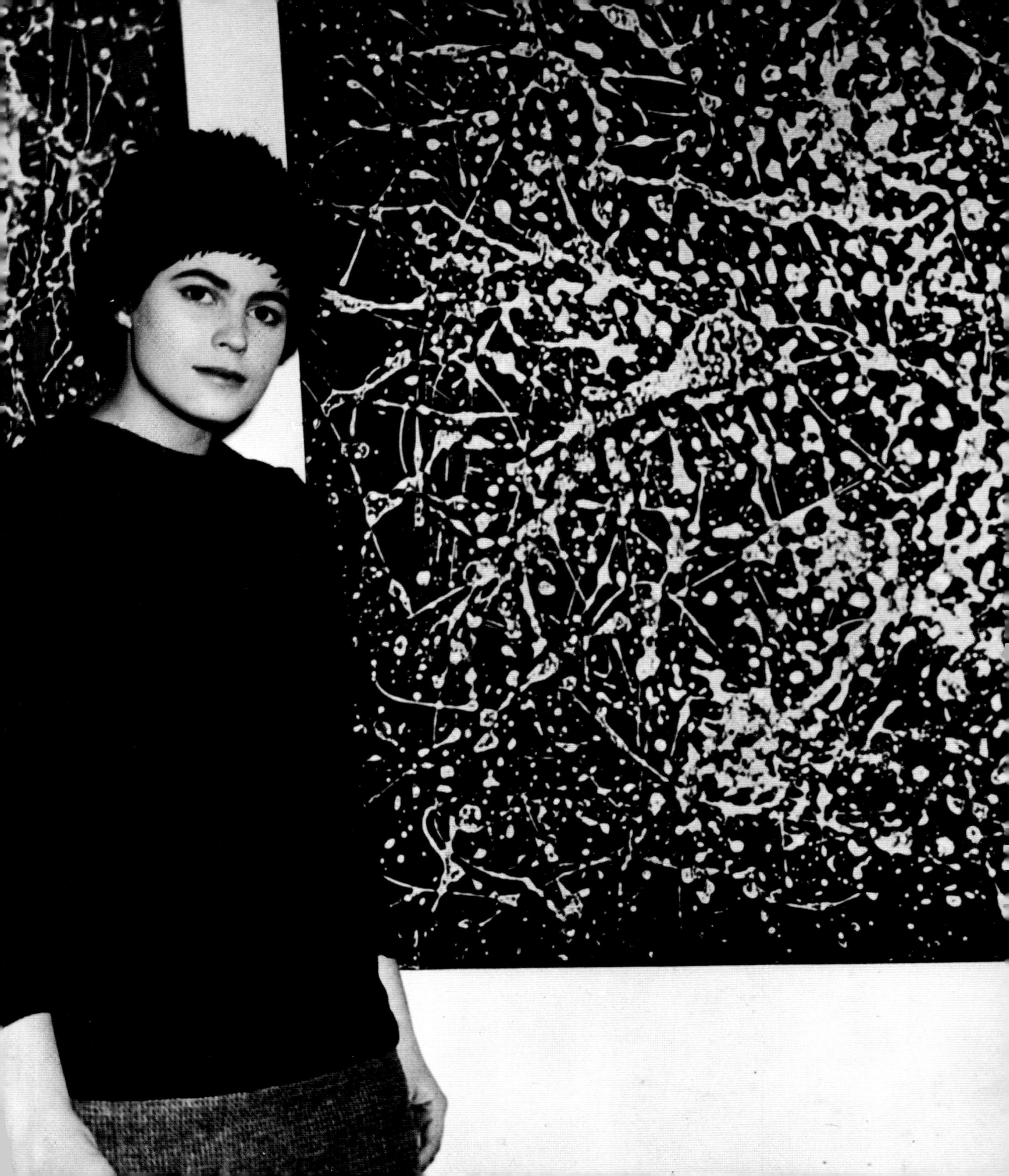

Dipinti / Paintings

Sans titre
1958
inchiostro su carta
ink on paper on canvas
64,5 x 48,5 cm
Collezione privata / Private collection

Sans titre
1958
inchiostro su carta
ink on paper
65,5 x 50,2 cm
Collezione privata / Private collection

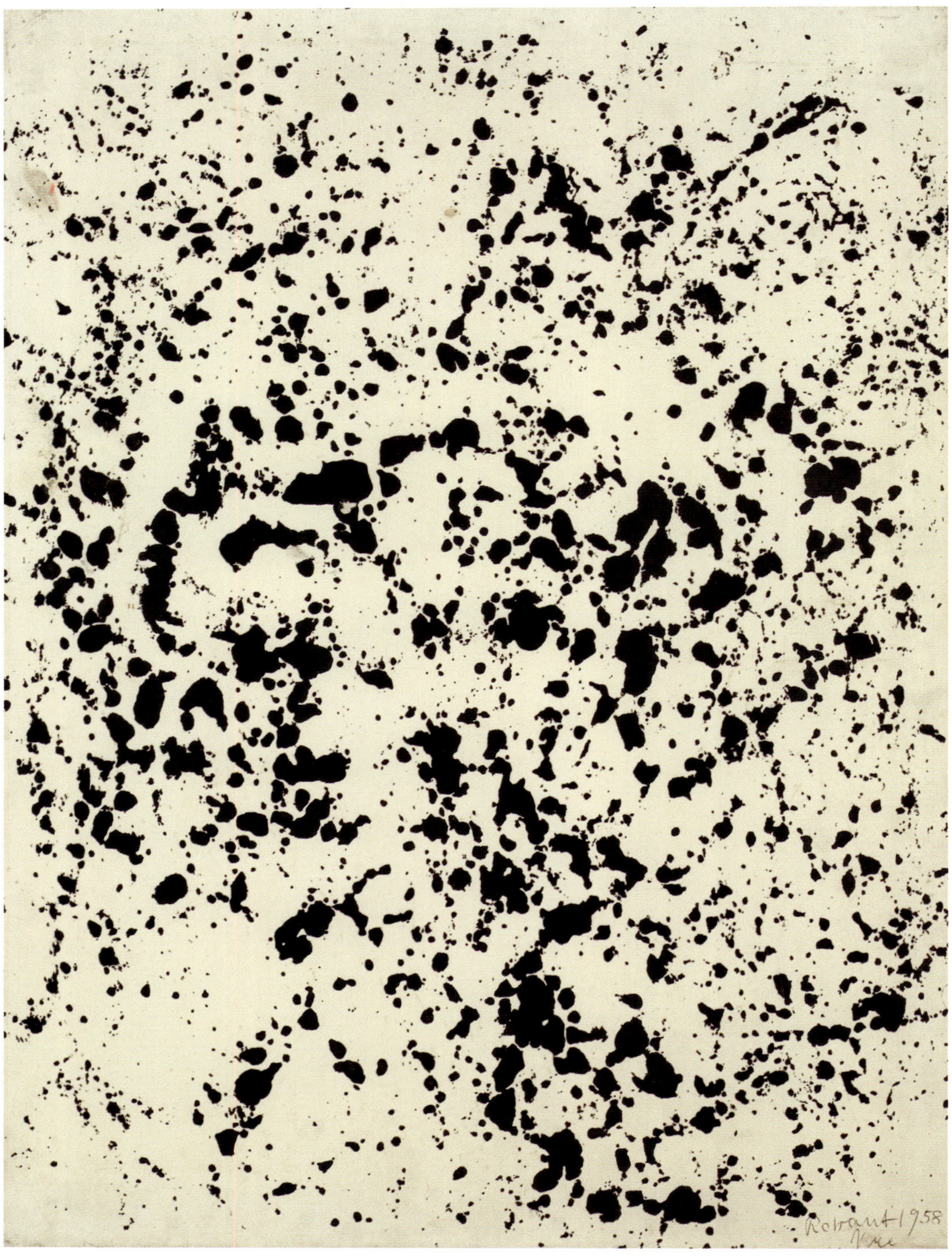

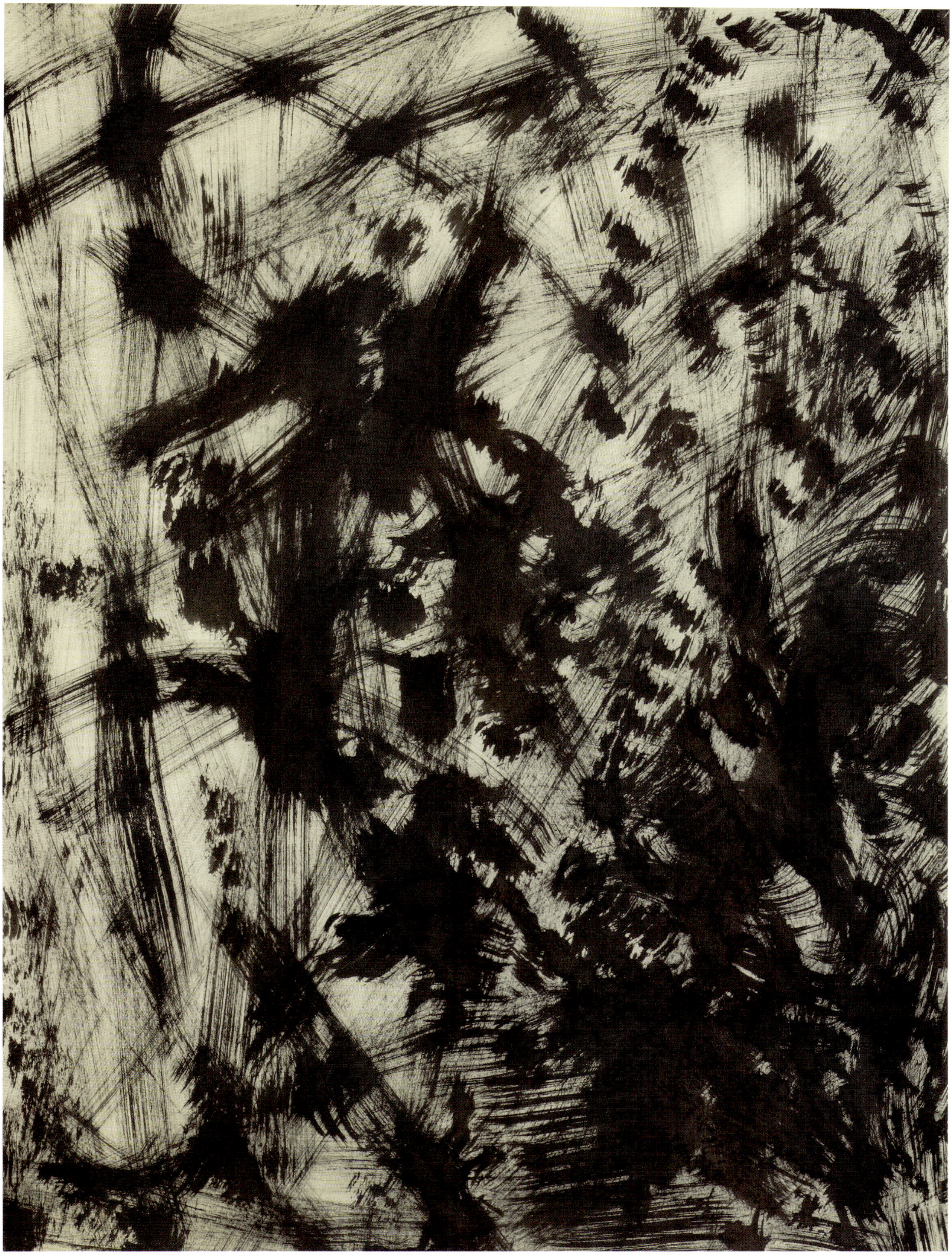

Sans titre
1959 ca.
inchiostro, farina e legante su tavola
ink, flour and binding medium on board
64,5 x 65 cm
Collezione privata / Private collection

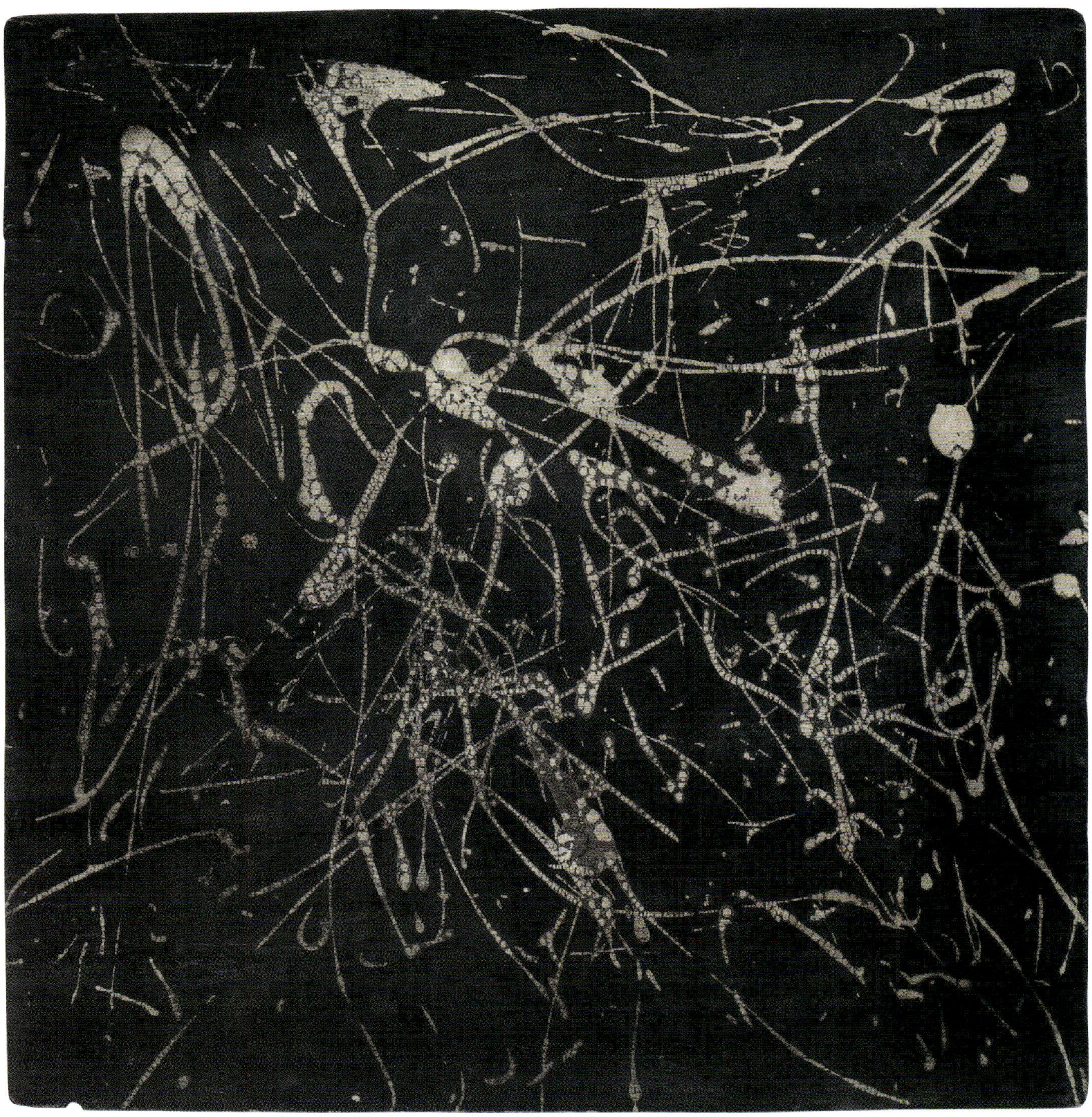

Sans titre
1958
inchiostro su carta su tela
ink on paper on canvas
49 x 64 cm
Collezione privata / Private collection

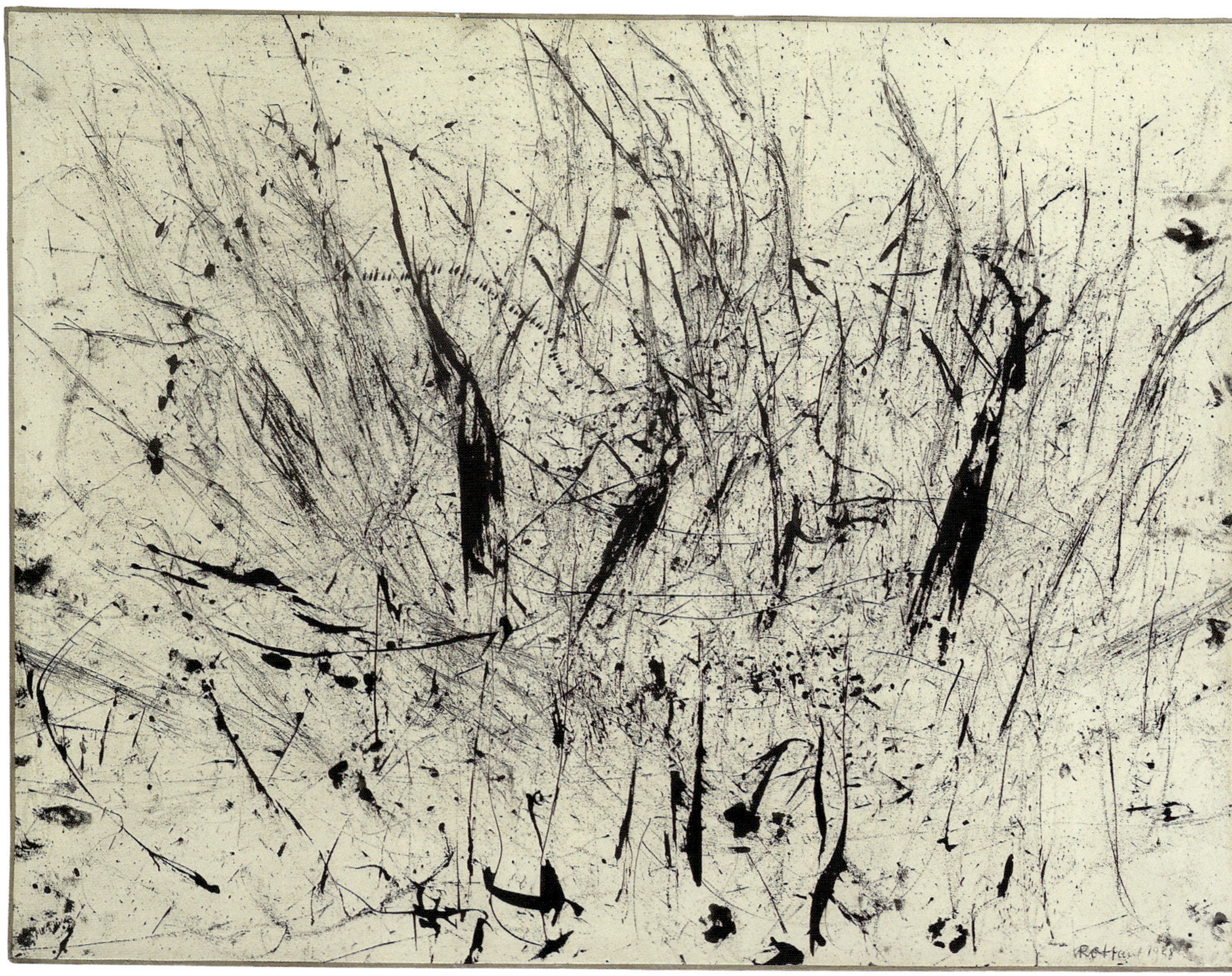

Vol de sensibilité
1960
inchiostro su carta su cartone
ink on paper on cardboard
23 x 21,5 cm
Collezione privata / Private collection

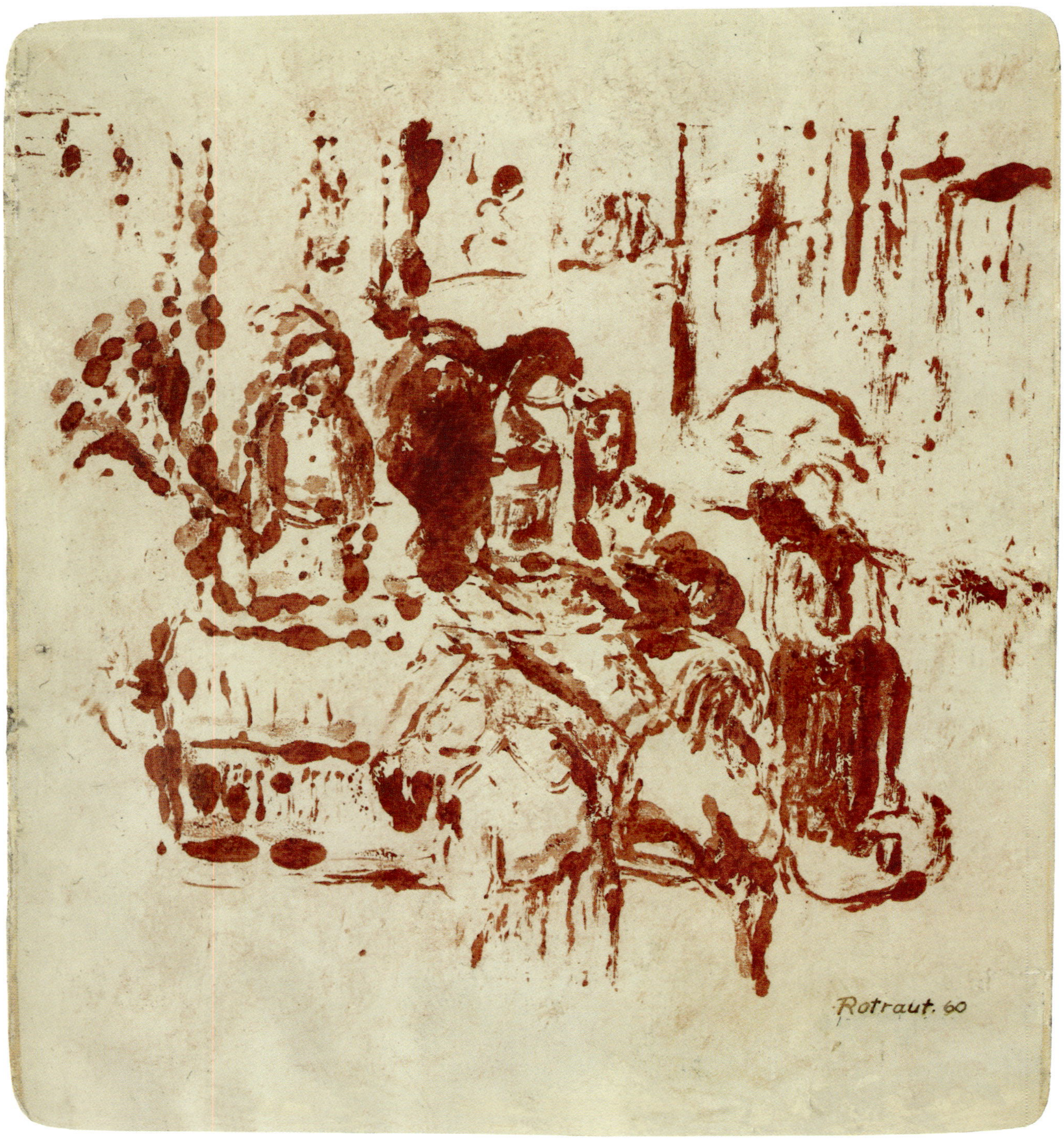

Sans titre
1961
inchiostro su tela
ink on canvas
46 x 80 cm
Collezione privata / Private collection

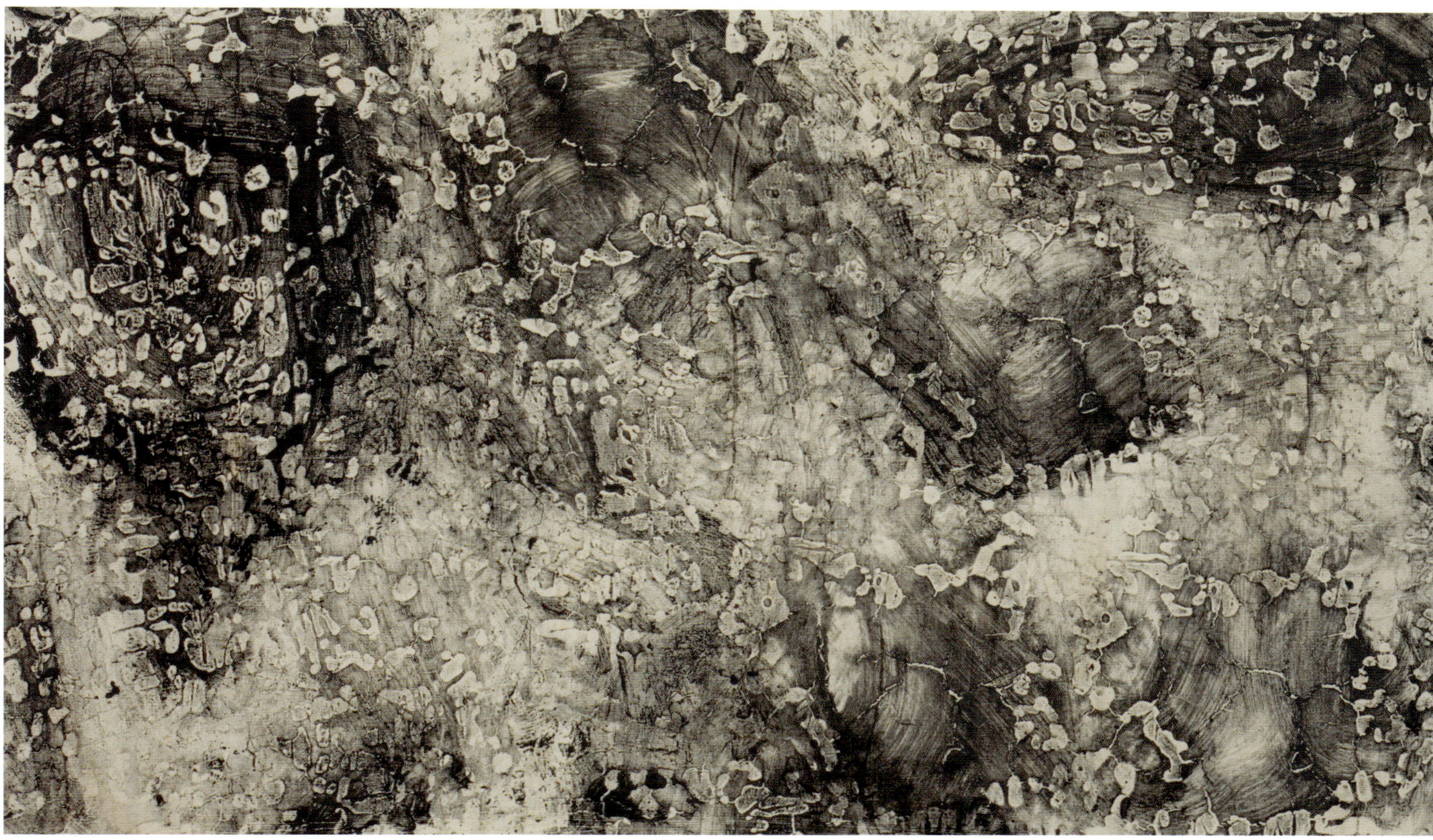

Nébuleuse
1963
tecnica mista su tavola
mixed media on board
150 x 200 cm
Collezione privata / Private collection

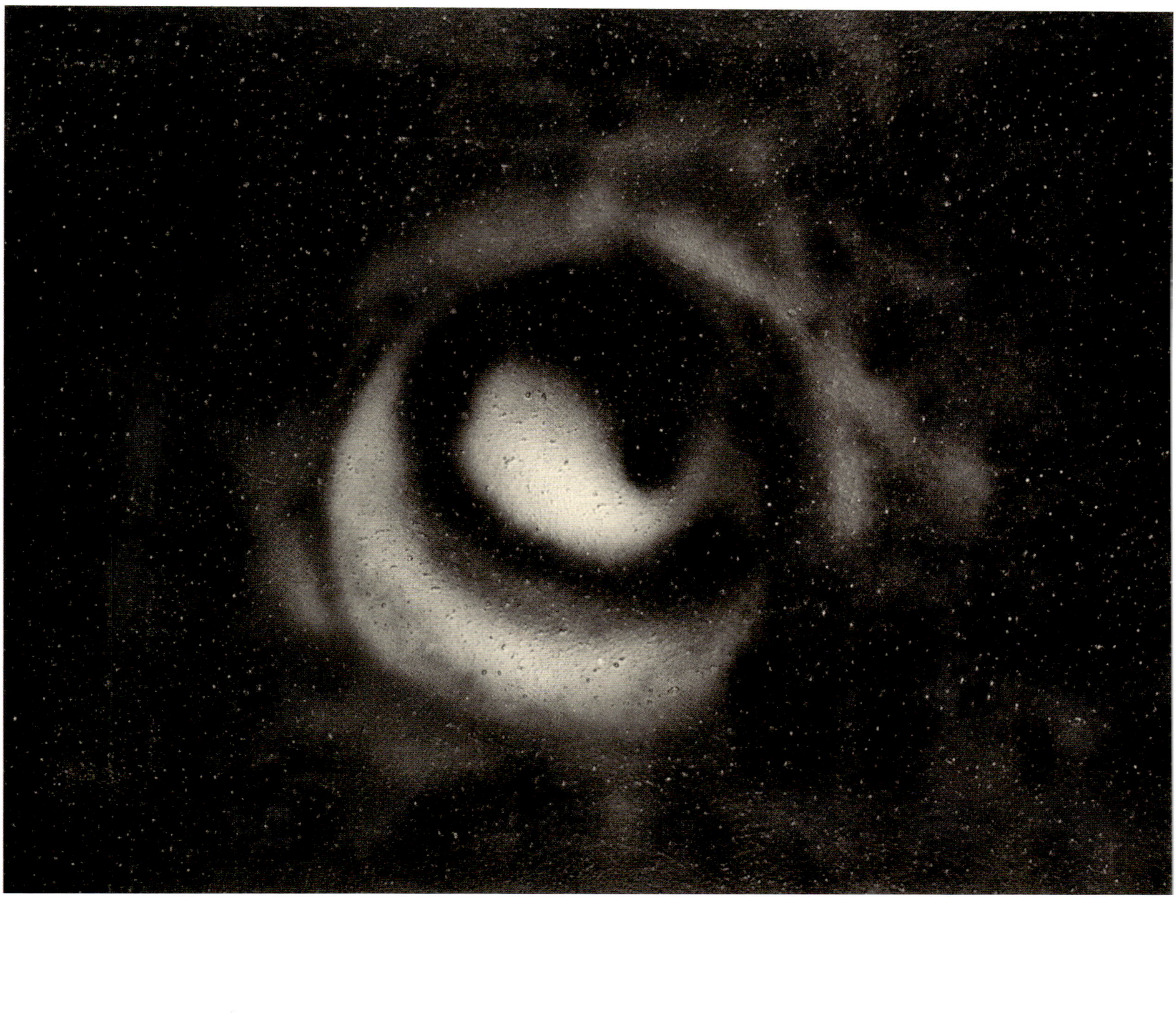

Vol de sensibilité d'après "La Bataille de San Romano" de Paolo Uccello (verso)
1963
gouache su carta
gouache on paper
49 x 63,8 cm
Collezione privata / Private collection

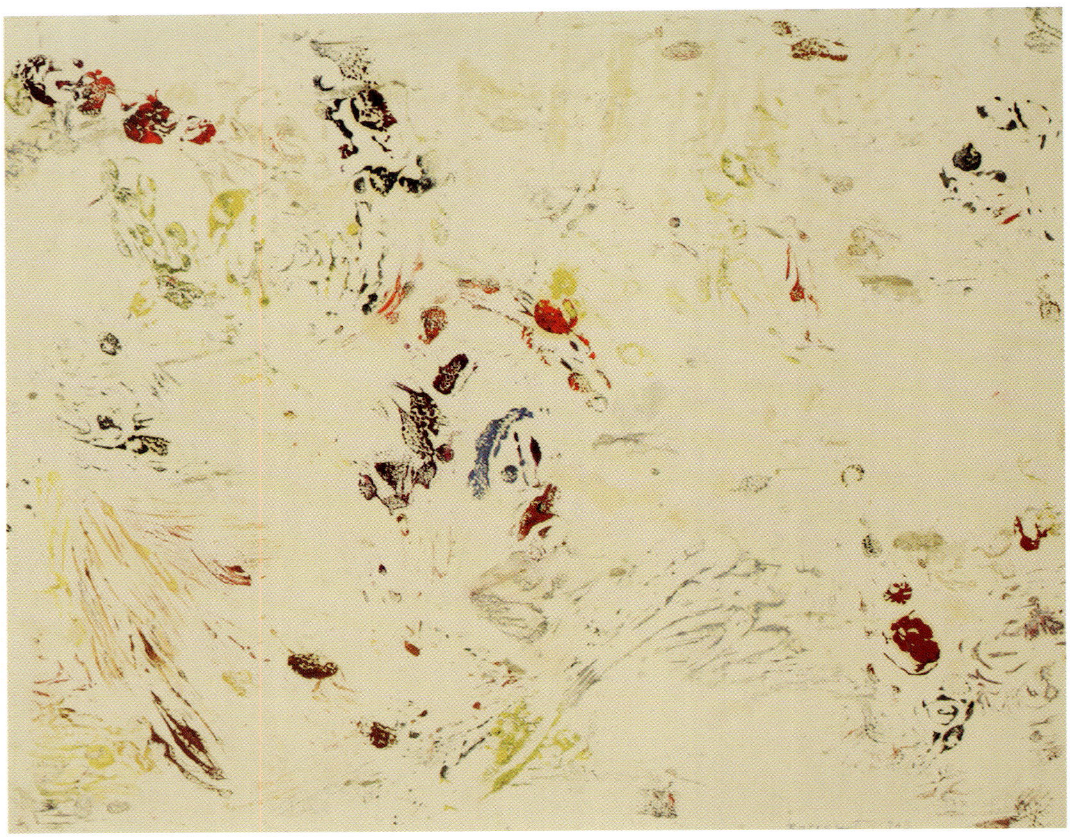

Vol de sensibilité d'après "La Bataille de San Romano" de Paolo Uccello (recto)
1963
gouache su carta
gouache on paper
49 x 63,8 cm
Collezione privata / Private collection

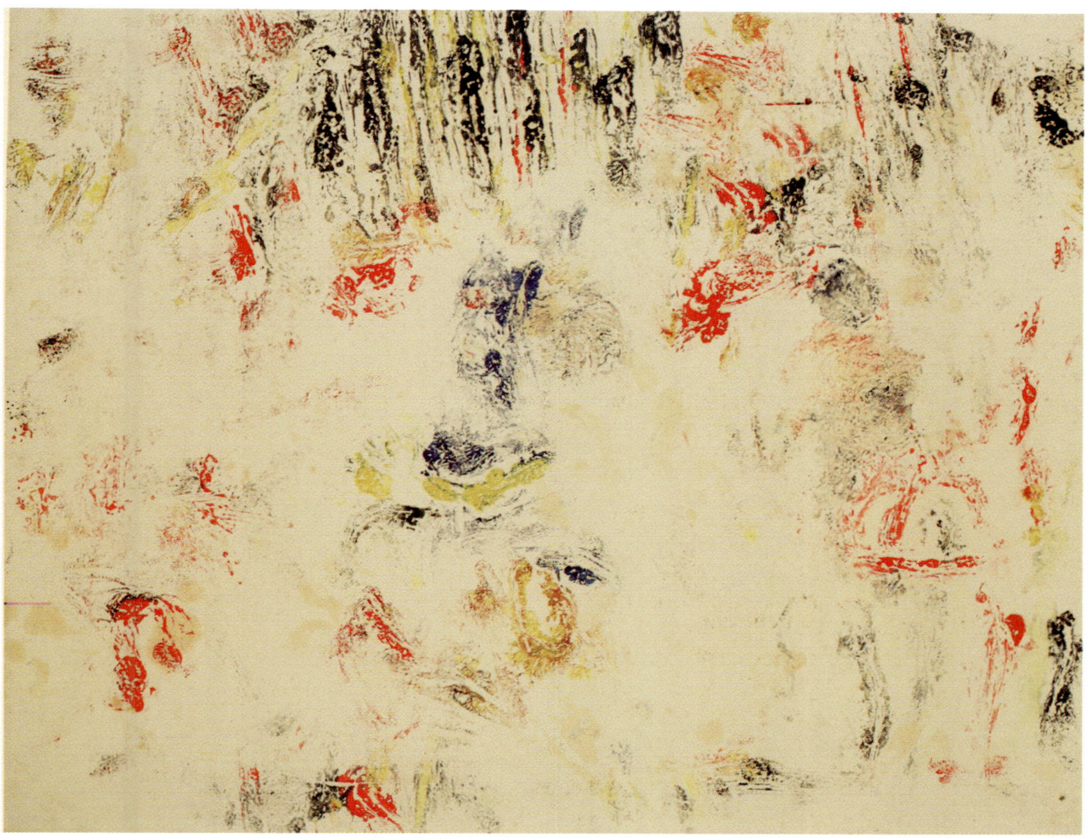

Vol de sensibilité d'après la "Bataille de San Romano" de Paolo Uccello
1963
olio su tela
oil on canvas
51 x 85 cm
Collezione privata / Private collection

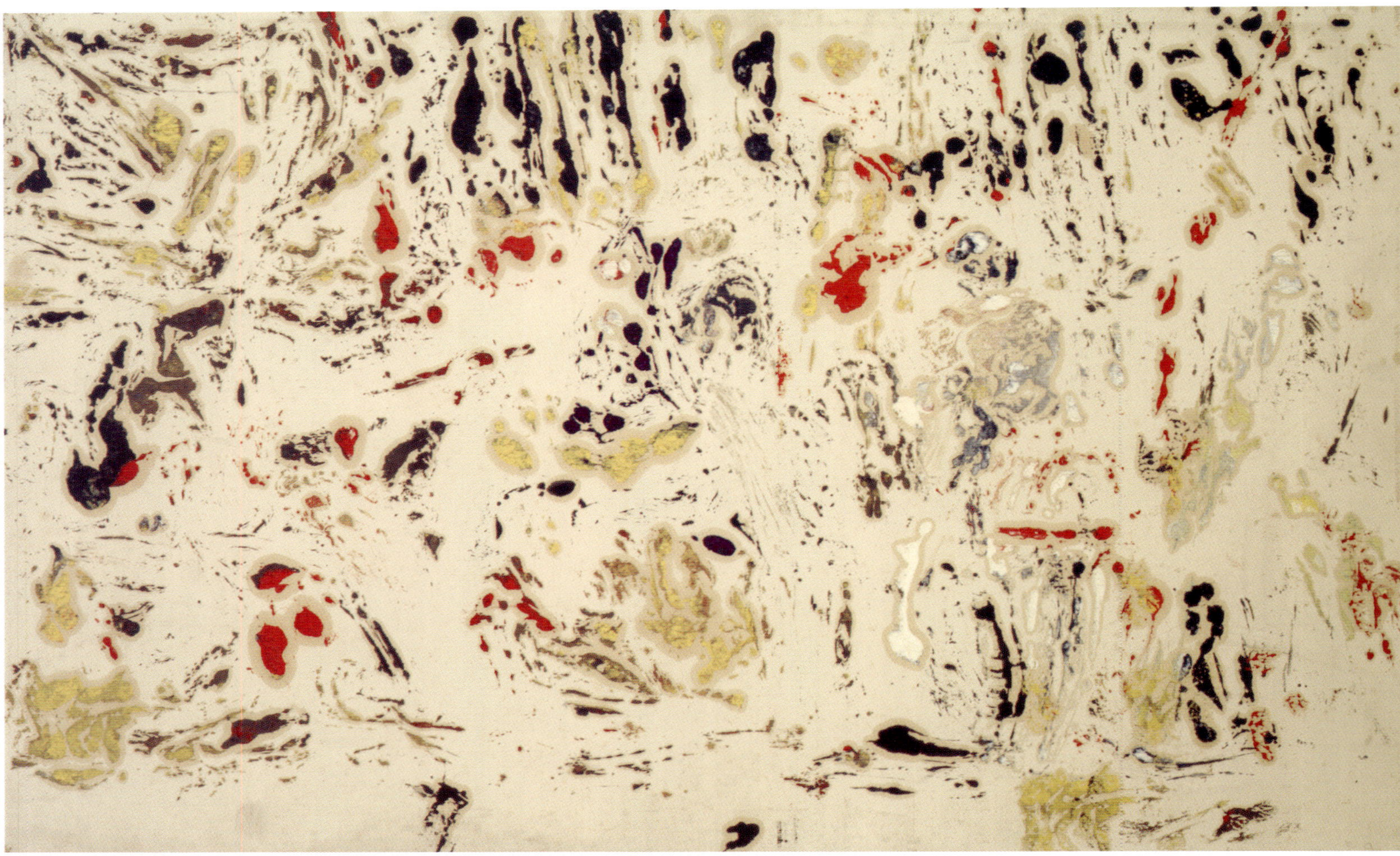

Vol de sensibilité d'après "L'Enlèvement des Sabines" de Nicolas Poussin
1964
olio su tela
oil on canvas
105 x 162 cm
Collezione privata / Private collection

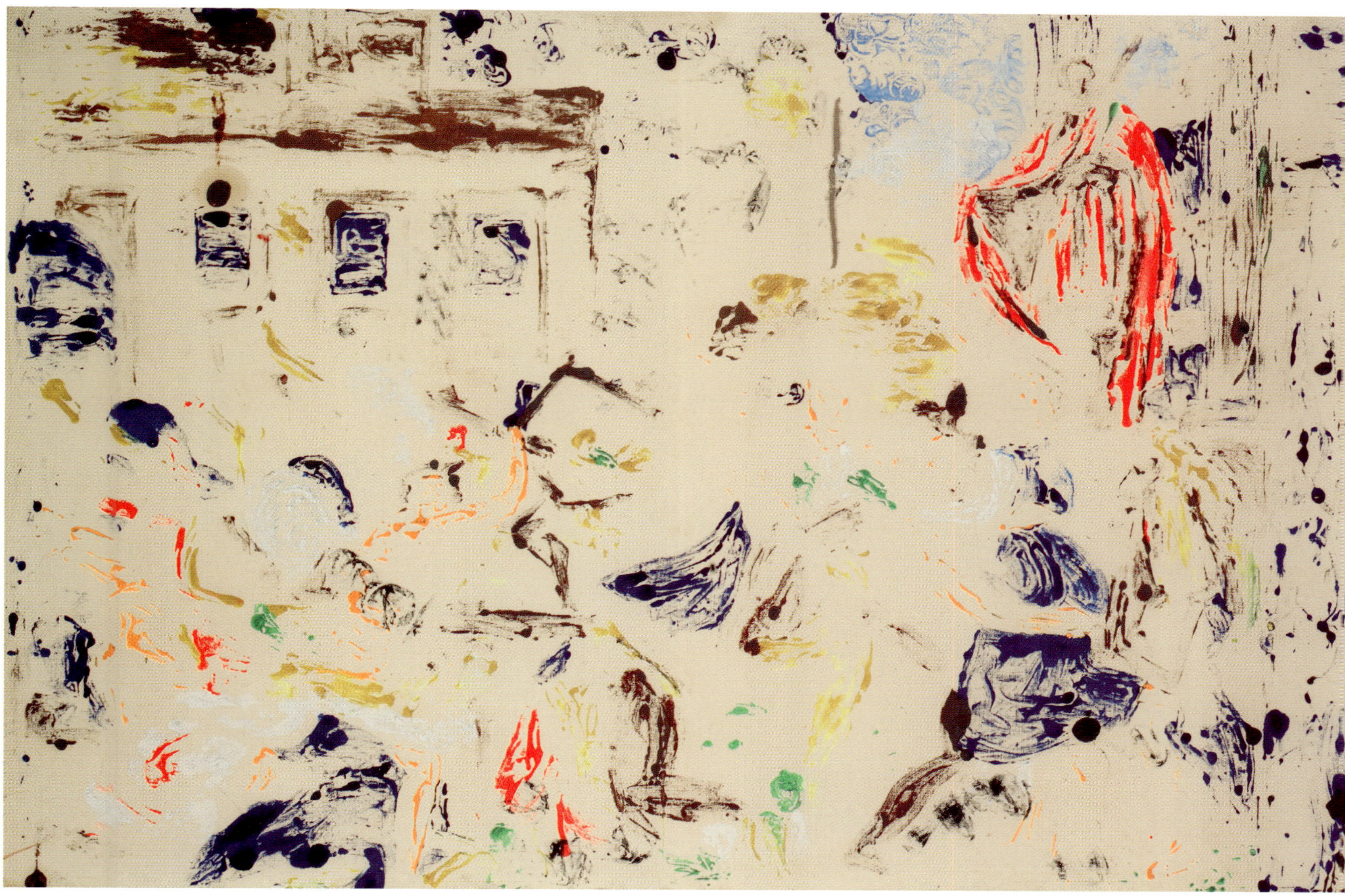

Trou noir
1972 ca.
acrilico su tela su compensato
acrylic on canvas on plywood
100 x 73,2 cm
Collezione privata / Private collection

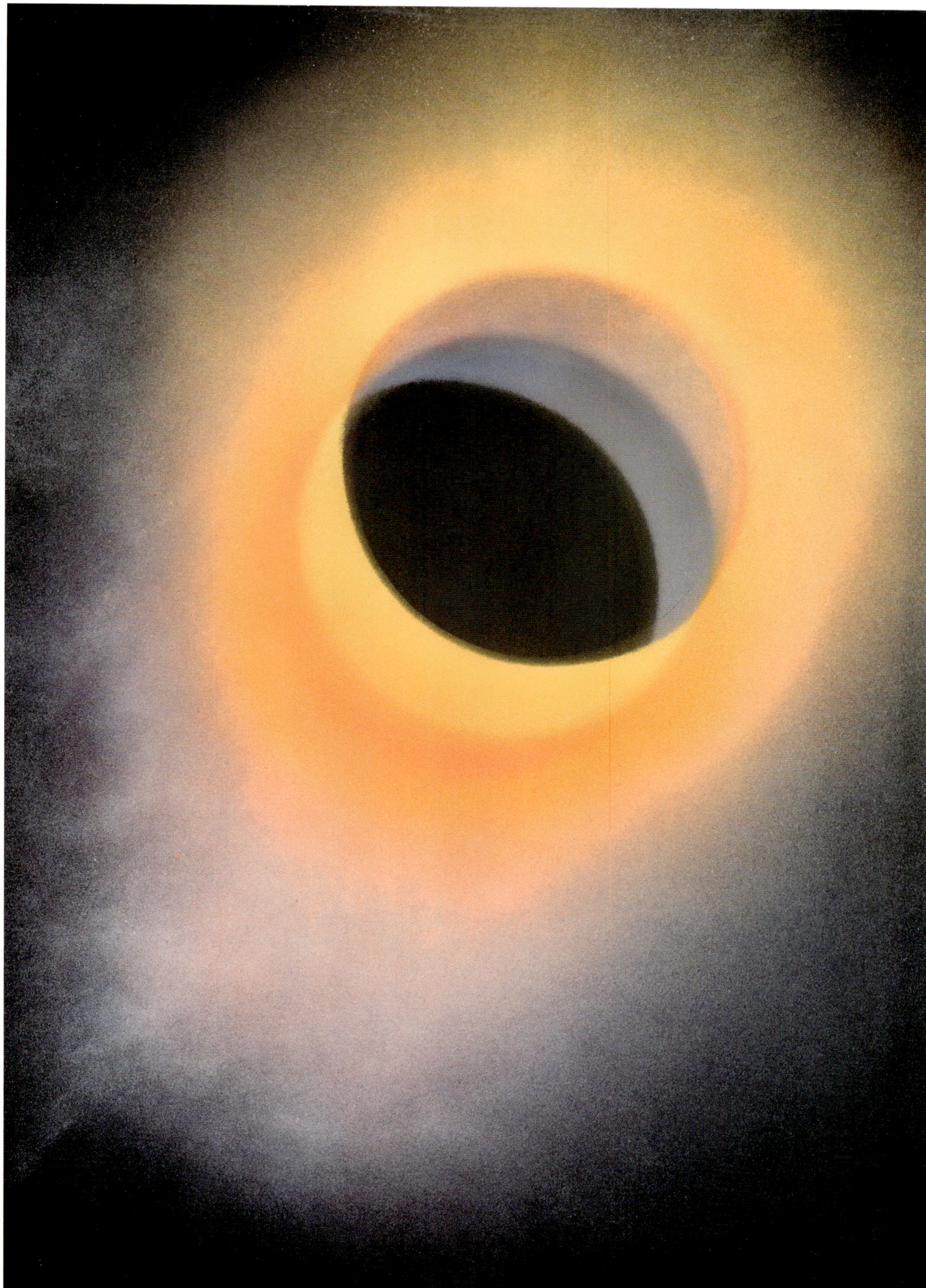

L'histoire du papillon bleu
2007
gouache e pennarello su carta
gouache and felt tip on paper
49,5 x 60 cm
Collezione privata / Private collection

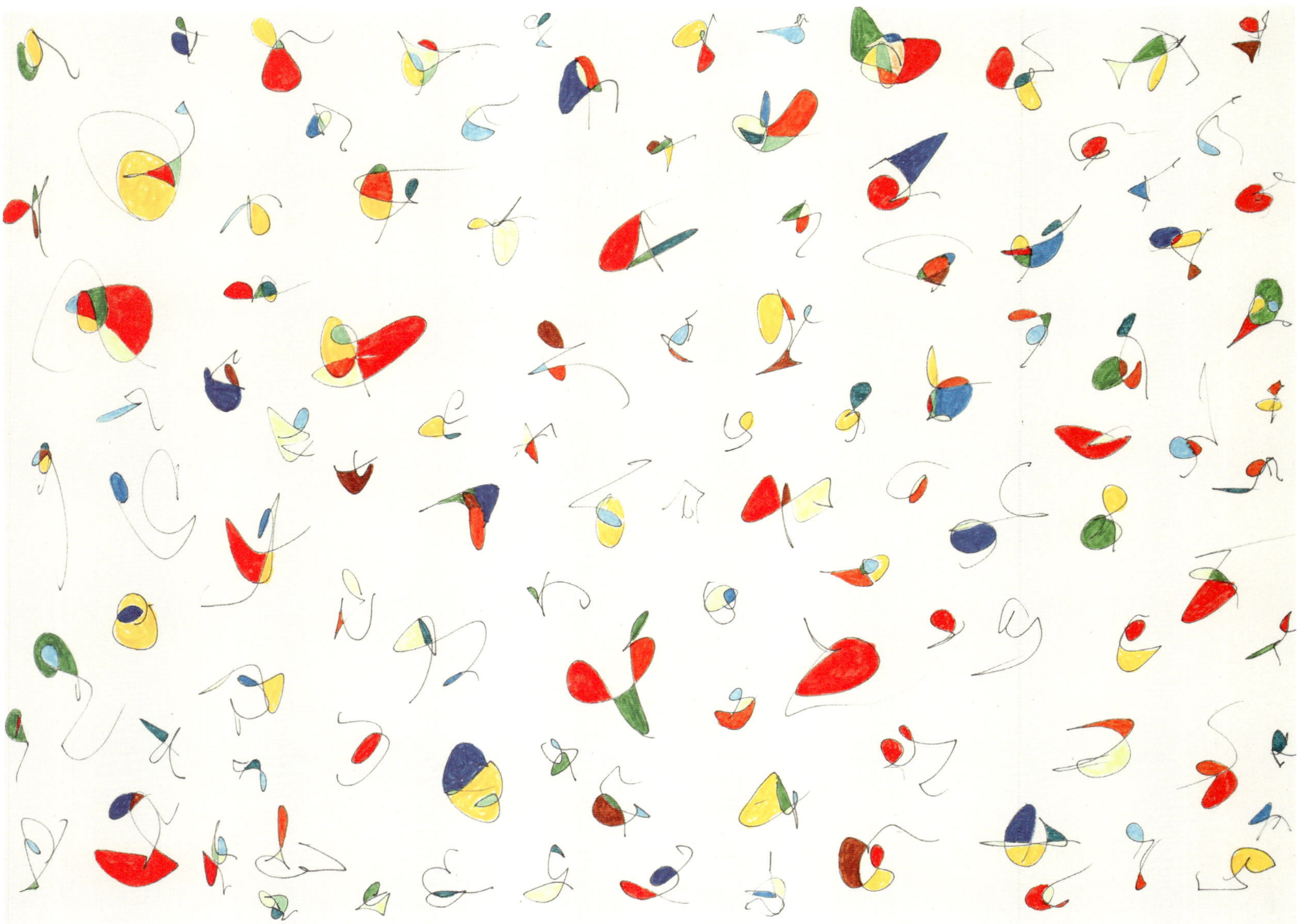

Kite painting
2008
acrilico e pennarello indelebile su tela
acrylic and permanent marker on canvas
181 x 165 cm
Collezione privata / Private collection
Courtesy Galerie Gmurzynska

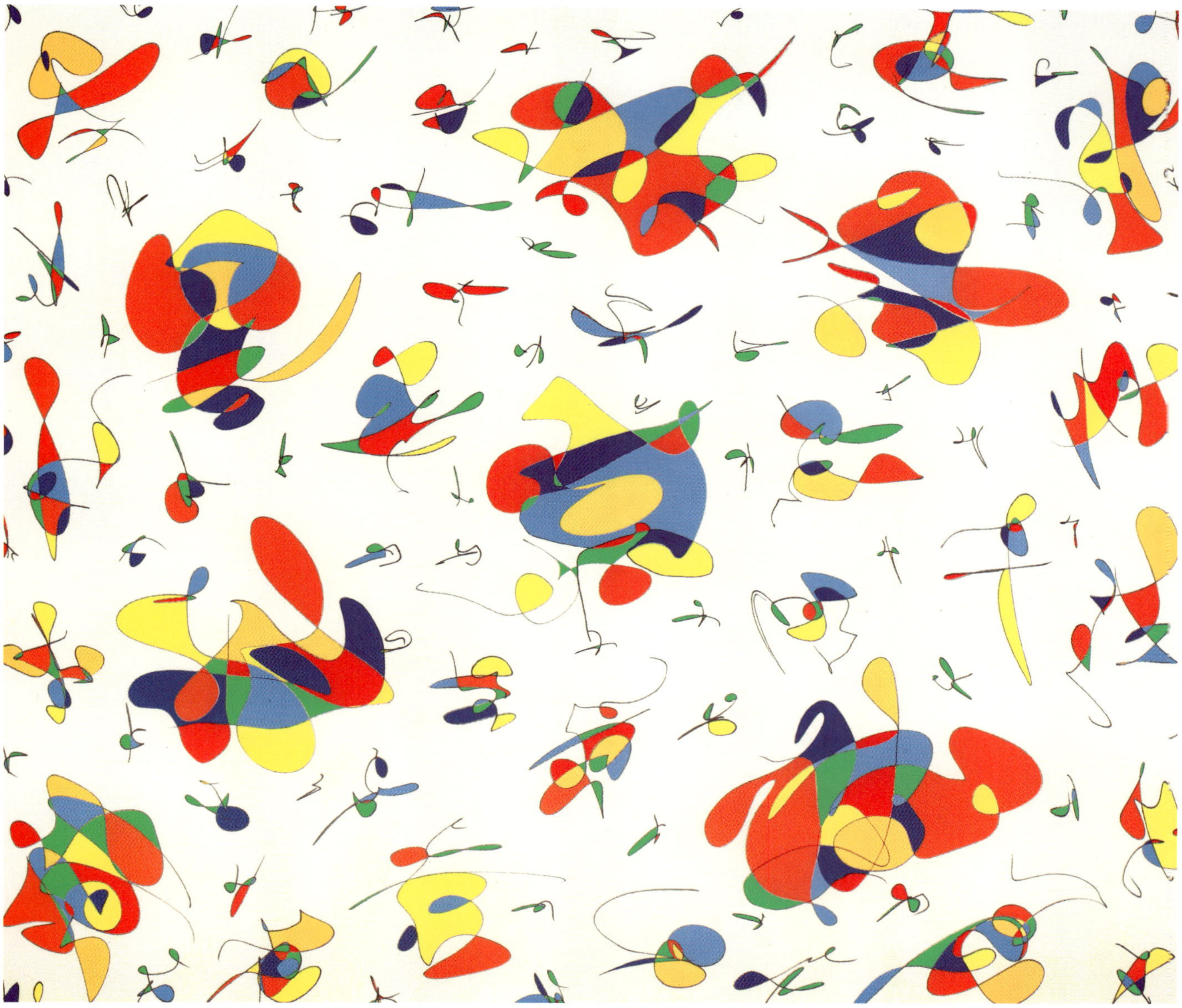

nella pagina successiva
following page

Rotraut a Lugano
Rotraut in Lugano
Maggio / May 2009

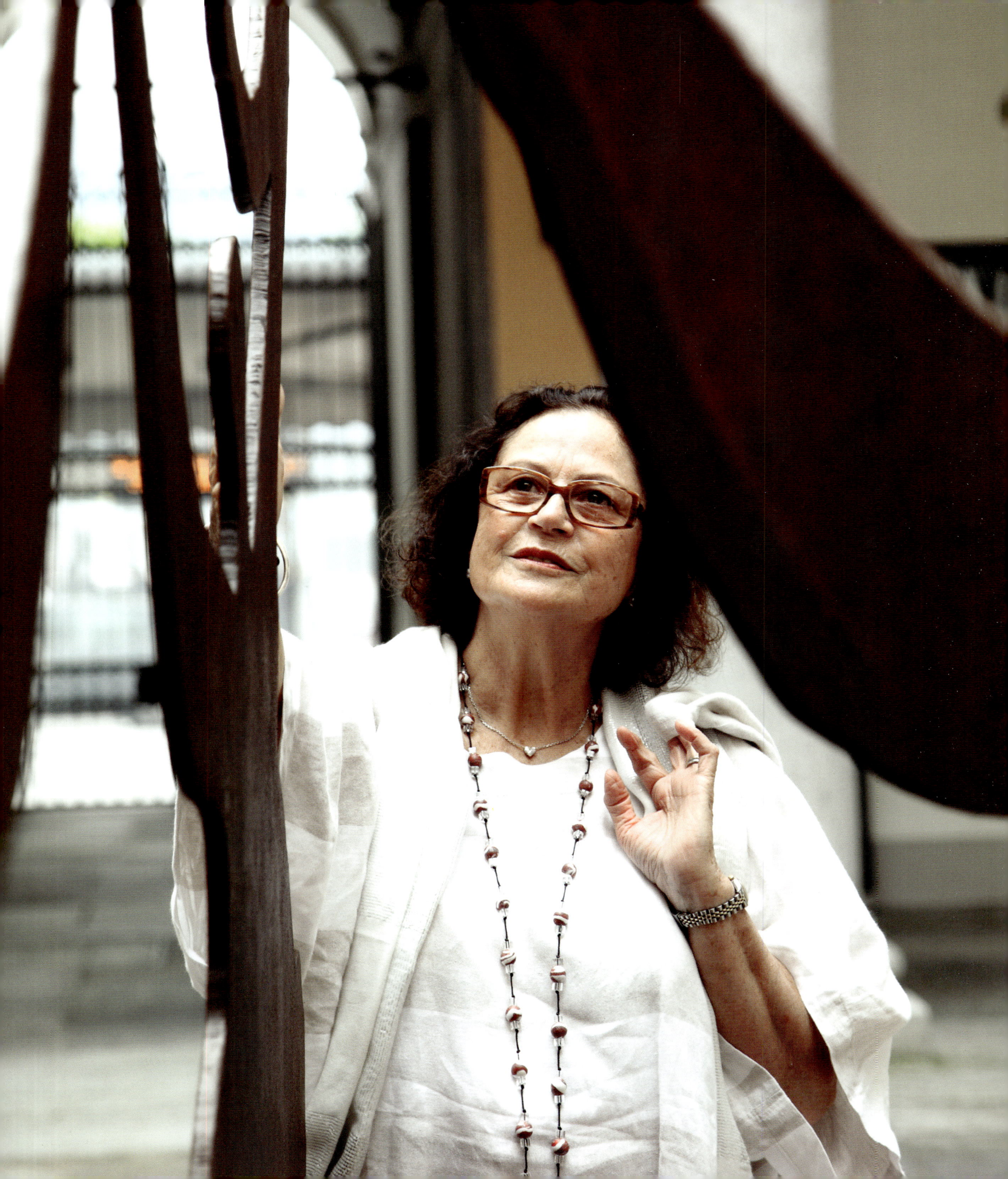

Sculture / **Sculptures**

Playing with Stars
2005
alluminio dipinto su base in metallo
painted aluminum on metal base
365 x 365 x 300 cm
Collezione privata / Private collection

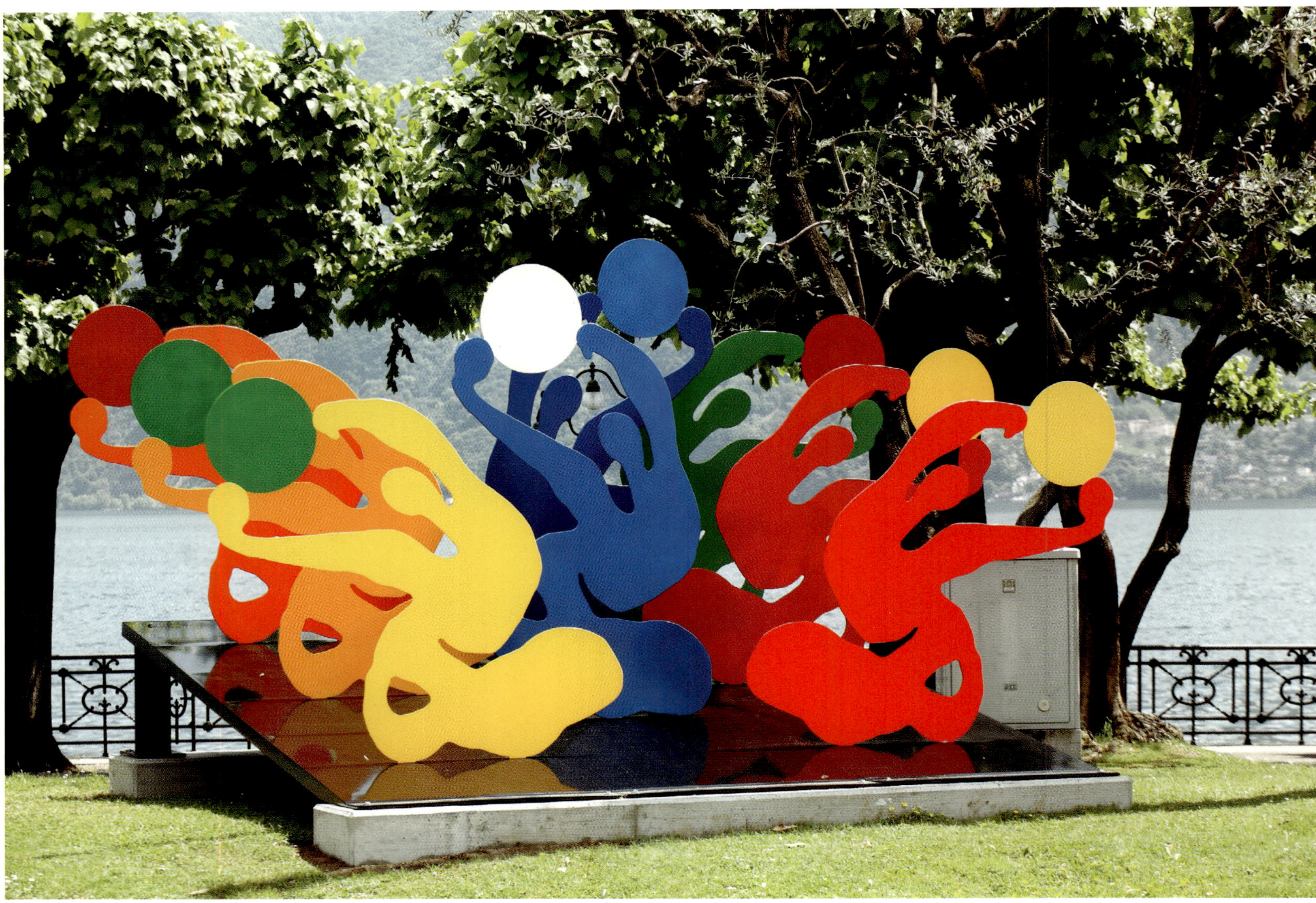

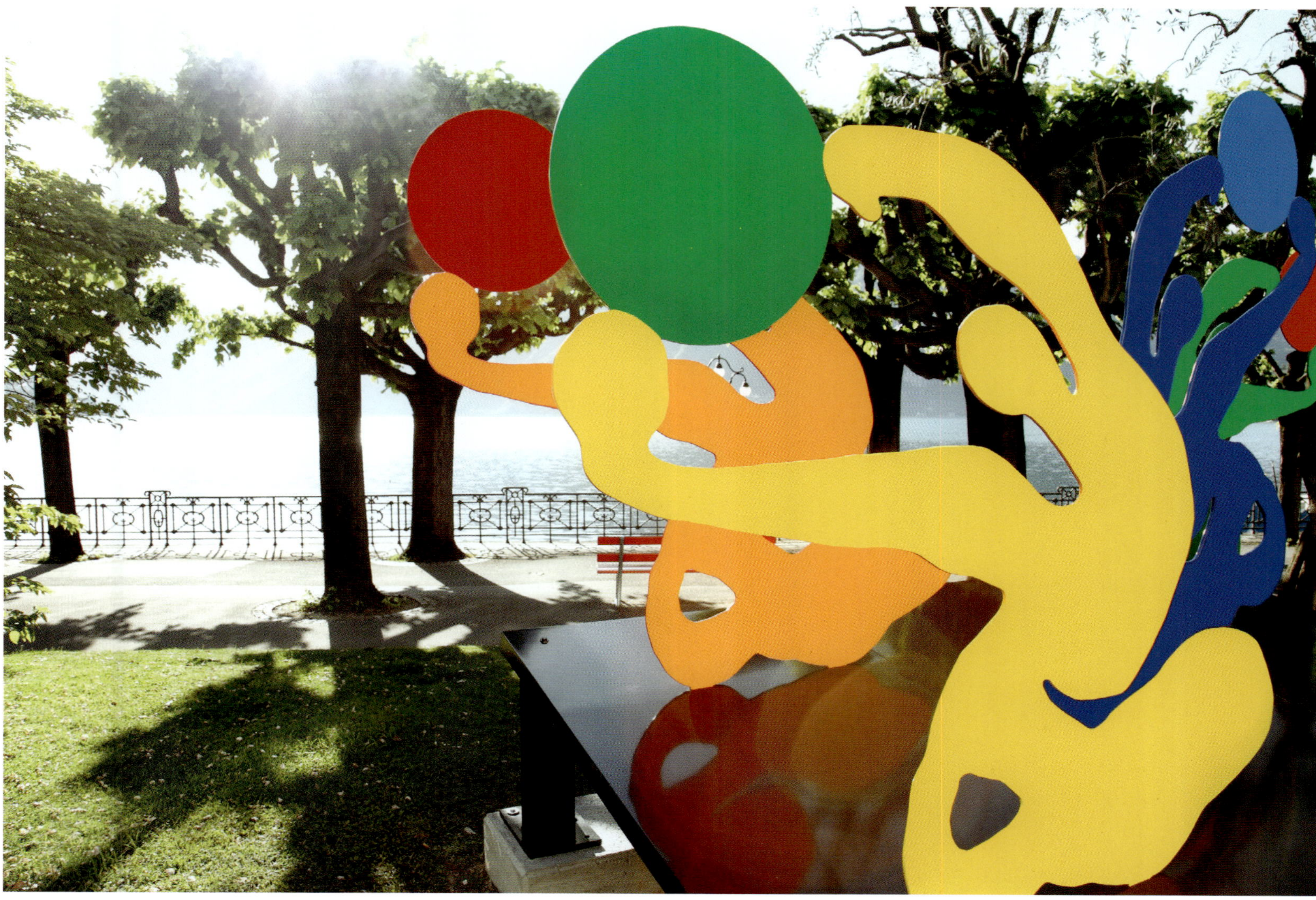

Cro Magnon Plaza
2005
alluminio dipinto su base in metallo
painted aluminum on metal base
365 x 365 x 300 cm
Collezione privata / Private collection

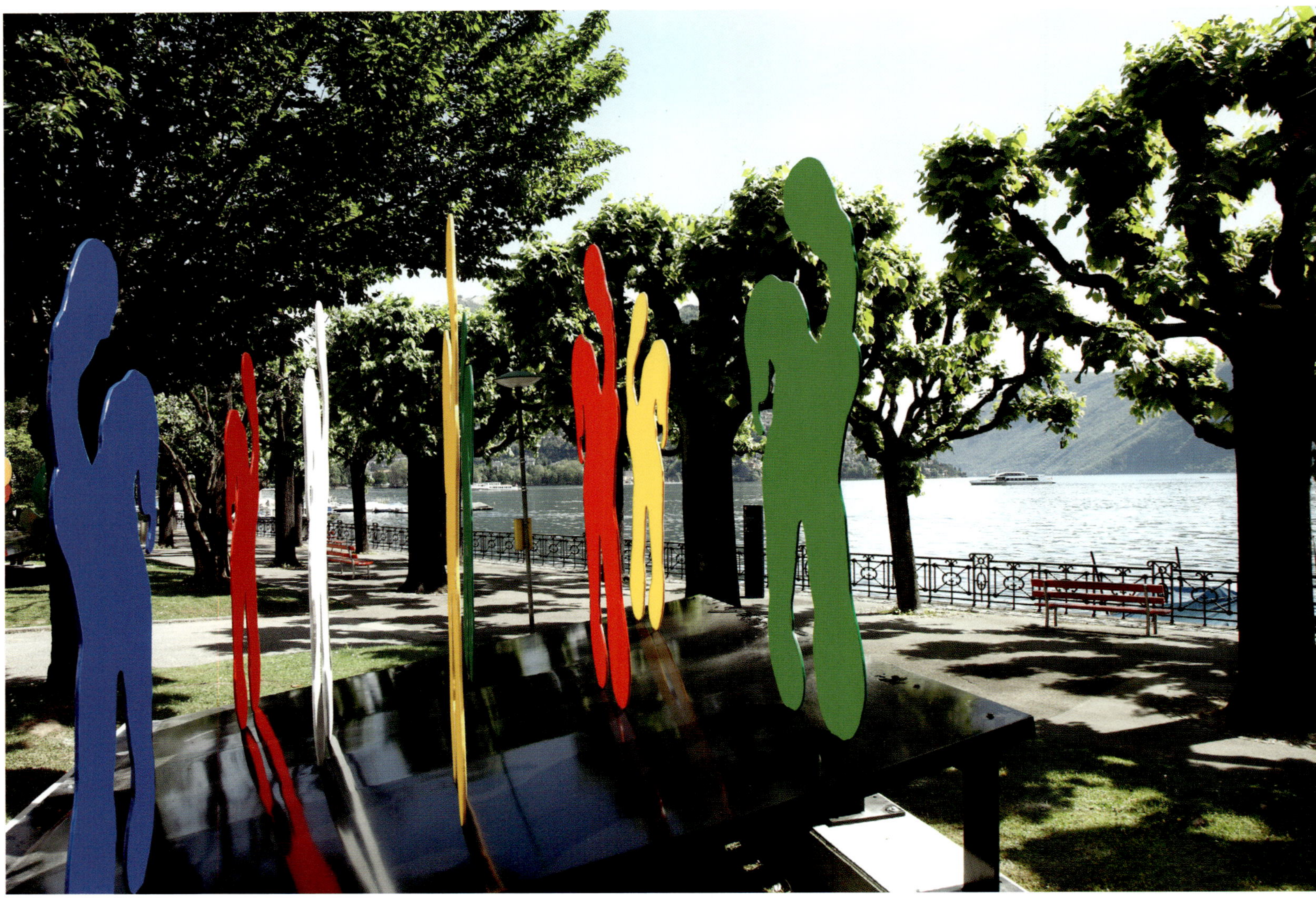

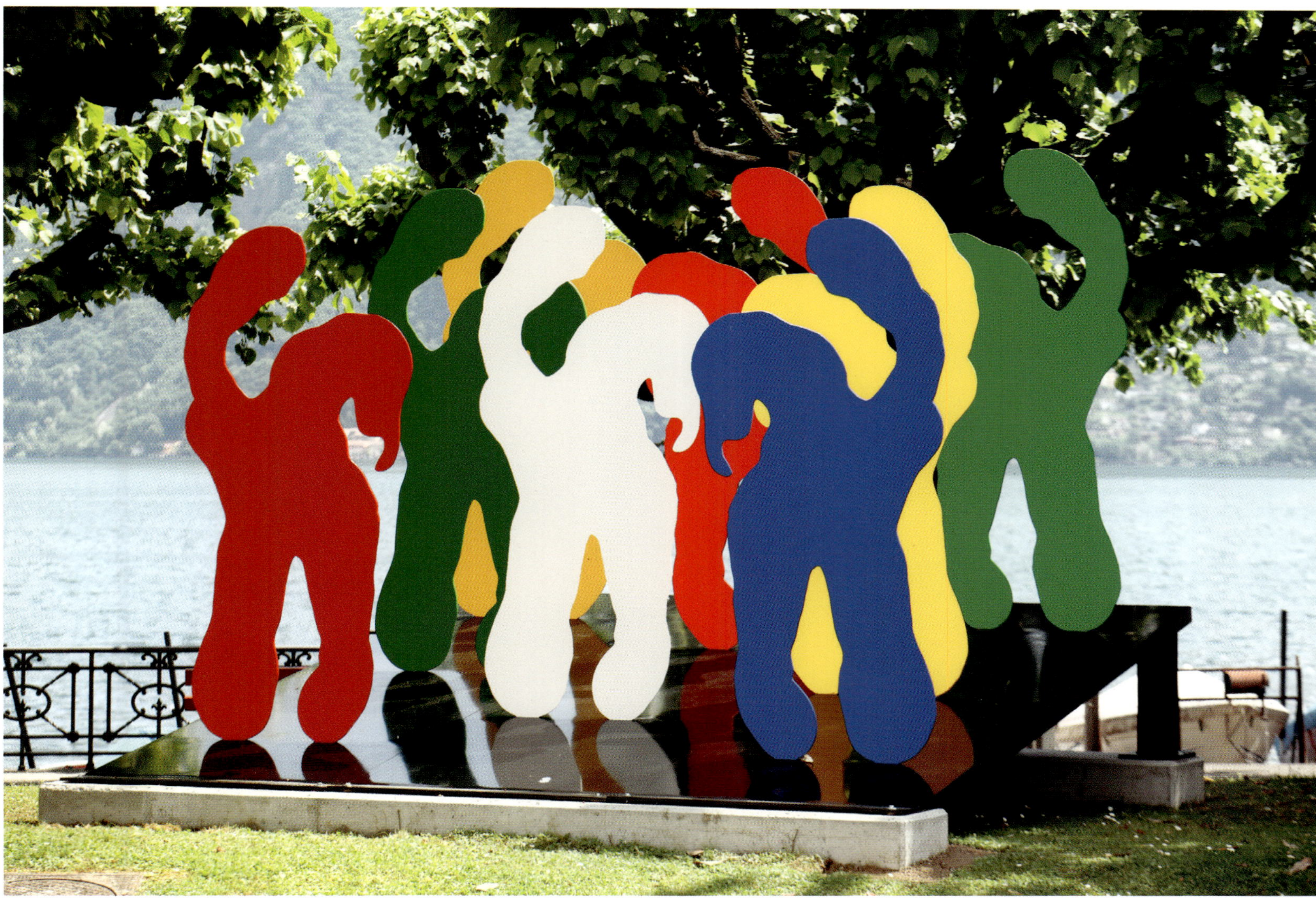

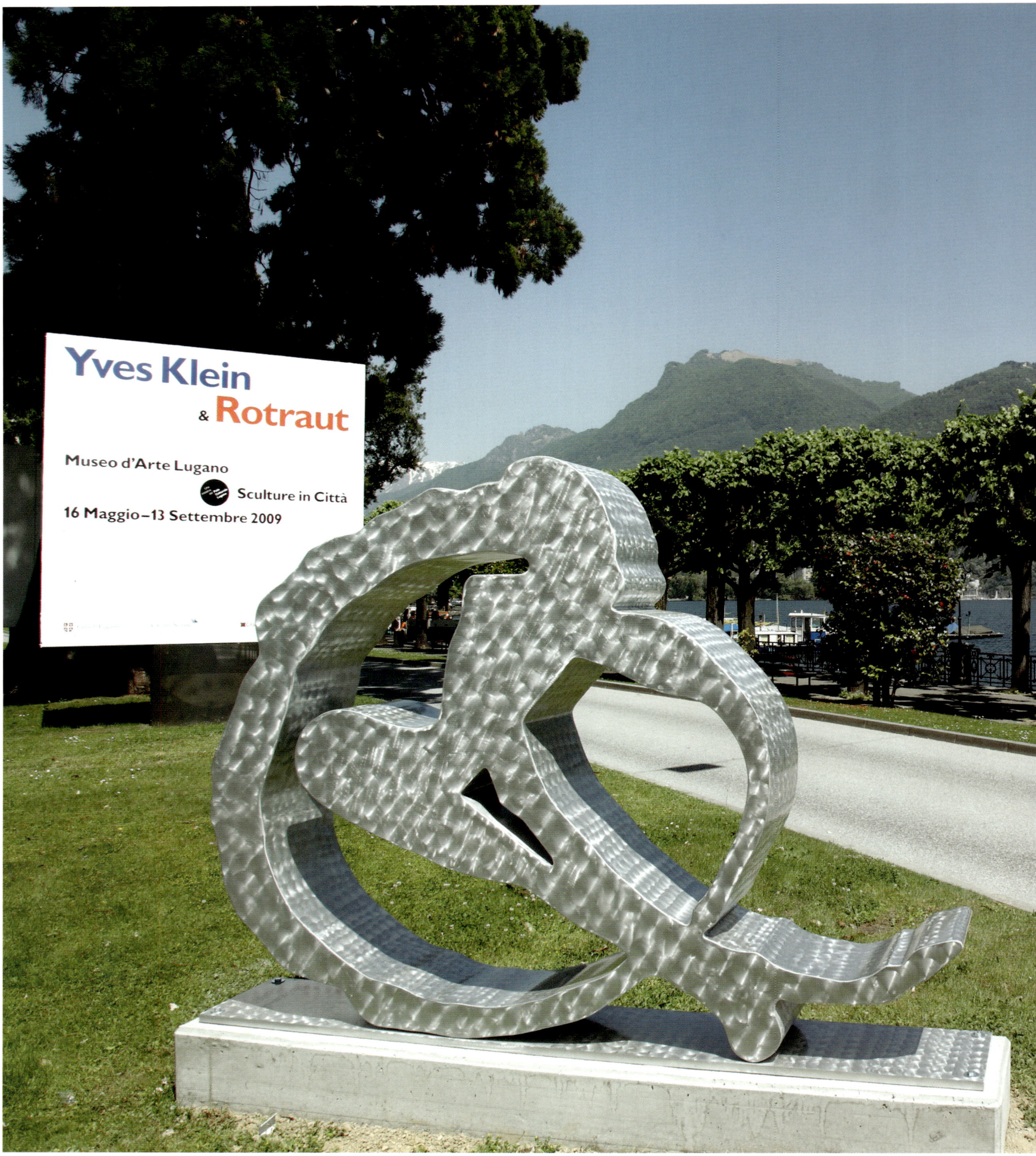

Yves Klein
& Rotraut
Museo d'Arte Lugano
Sculture in Città
16 Maggio–13 Settembre 2009

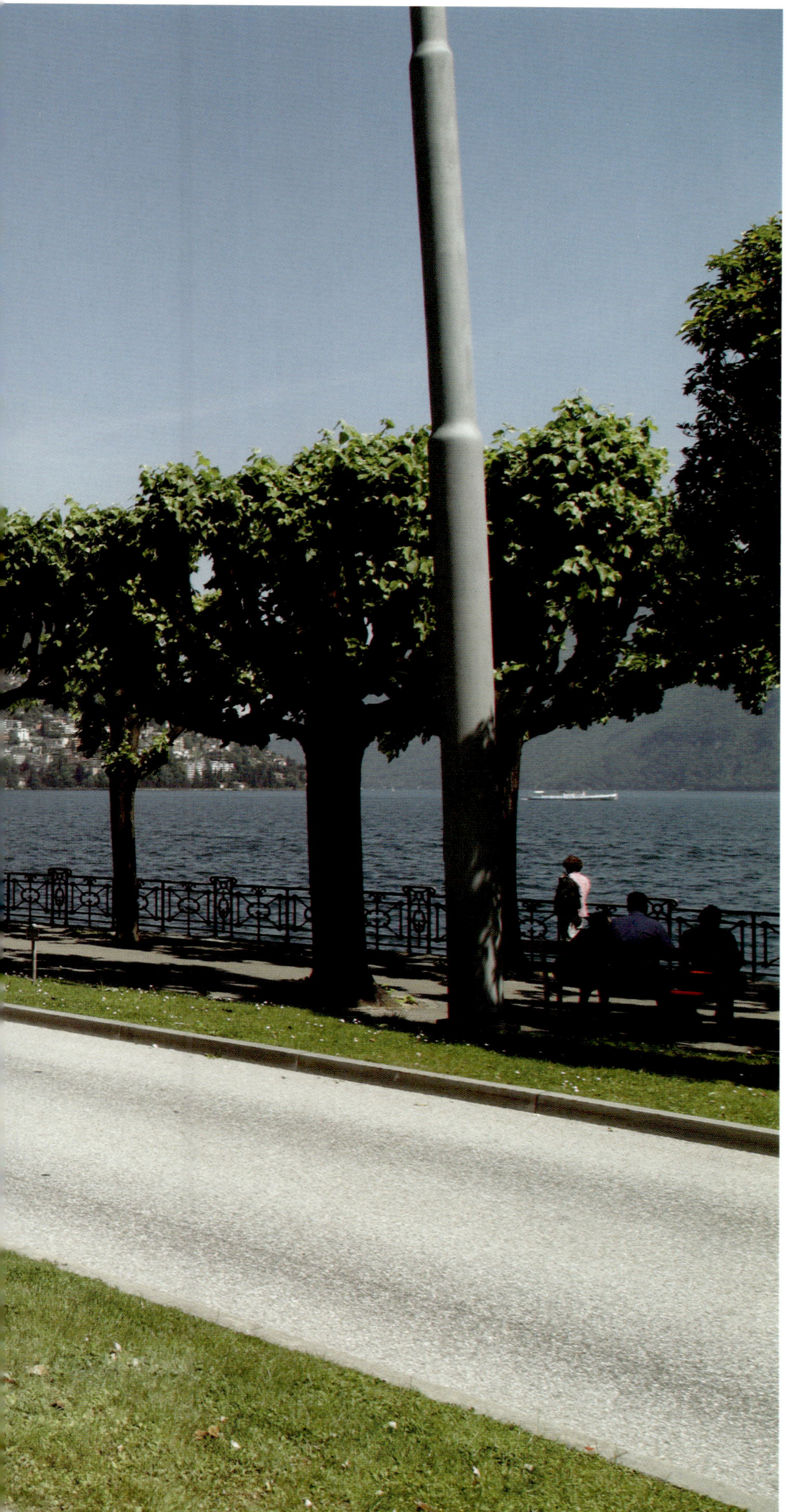

Thomas
2009
alluminio
aluminum
176 x 250 x 37 cm
Collezione privata / Private collection

Black Horse
2007
alluminio dipinto
painted aluminum
340 x 257 x 50 cm
Collezione privata / Private collection

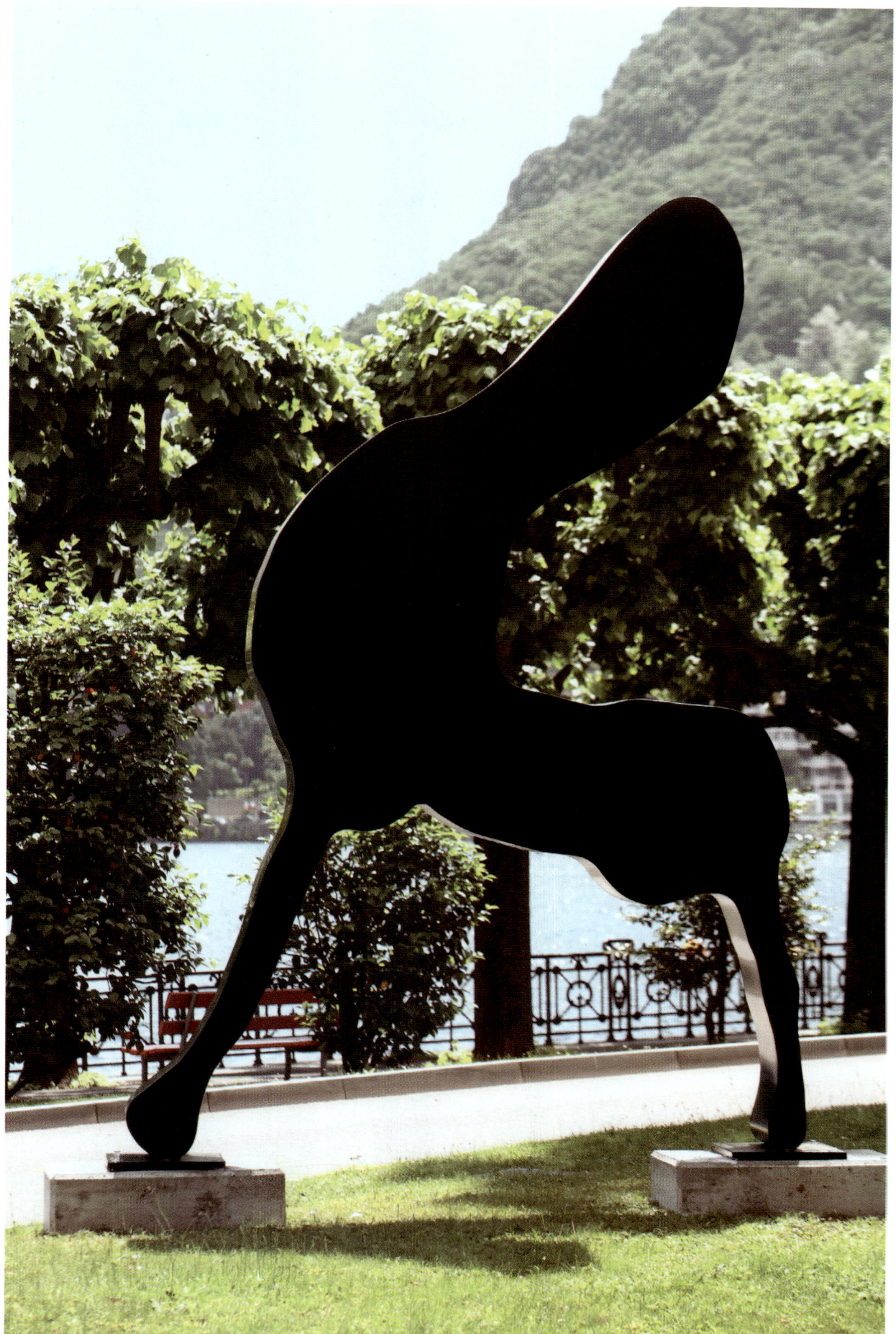

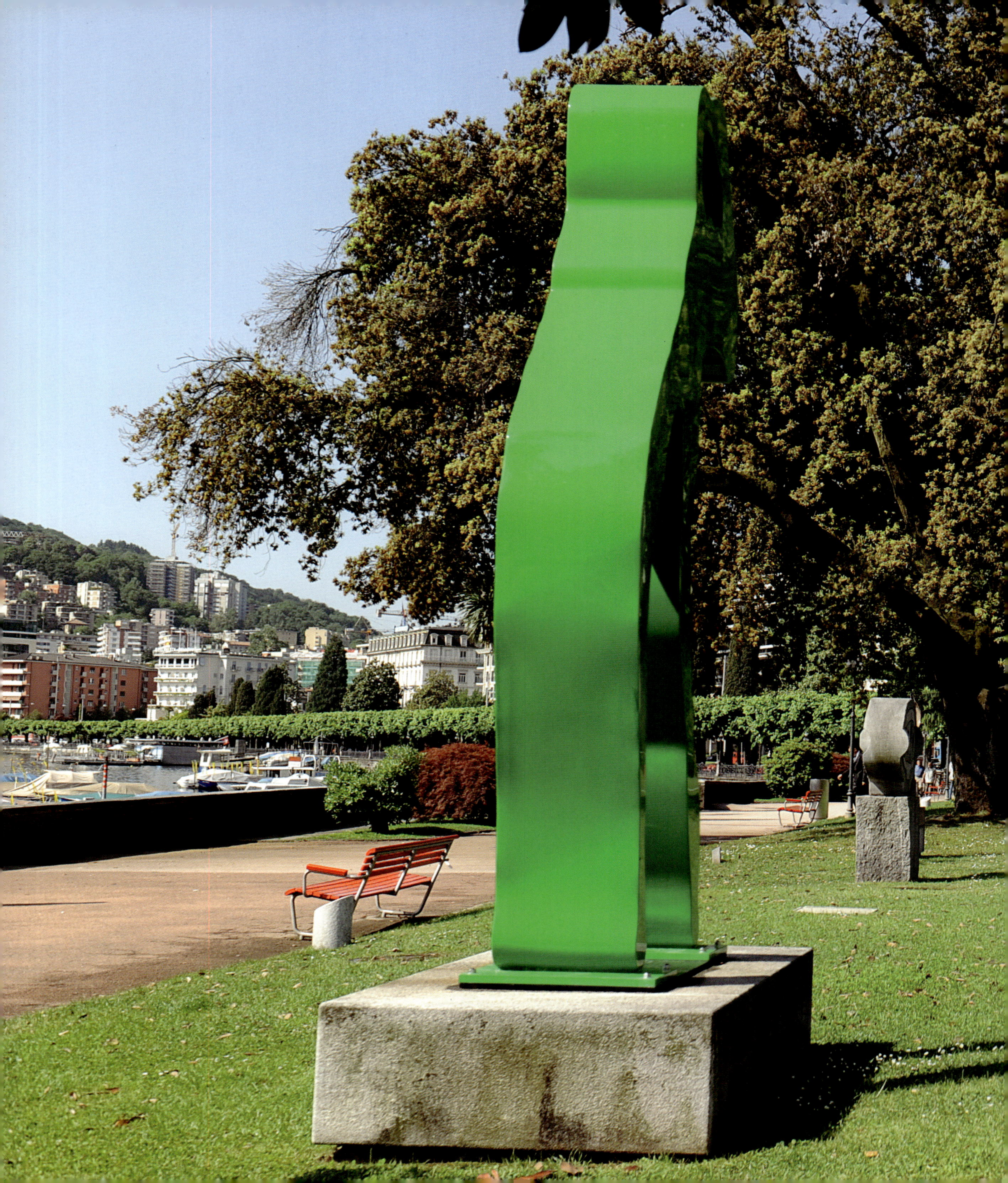

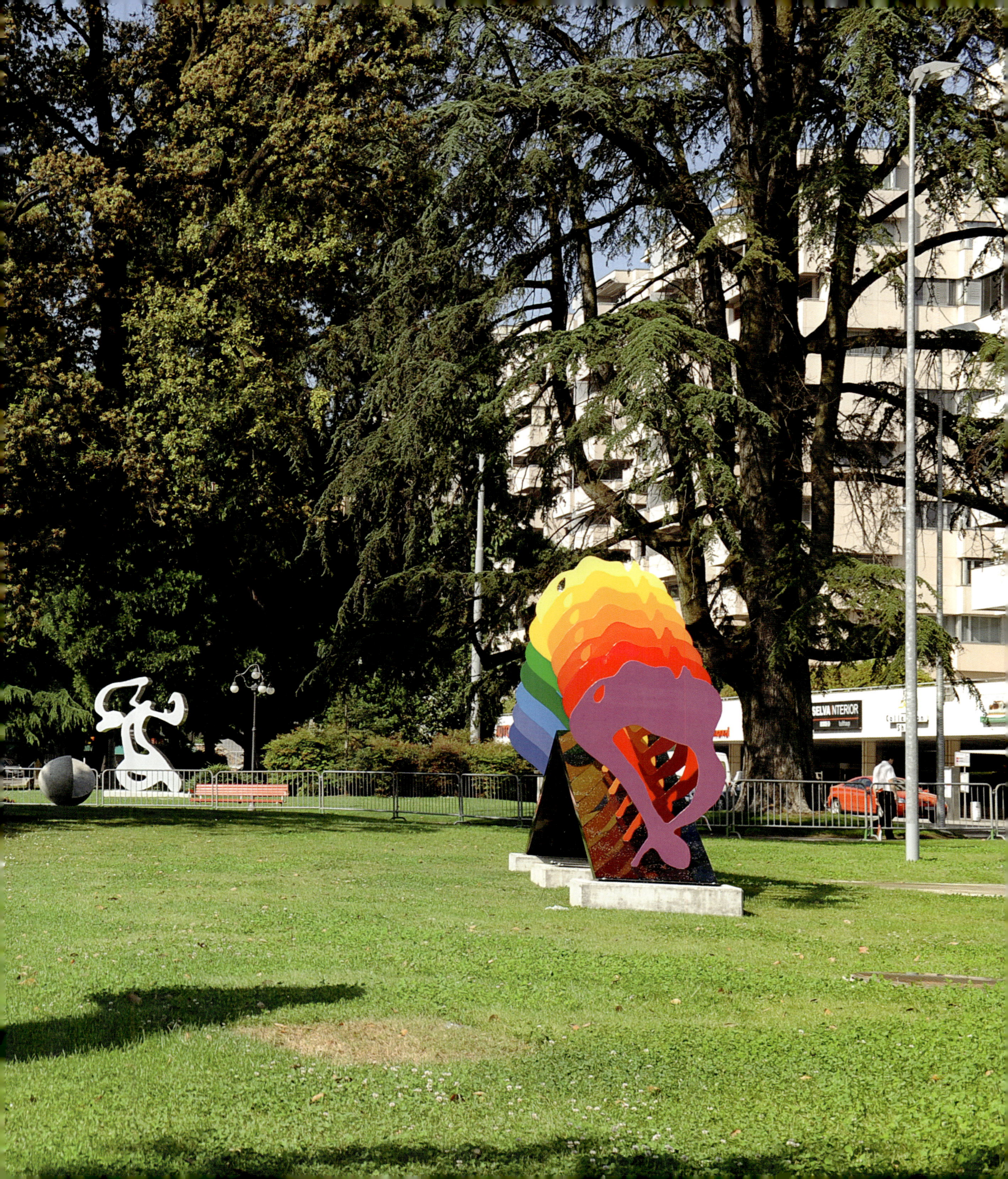
SELVA NTERIOR

Ribbon Dance
2006
alluminio dipinto
painted aluminum
320 x 228 x 60 cm
Collezione privata / Private collection

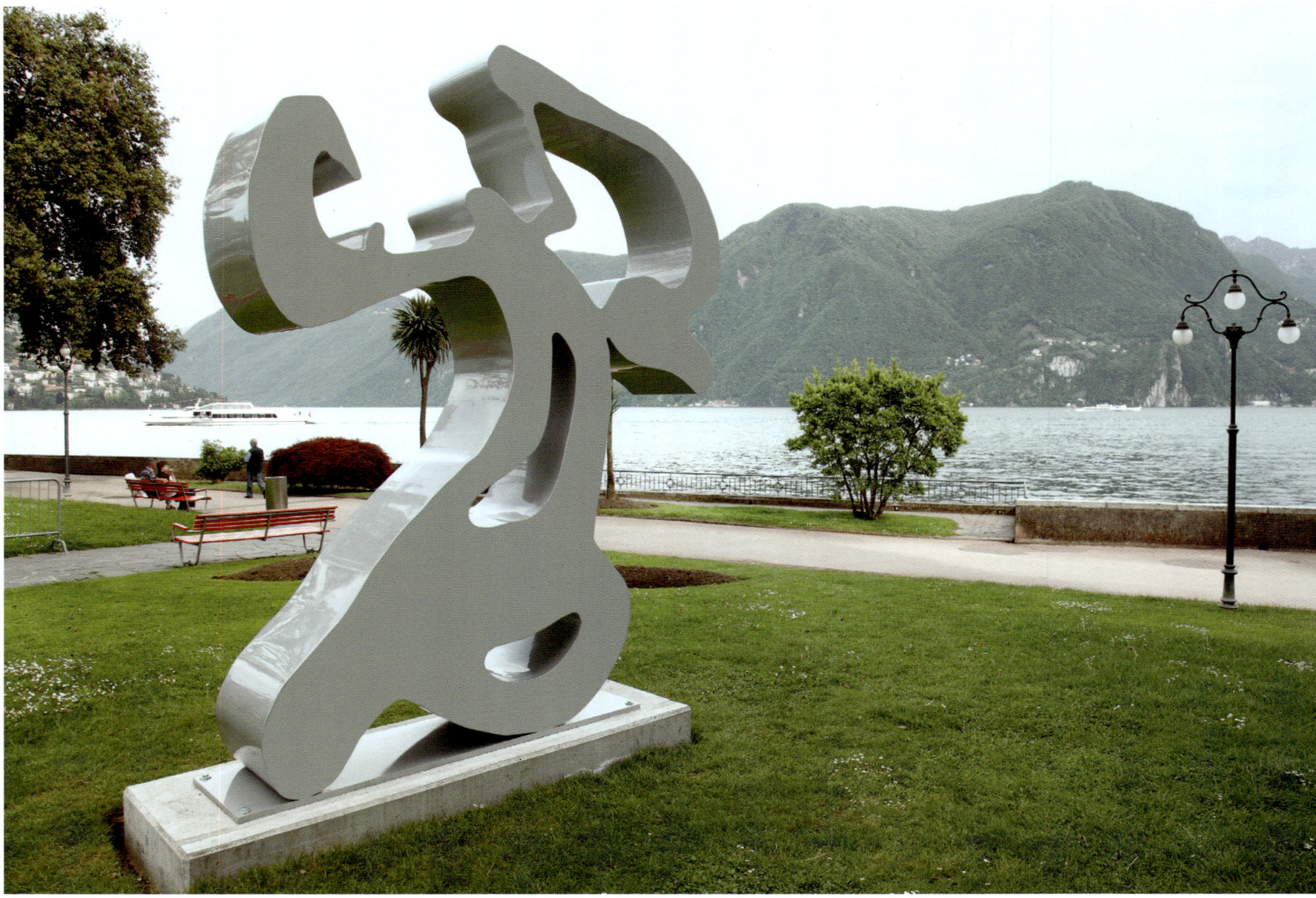

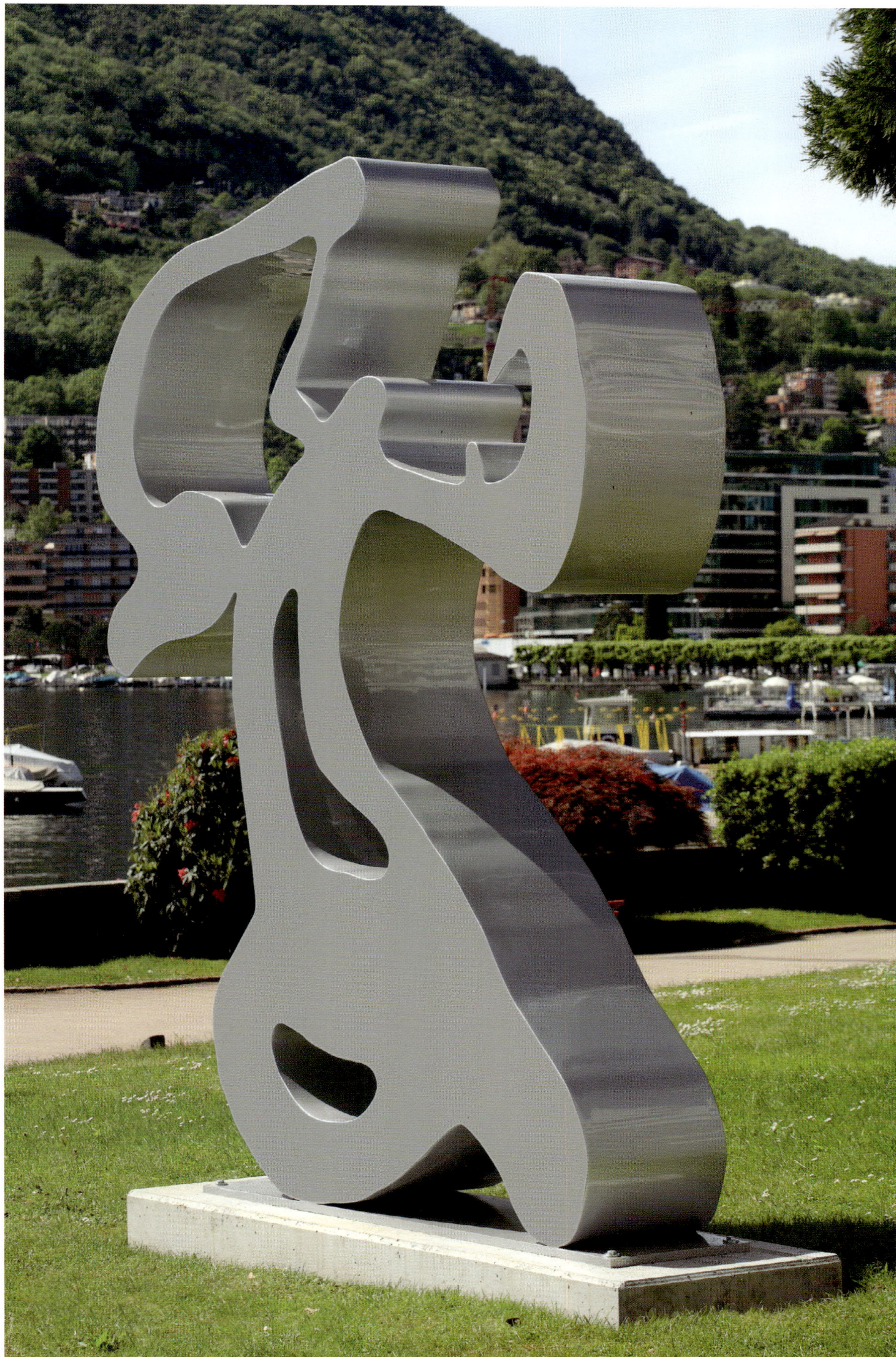

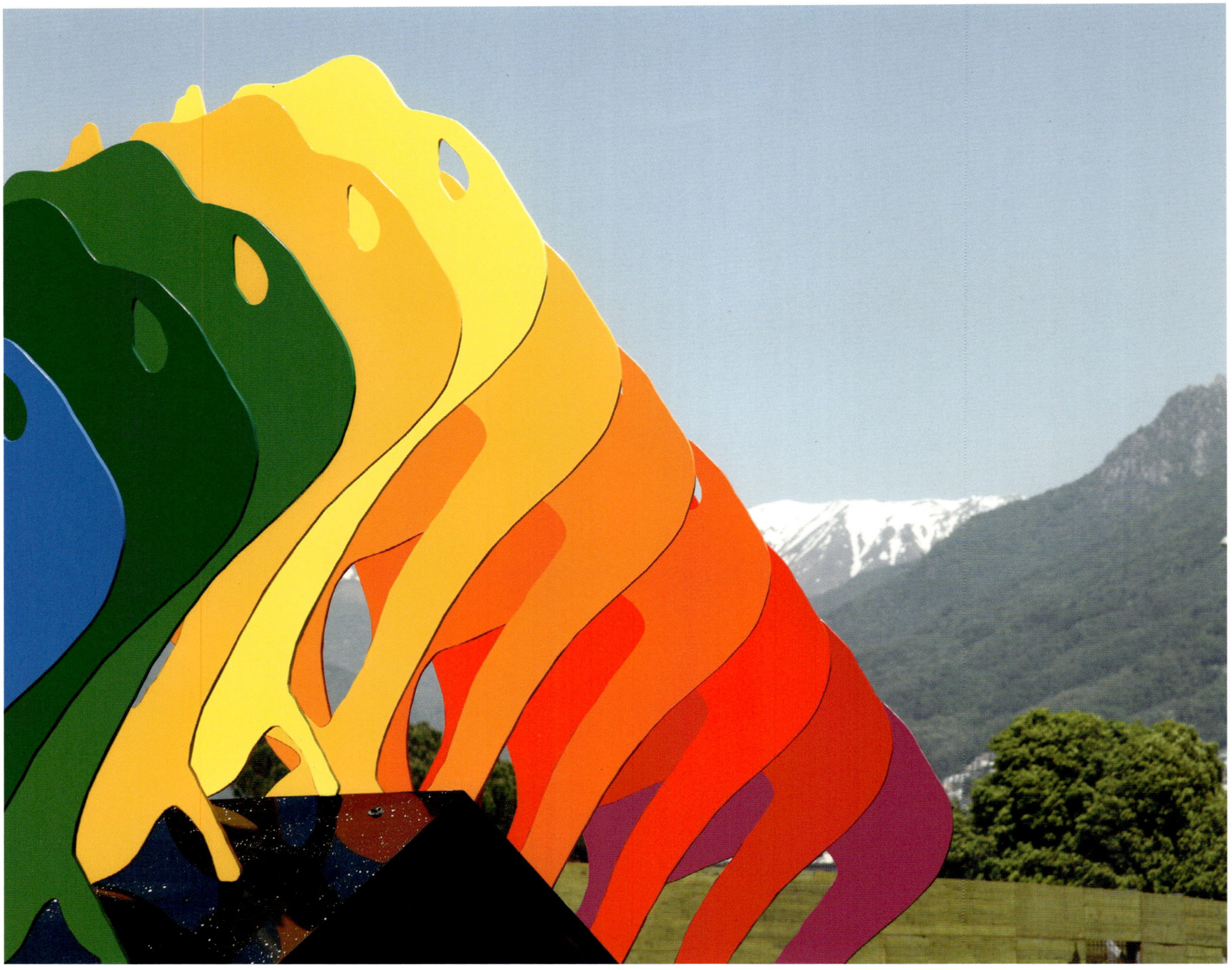

Rainbow Bridge
2001
alluminio dipinto su base in metallo
painted aluminum on metal base
290 x 595 x 122 cm
Collezione privata / Private collection

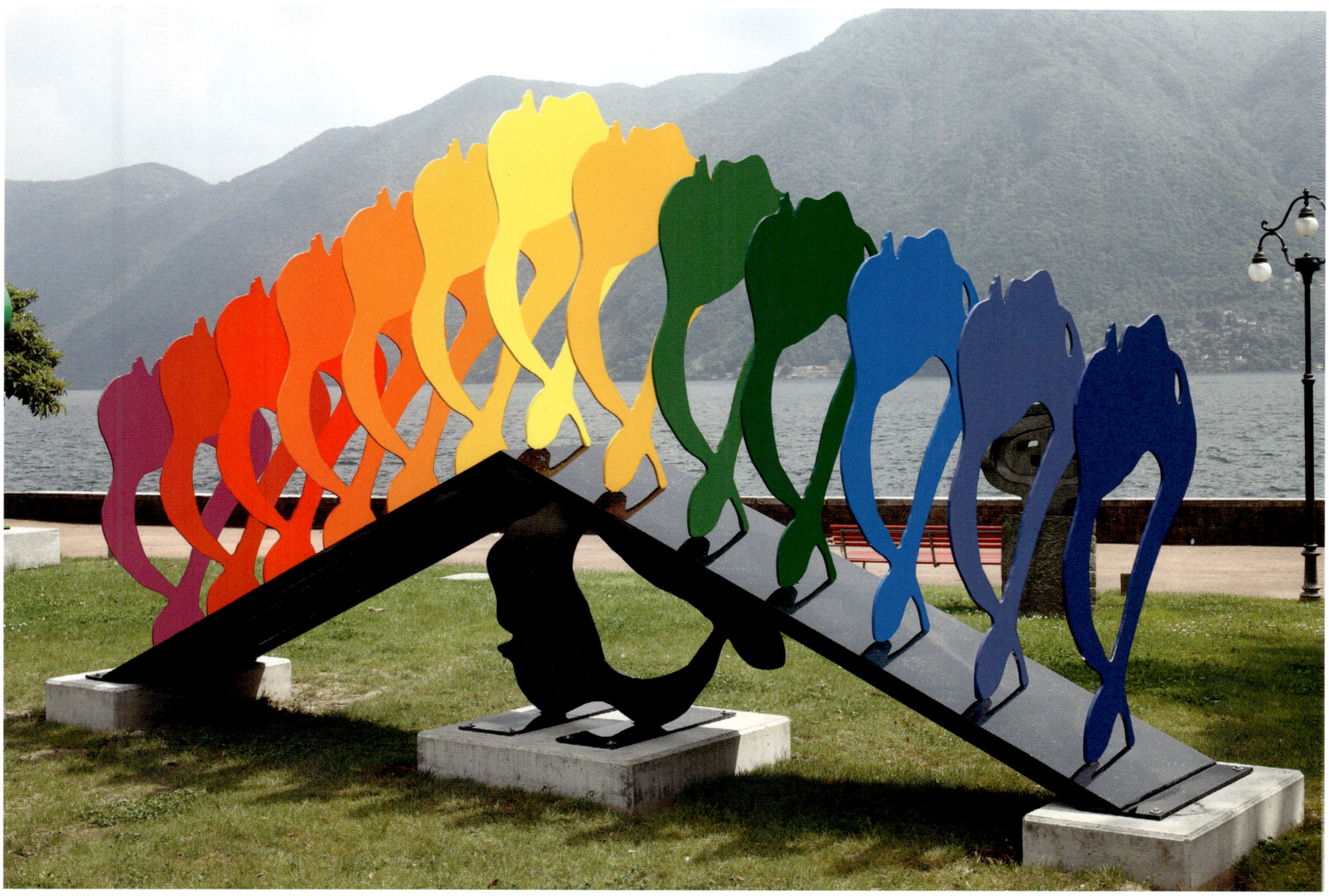

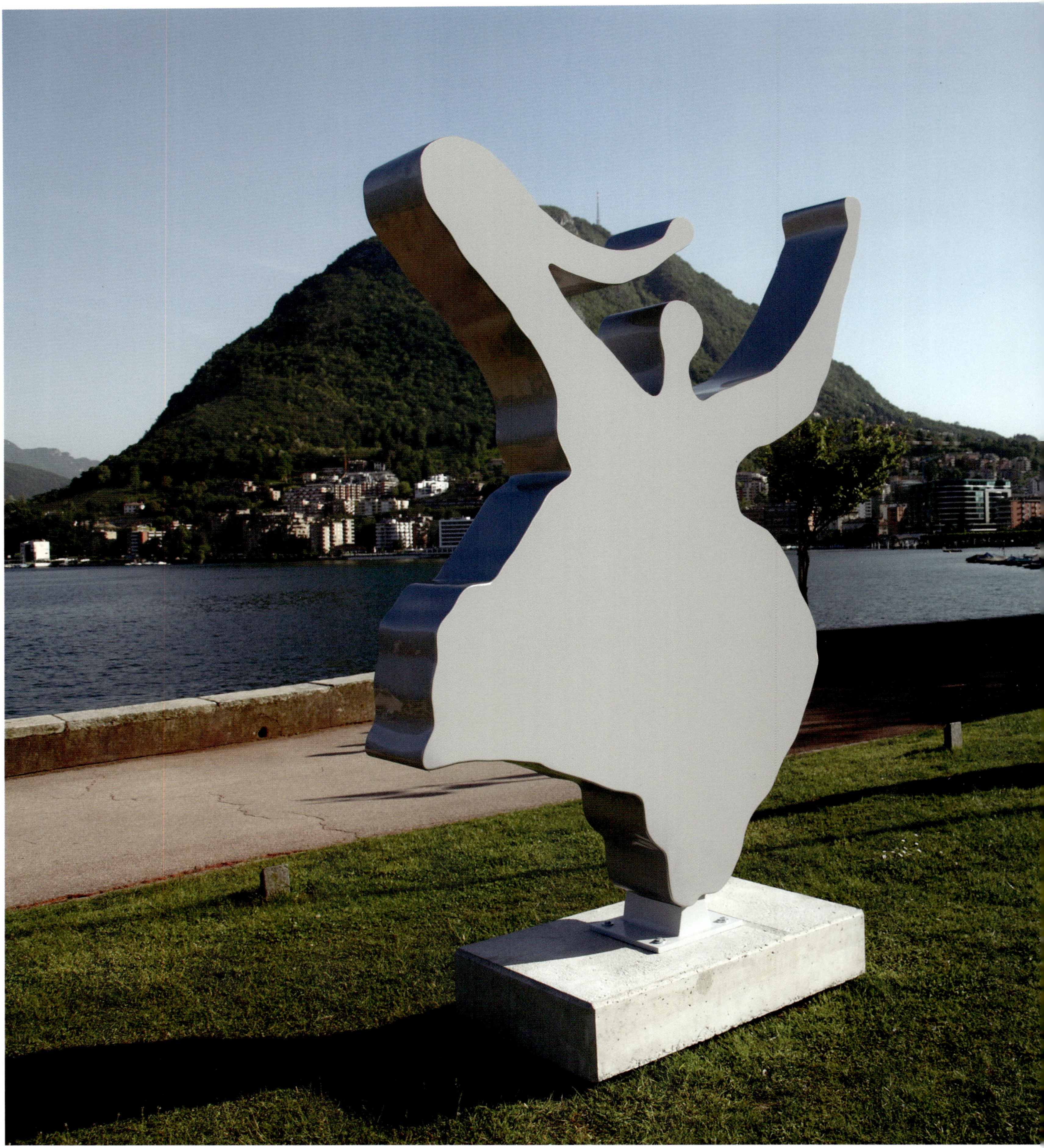

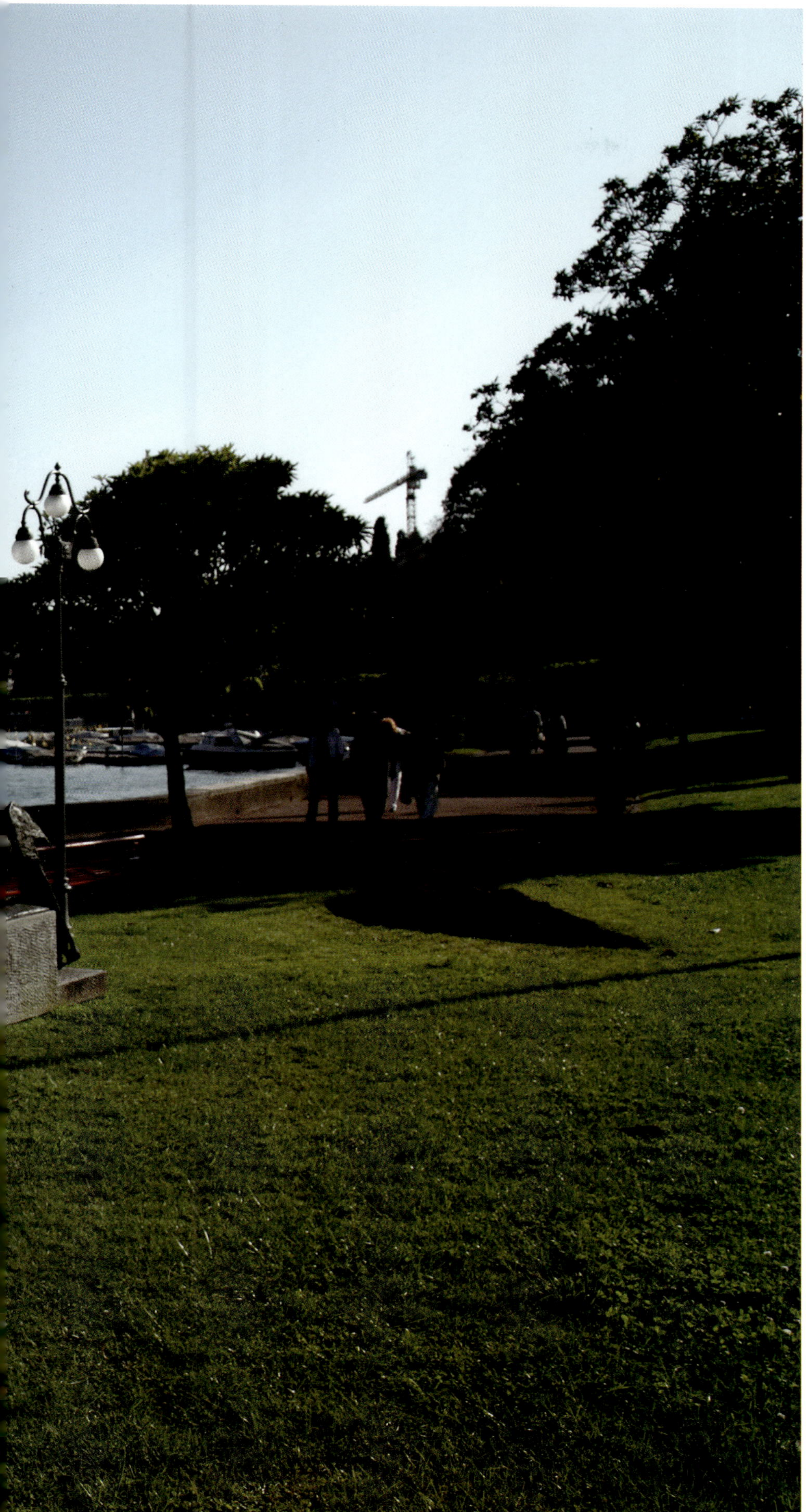

Silver Gipsy
1997
alluminio dipinto
painted aluminum
289 x 198 x 35 cm
Collezione privata / Private collection

Green Man
2004
alluminio dipinto
painted aluminum
312 x 152 x 46 cm
Collezione privata / Private collection

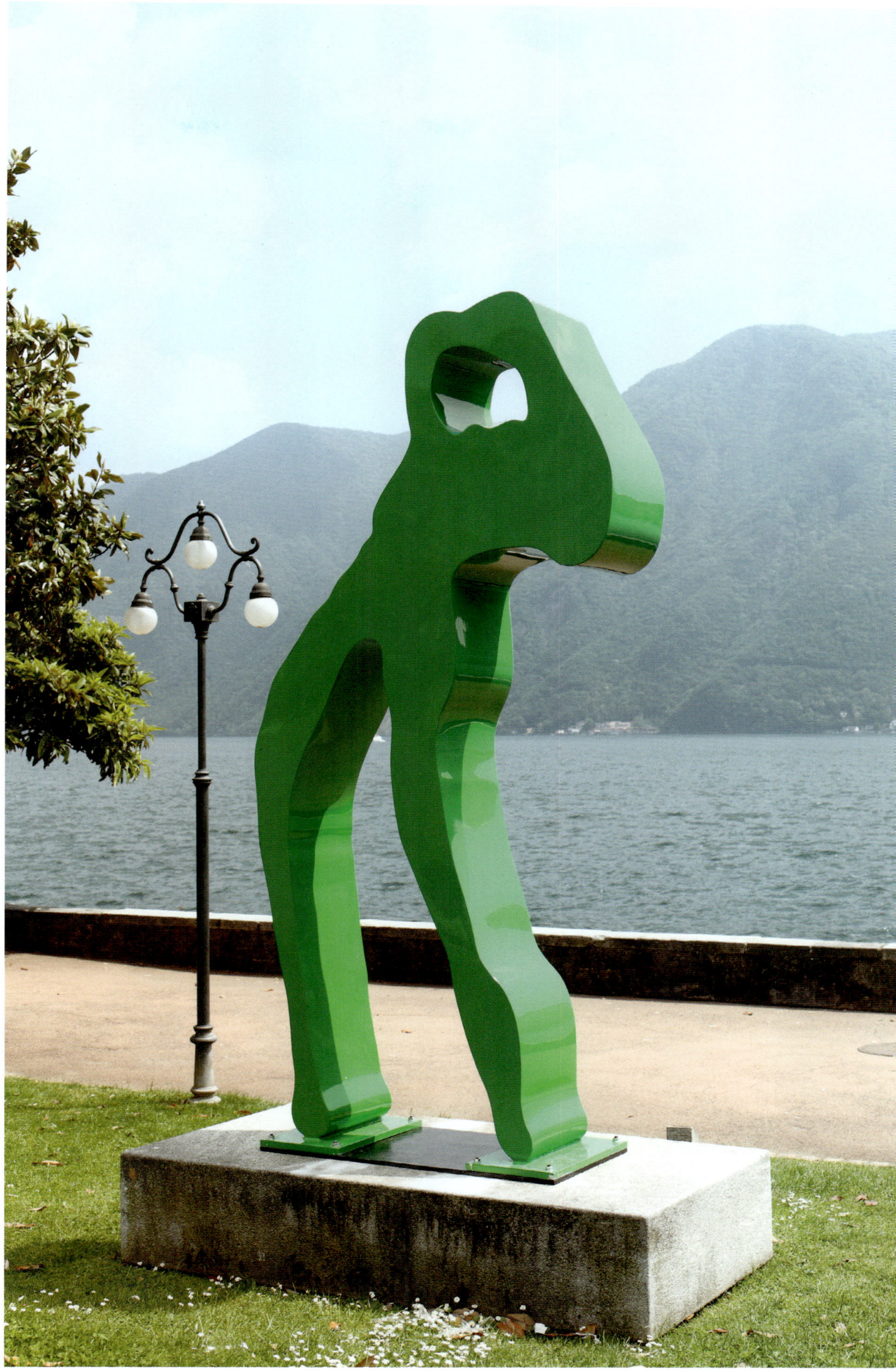

Life
1991
alluminio dipinto
painted aluminum
368 x 241 x 42 cm
Collezione privata / Private collection

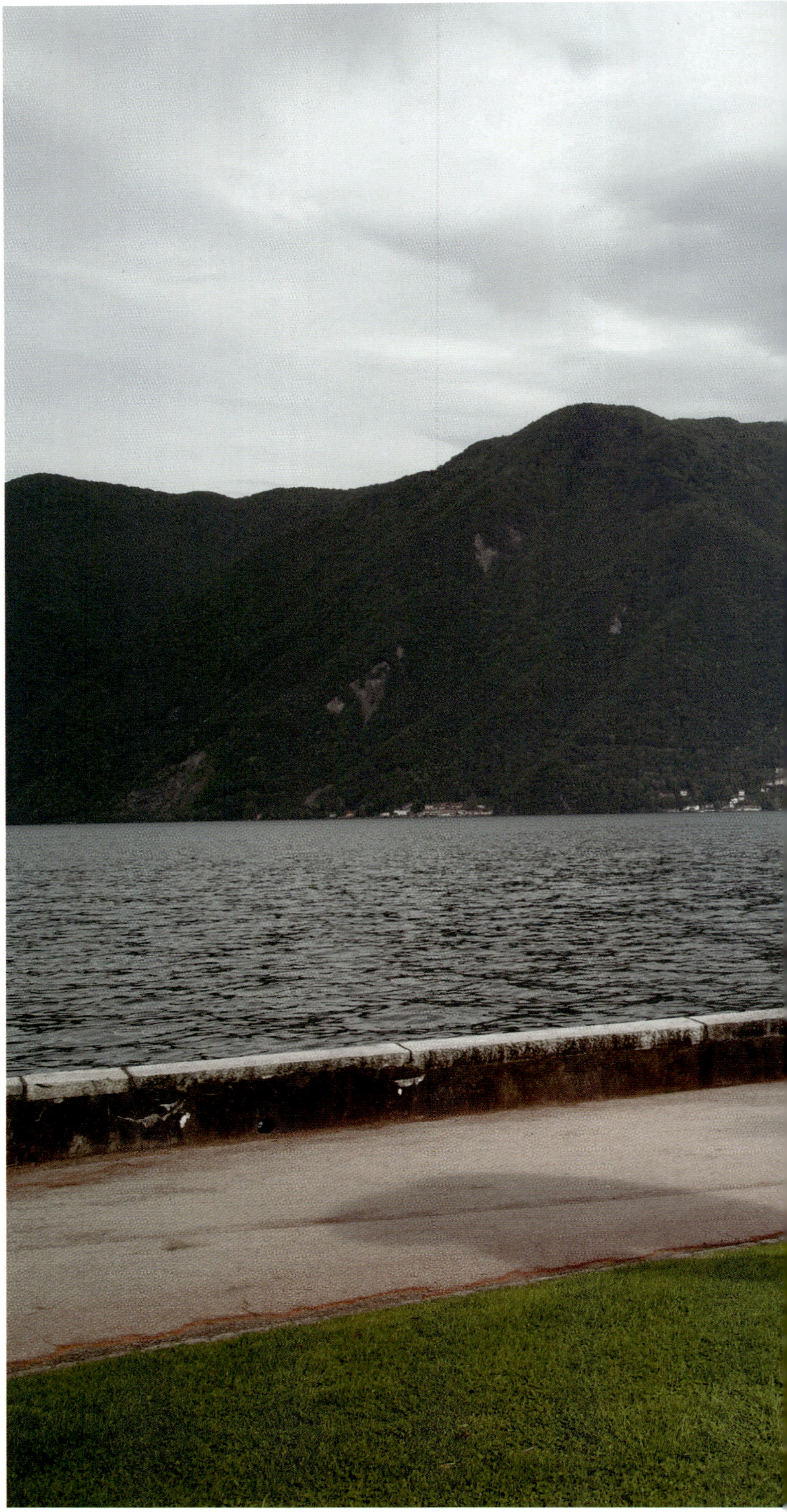

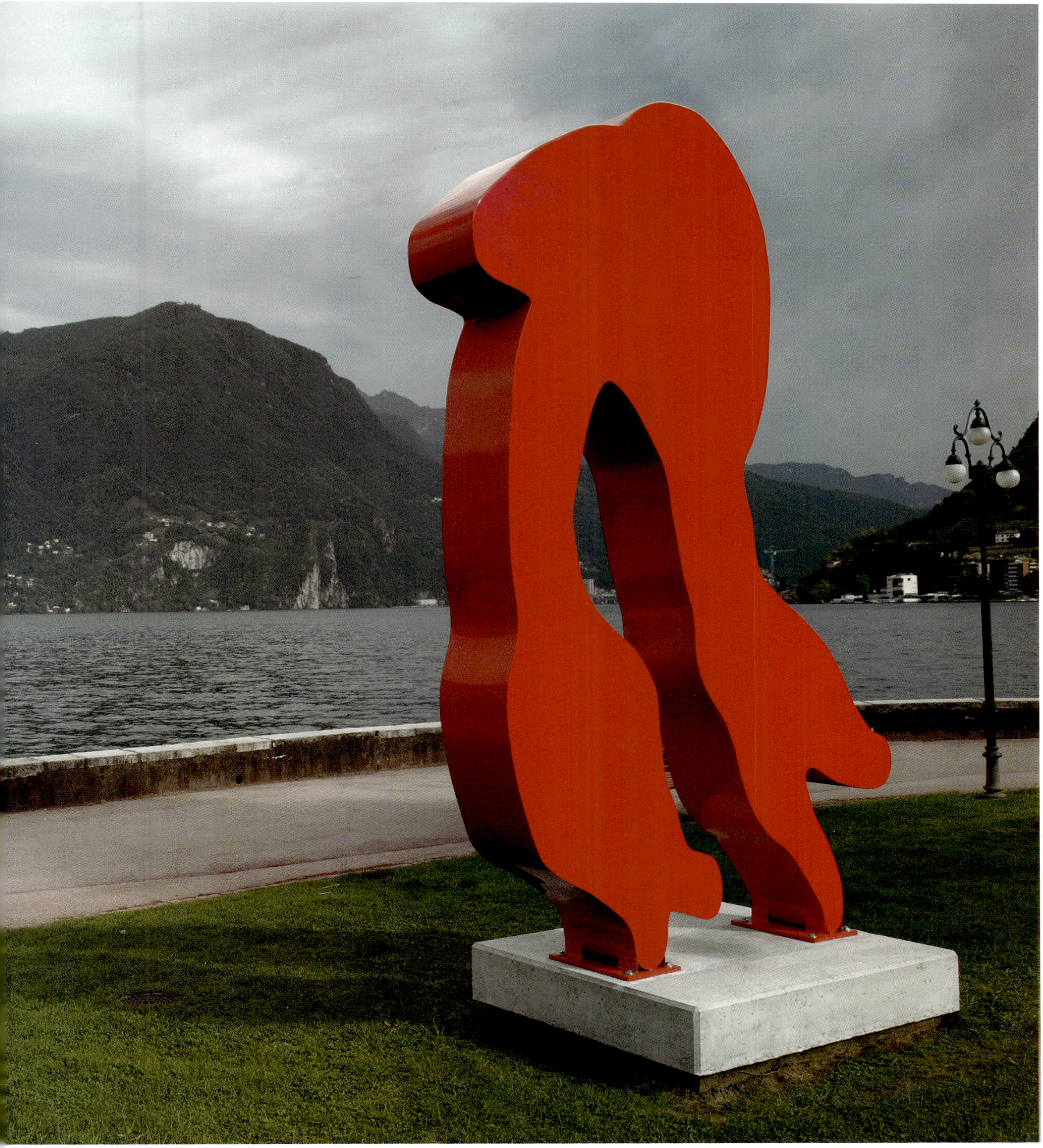

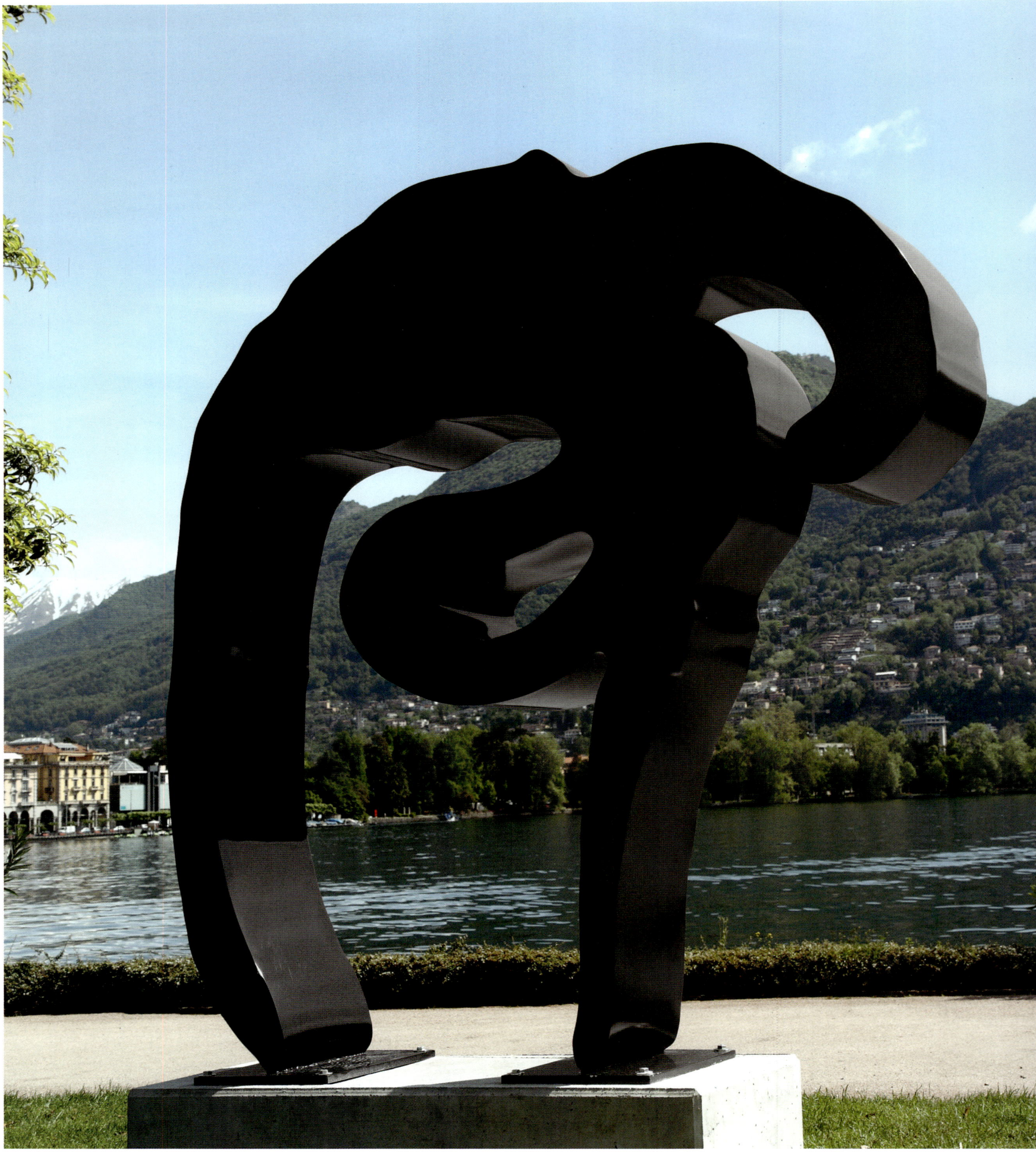

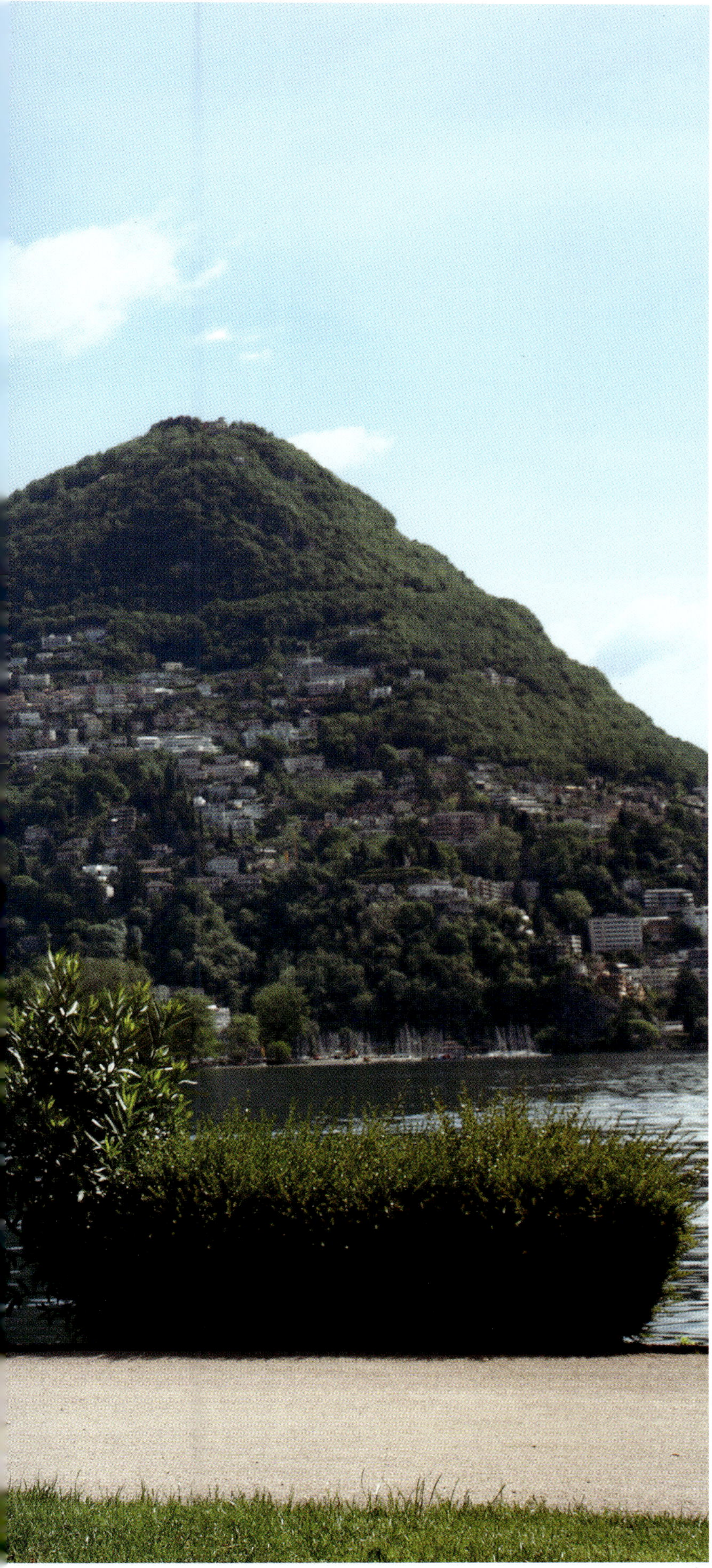

Black Scorpion
2003
alluminio dipinto
painted aluminum
232 x 218 x 40 cm
Collezione privata / Private collection

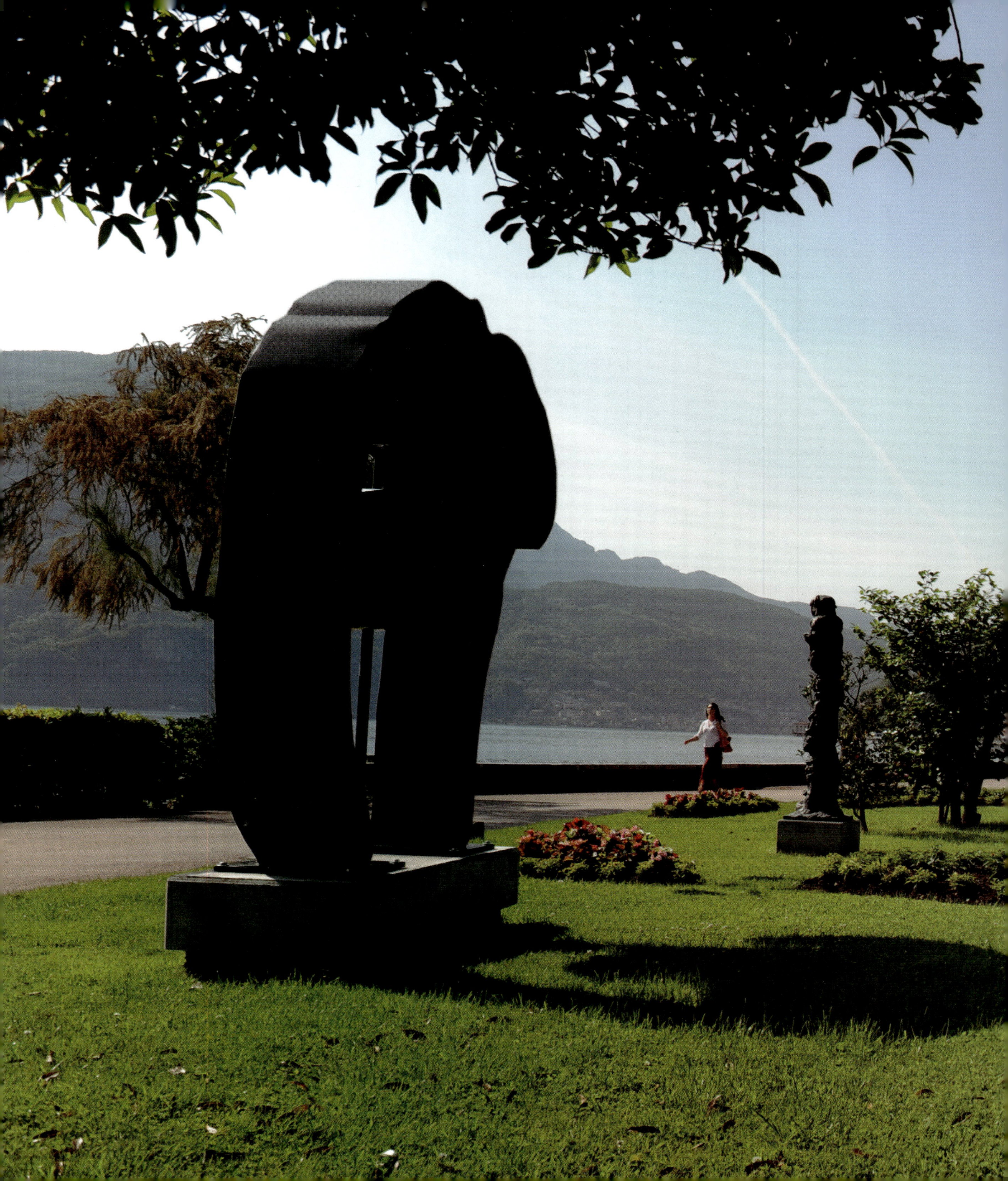

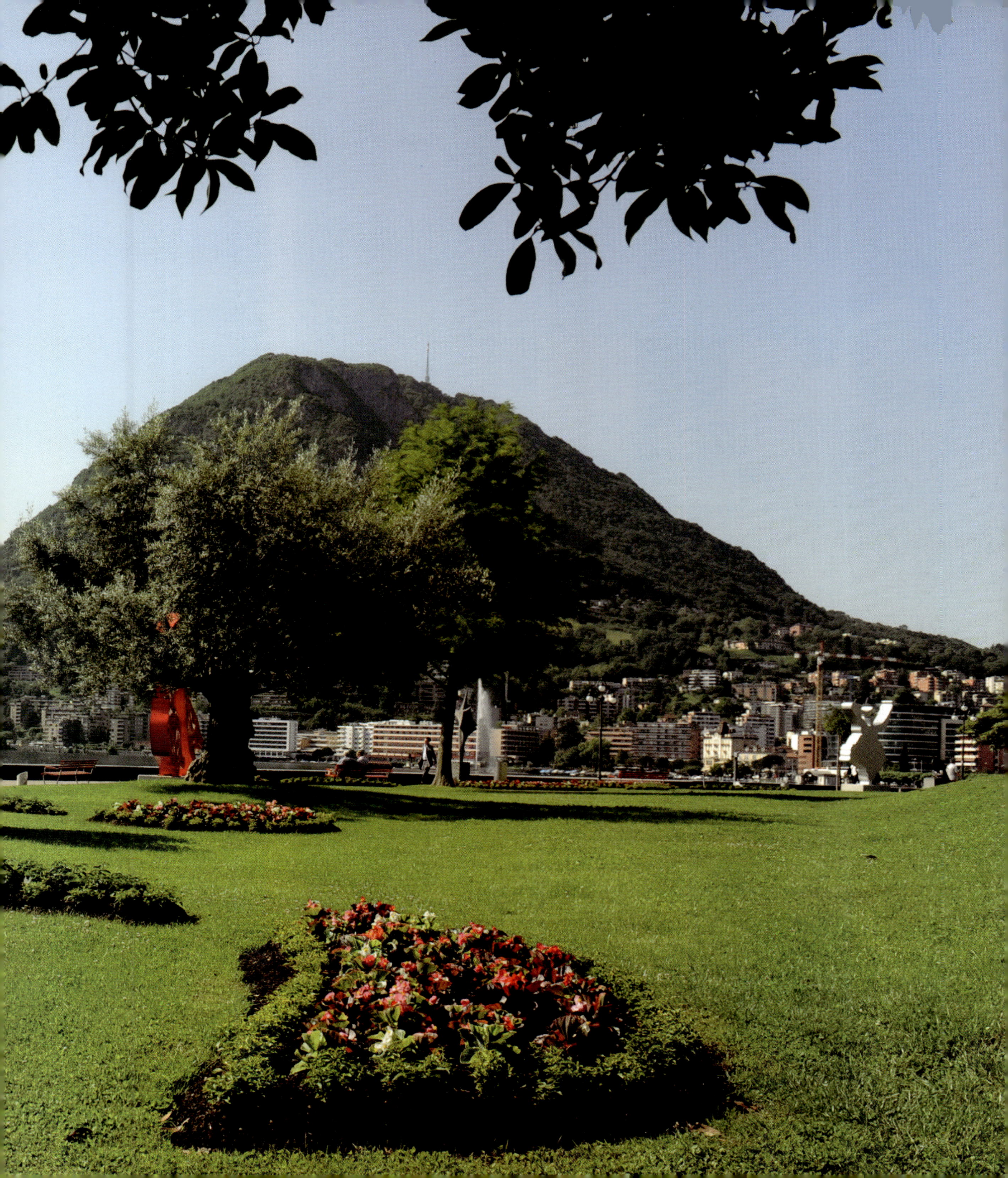

Red Gipsy
2008
alluminio dipinto
painted aluminum
300 x 217 x 36 cm
Collezione privata / Private collection

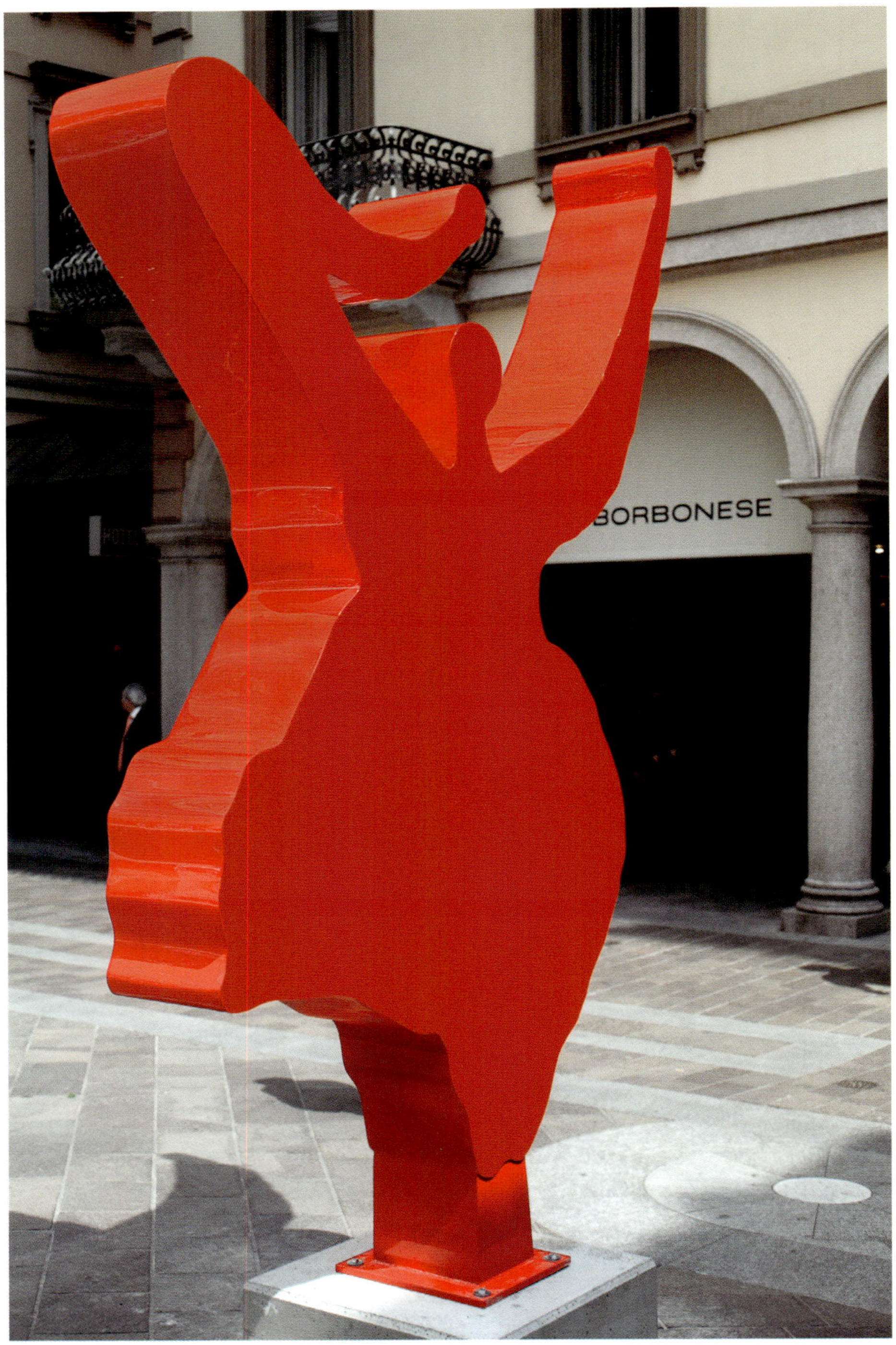

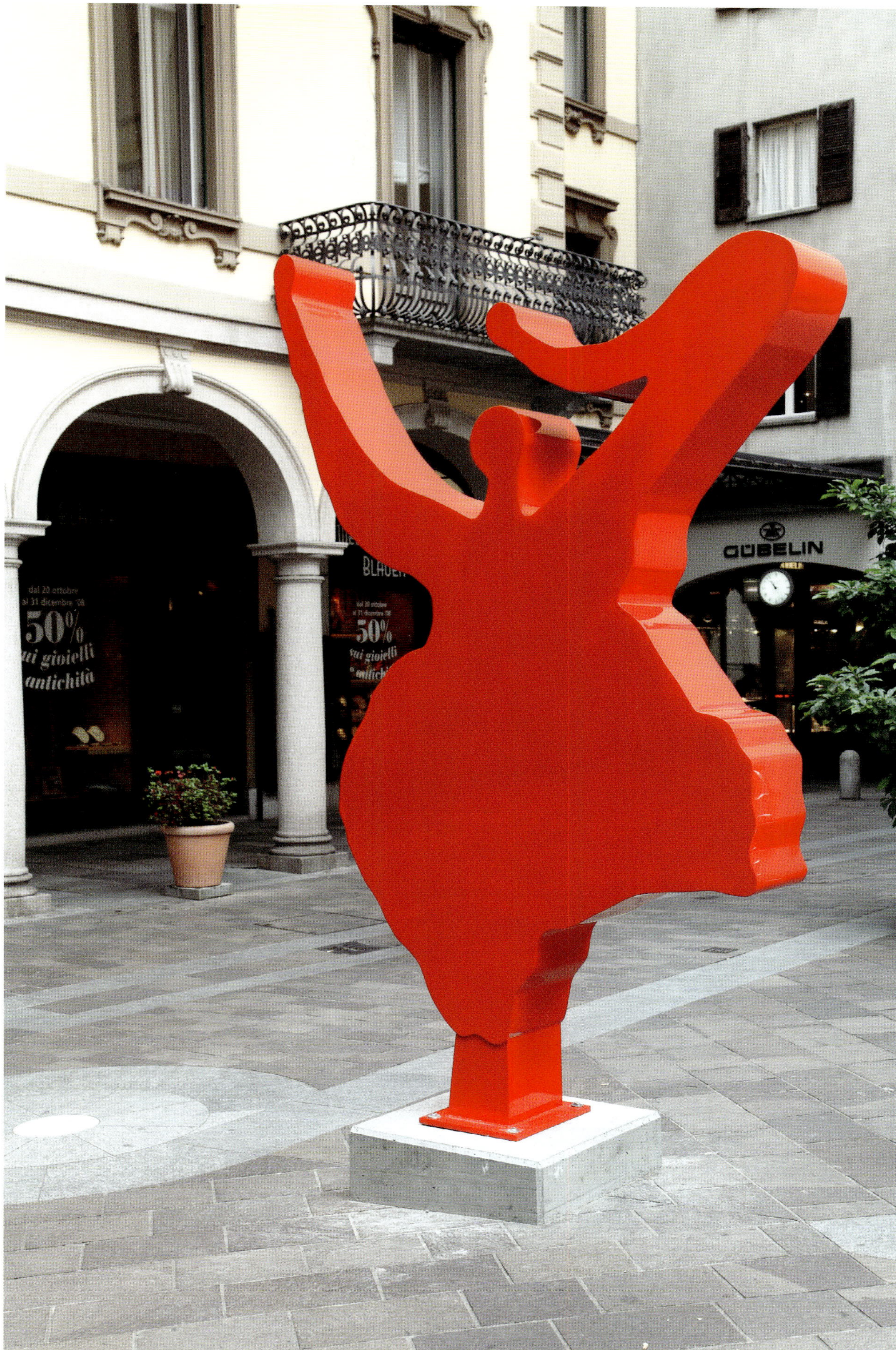
dal 20 ottobre
50%
antichità
GÜBELIN

Golden Horse
2007
alluminio dipinto
painted aluminum
340 x 257 x 75 cm
Collezione privata / Private collection

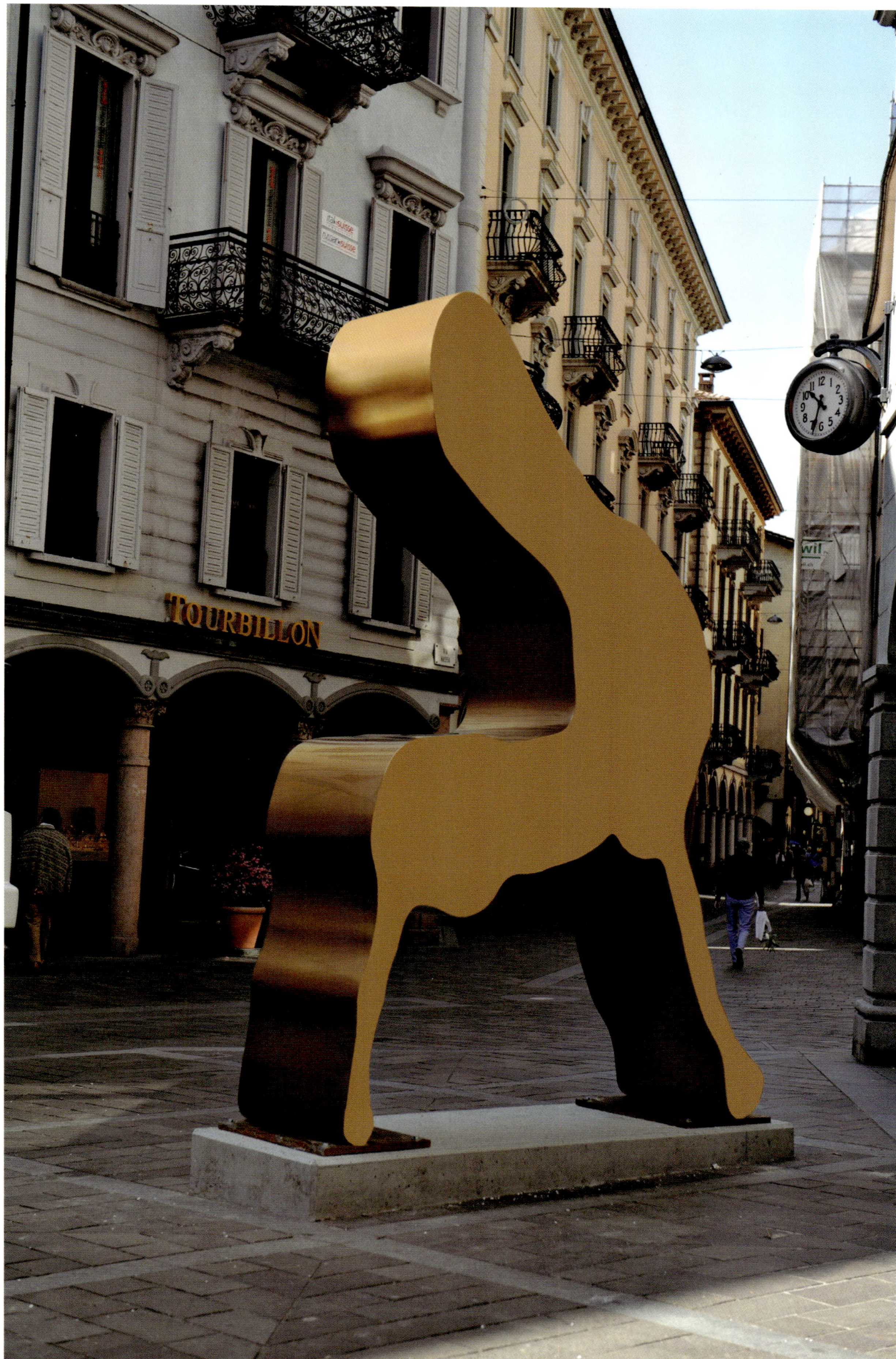
TOURBILLON

Dance
2001
ferro arrugginito
rusty iron
228 x 280 x 280 cm
Collezione privata / Private collection

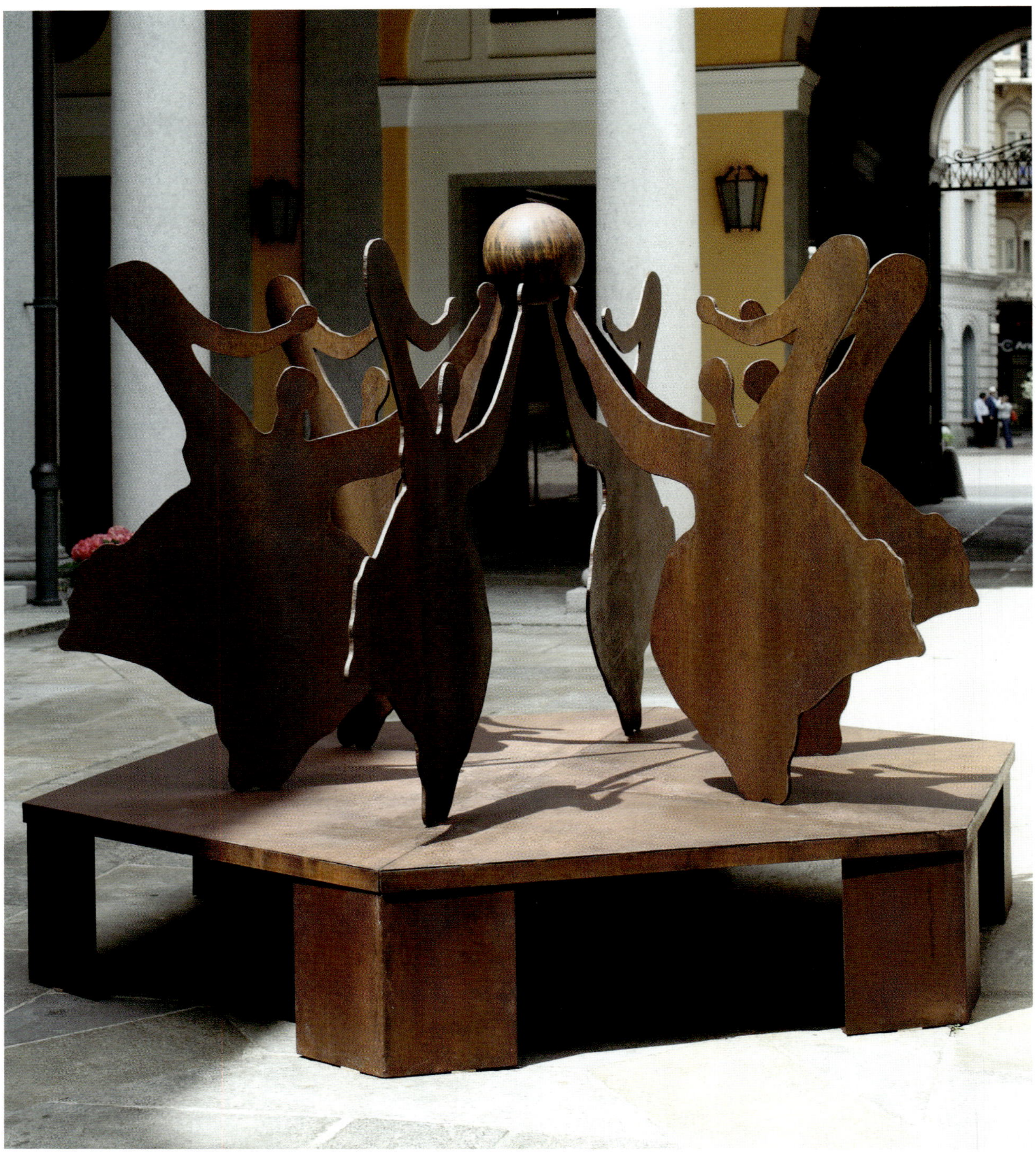

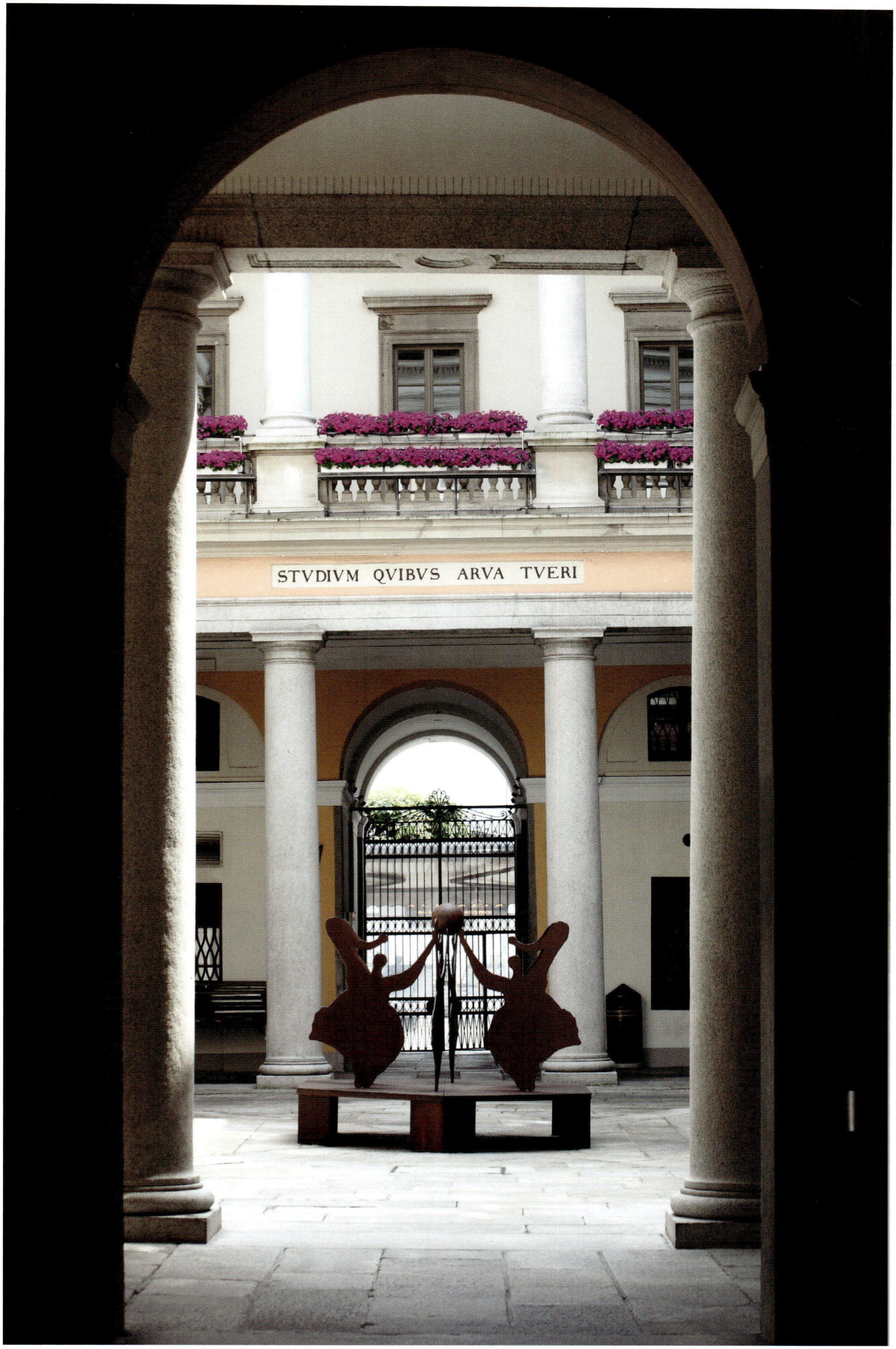
STVDIVM QVIBVS ARVA TVERI

Road Runner
2006
alluminio dipinto
painted aluminum
256 x 244 x 46 cm
Collezione privata / Private collection

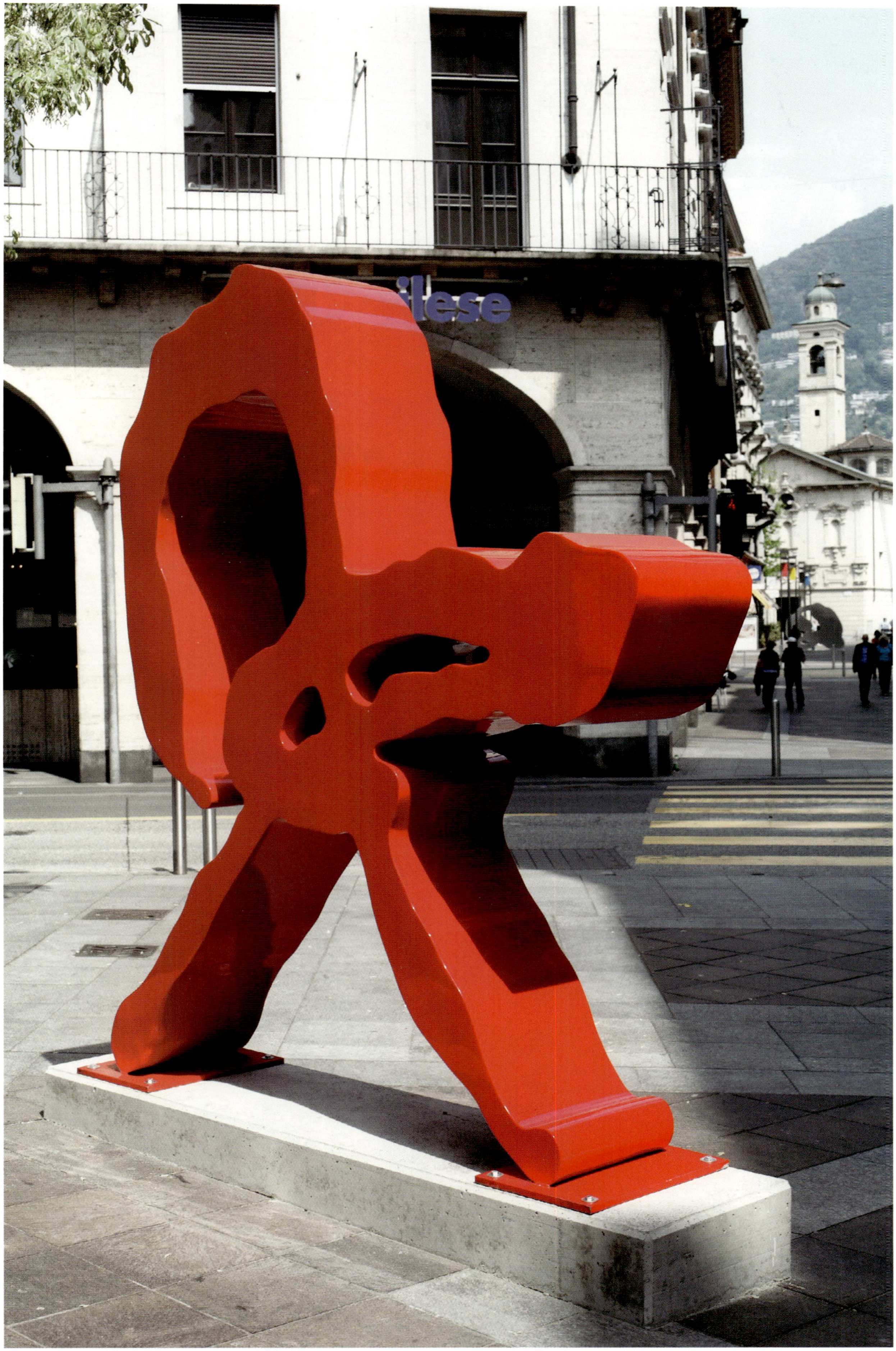

Mystery
2005
alluminio spazzolato
brushed aluminum
246 x 288 x 40 cm
Collezione privata / Private collection

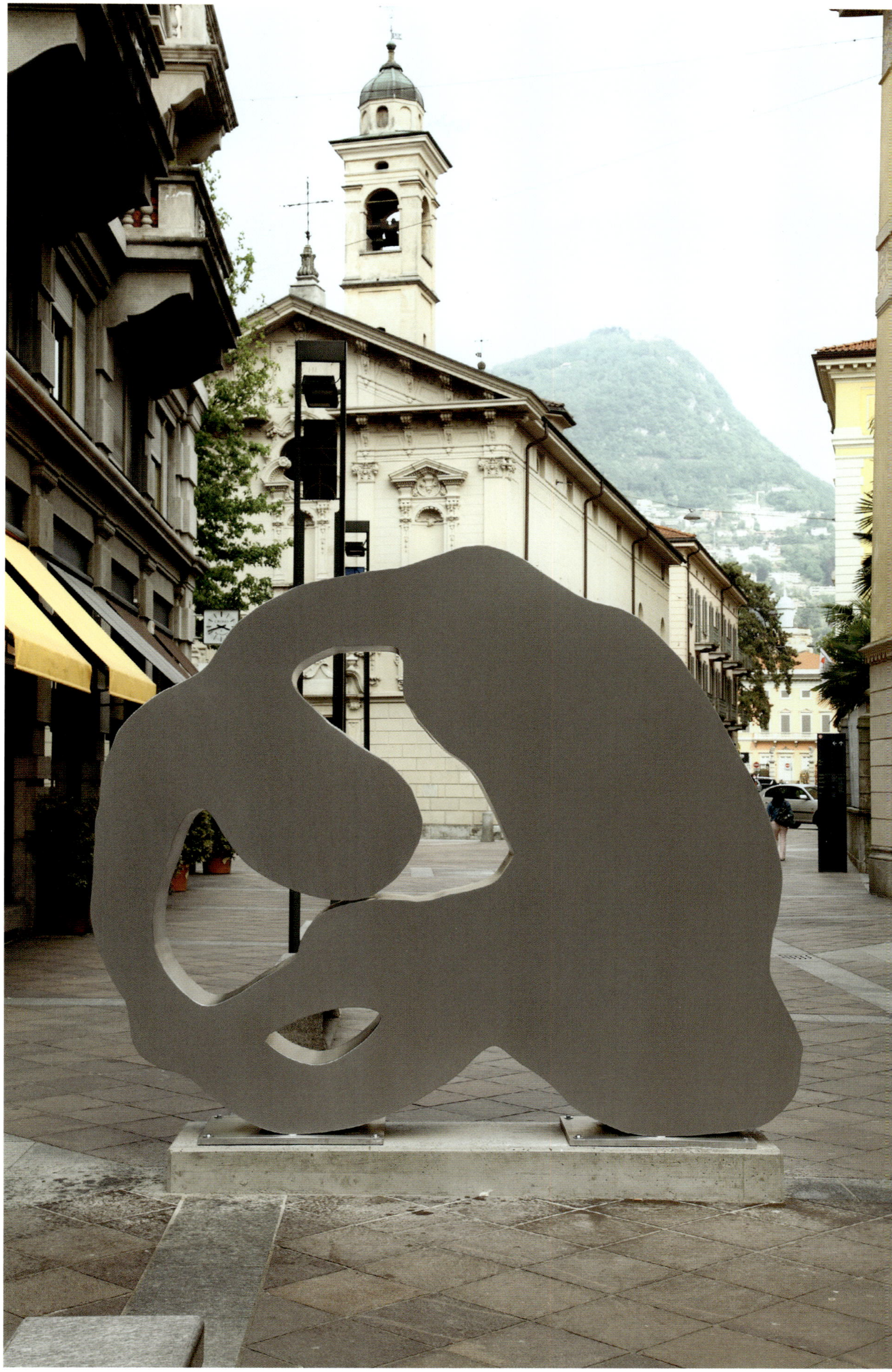

Rusty Thomas
2008
ferro arrugginito
rusty iron
257 x 330 x 44 cm
Collezione privata / Private collection

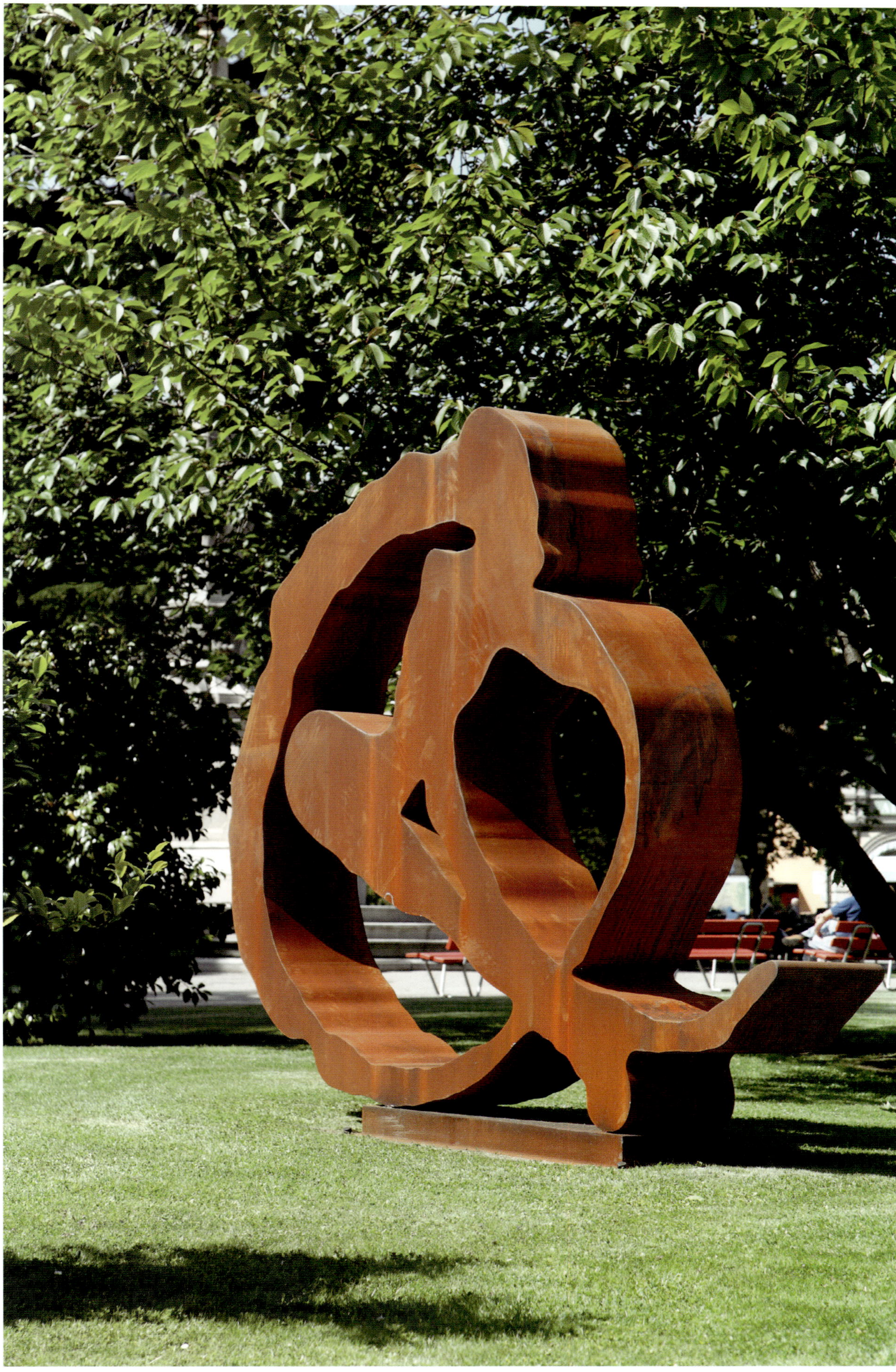

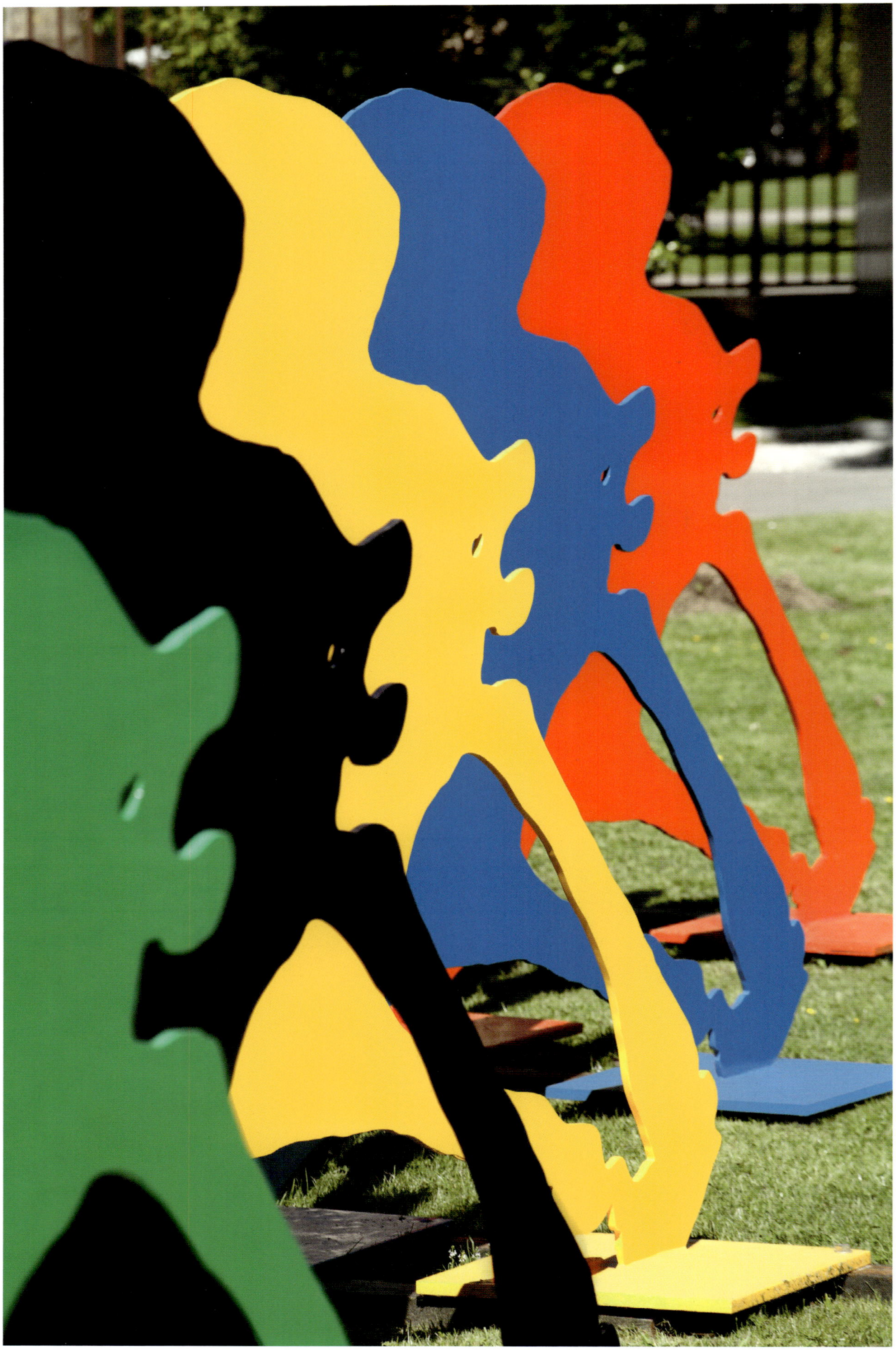

Warriors
1998
alluminio dipinto
painted aluminum
180 x 228 cm (ciascuno / each)
Collezione privata / Private collection

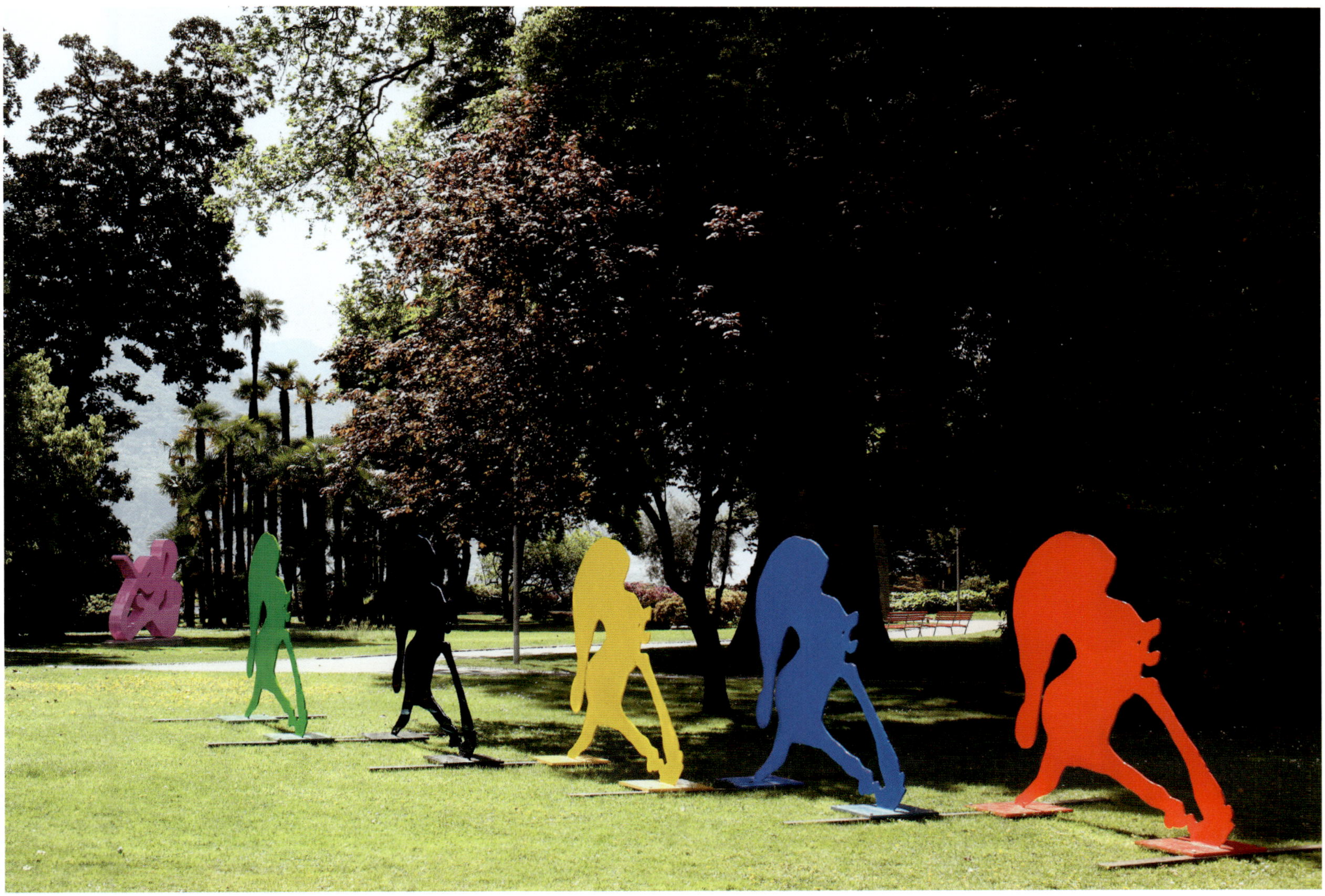

Pink Elephant
2008
alluminio dipinto
painted aluminum
277 x 254 x 45 cm
Collezione privata / Private collection

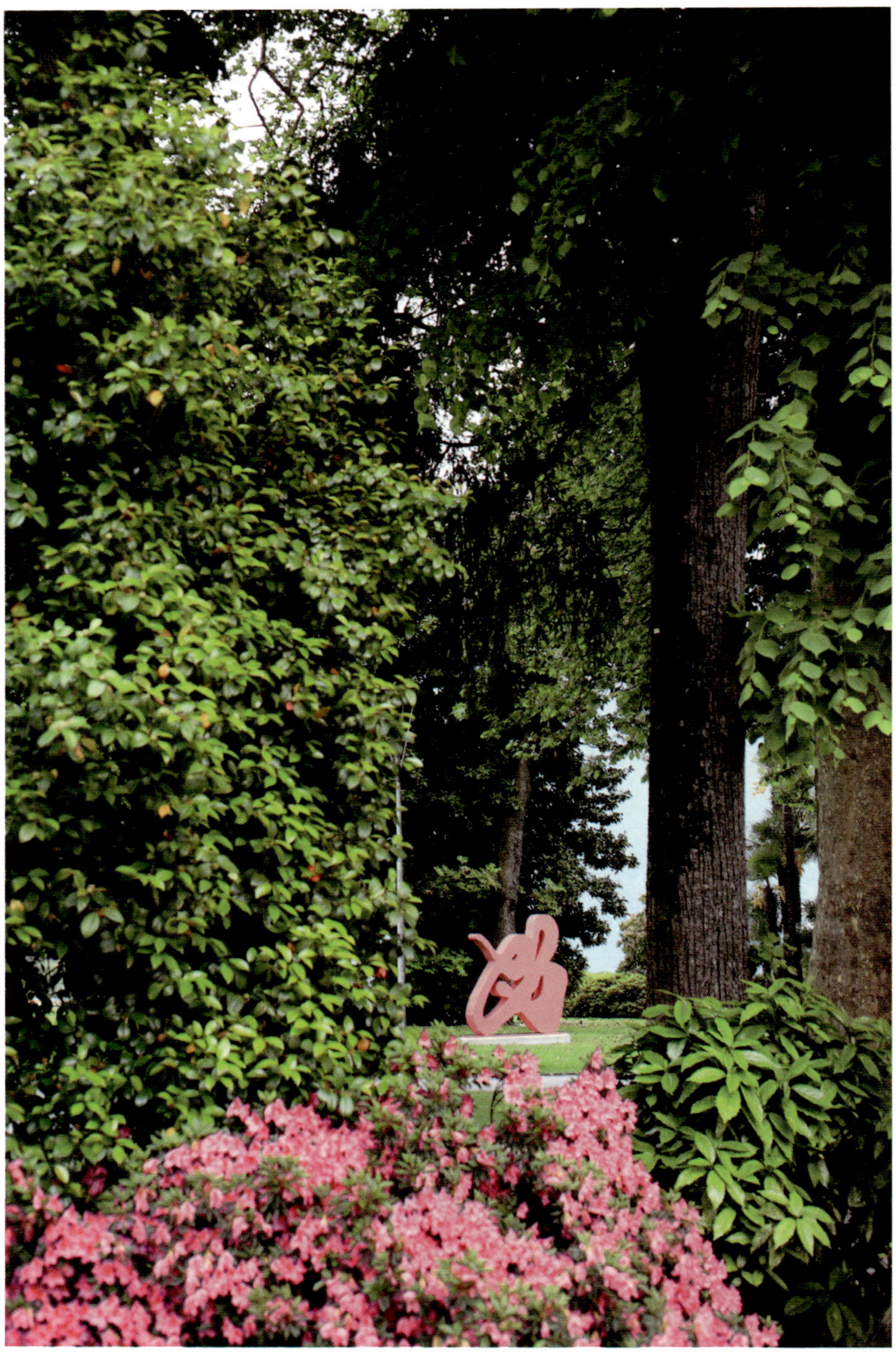

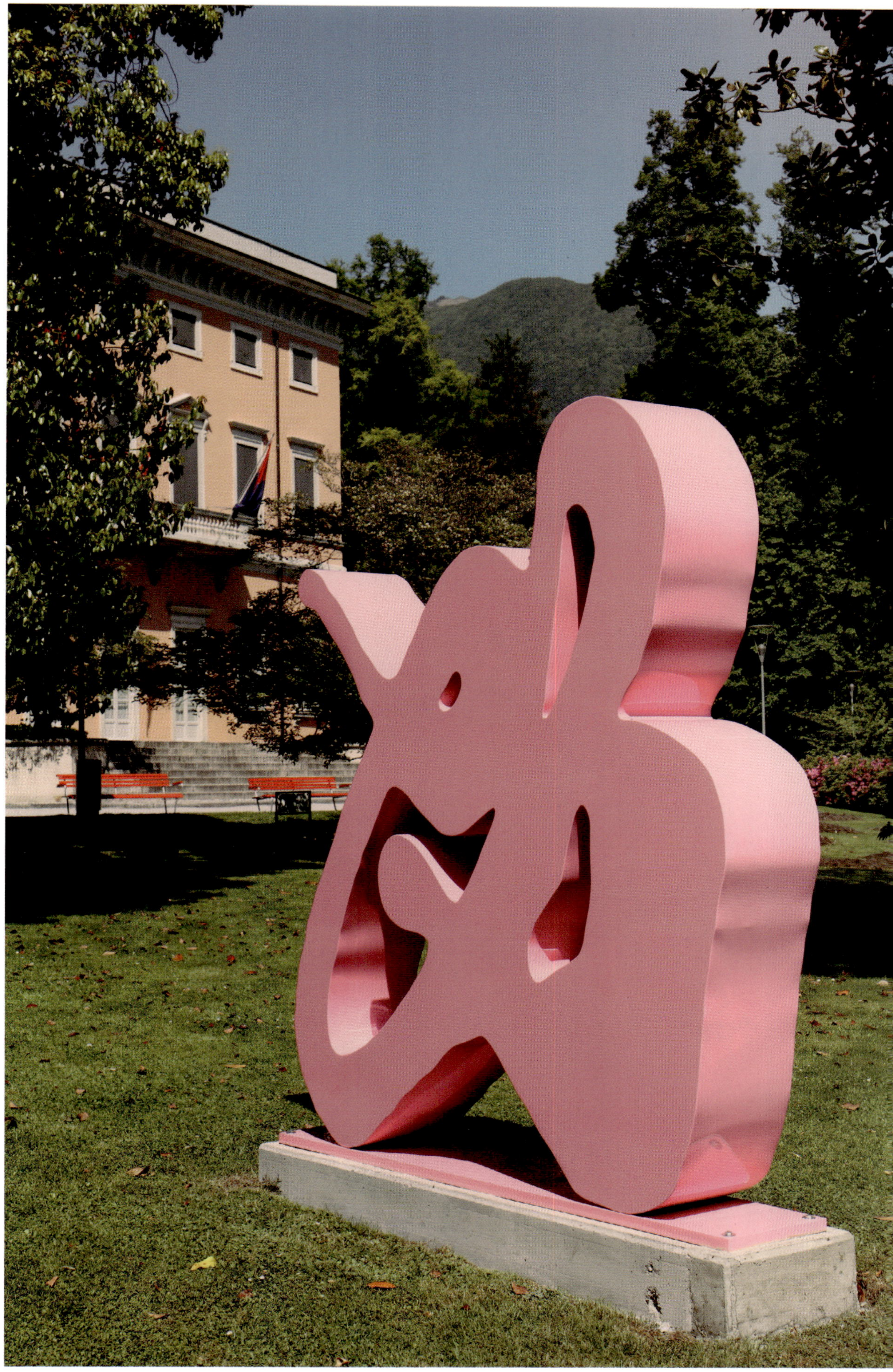

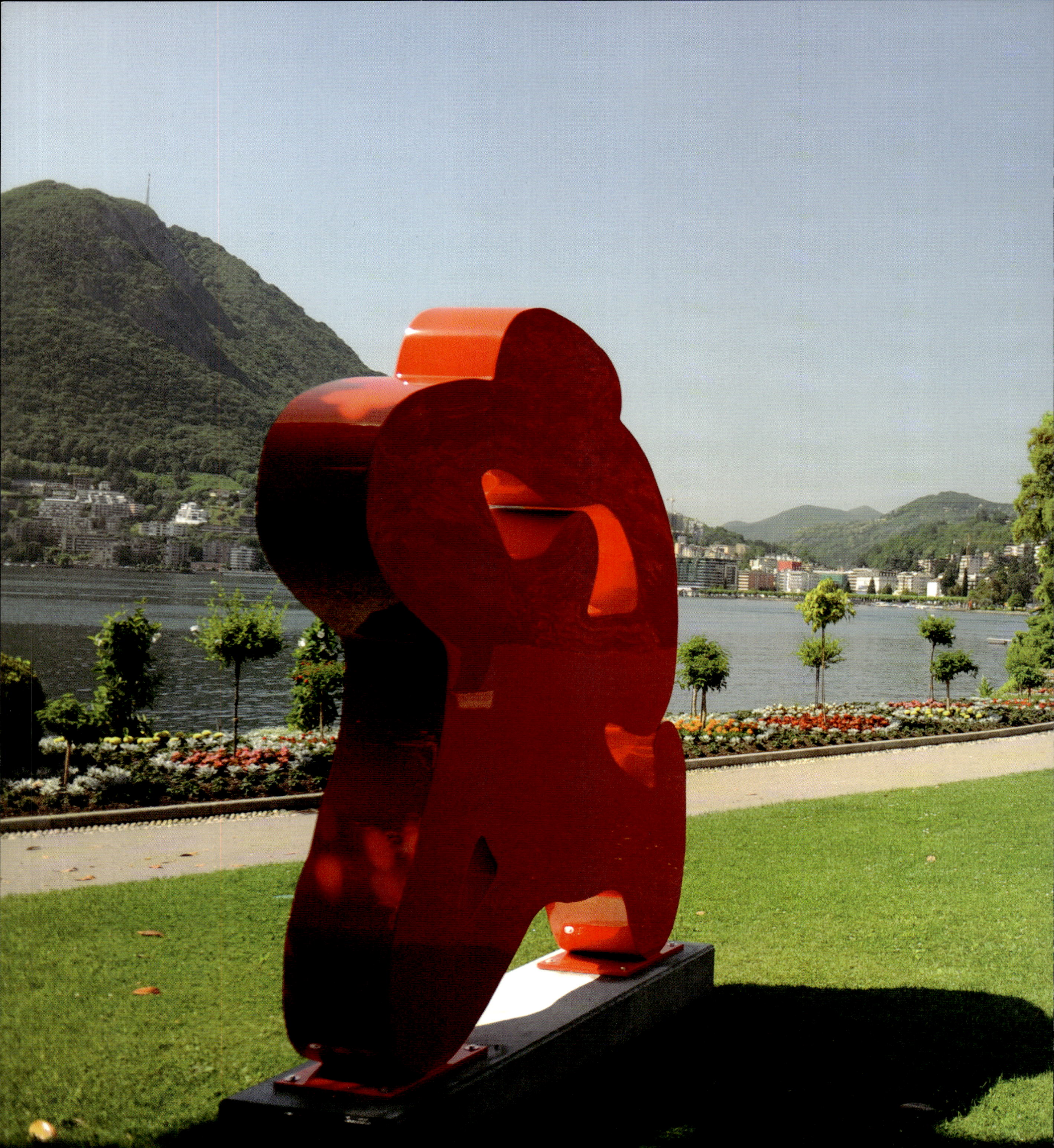

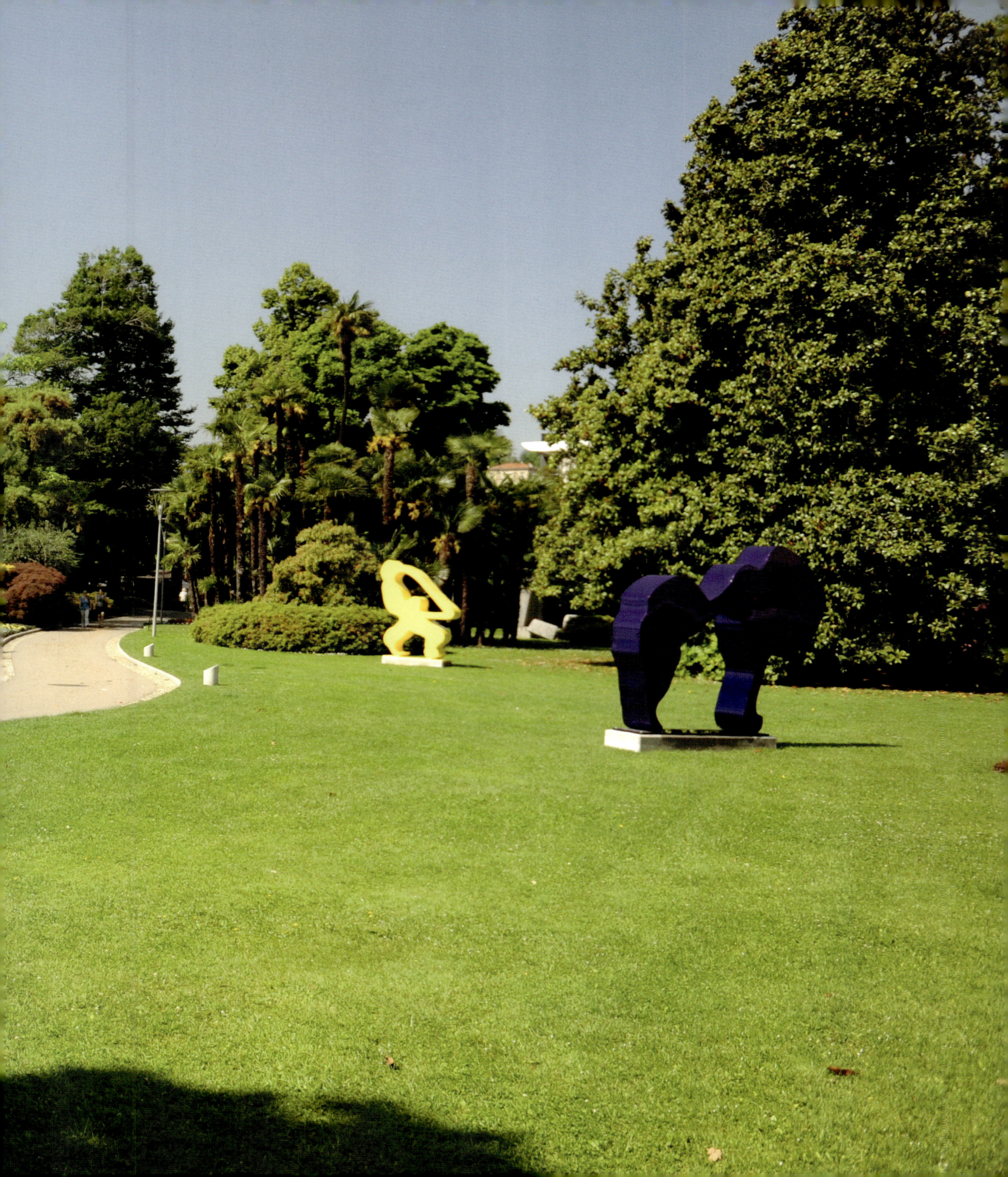

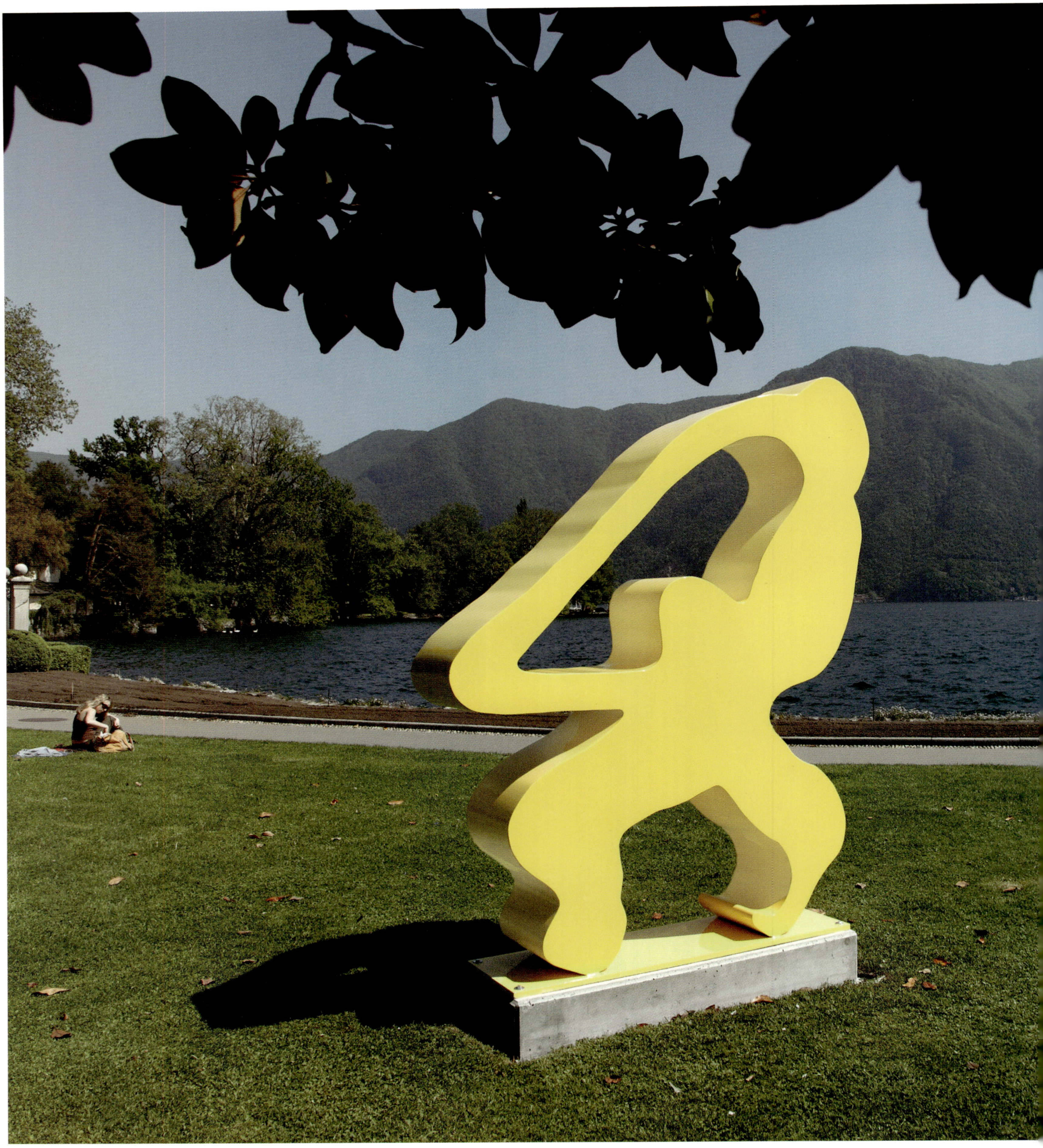

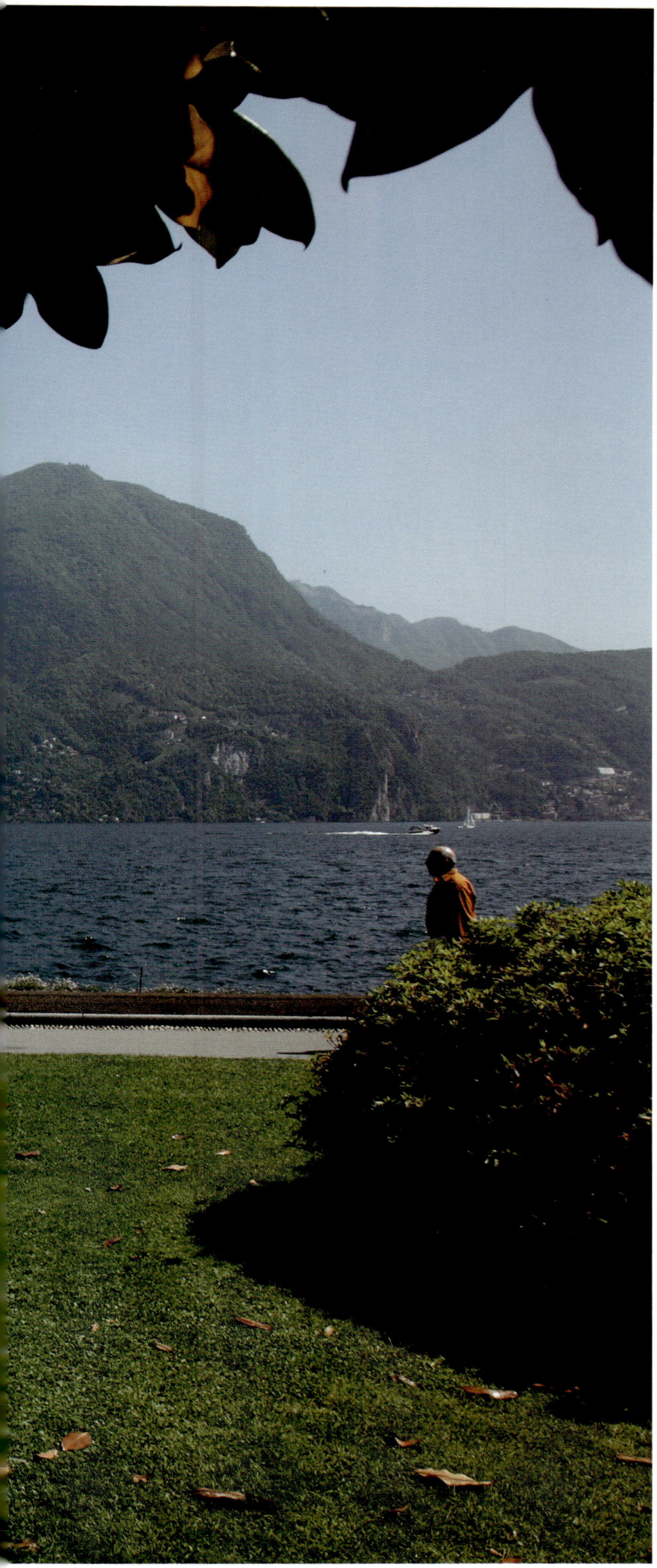

Rope Jumper
2008
alluminio dipinto
painted aluminum
270 x 215 x 47 cm
Collezione privata / Private collection

Blue Lion
2009
alluminio dipinto
painted aluminum
241 x 290 x 48 cm
Collezione privata / Private collection

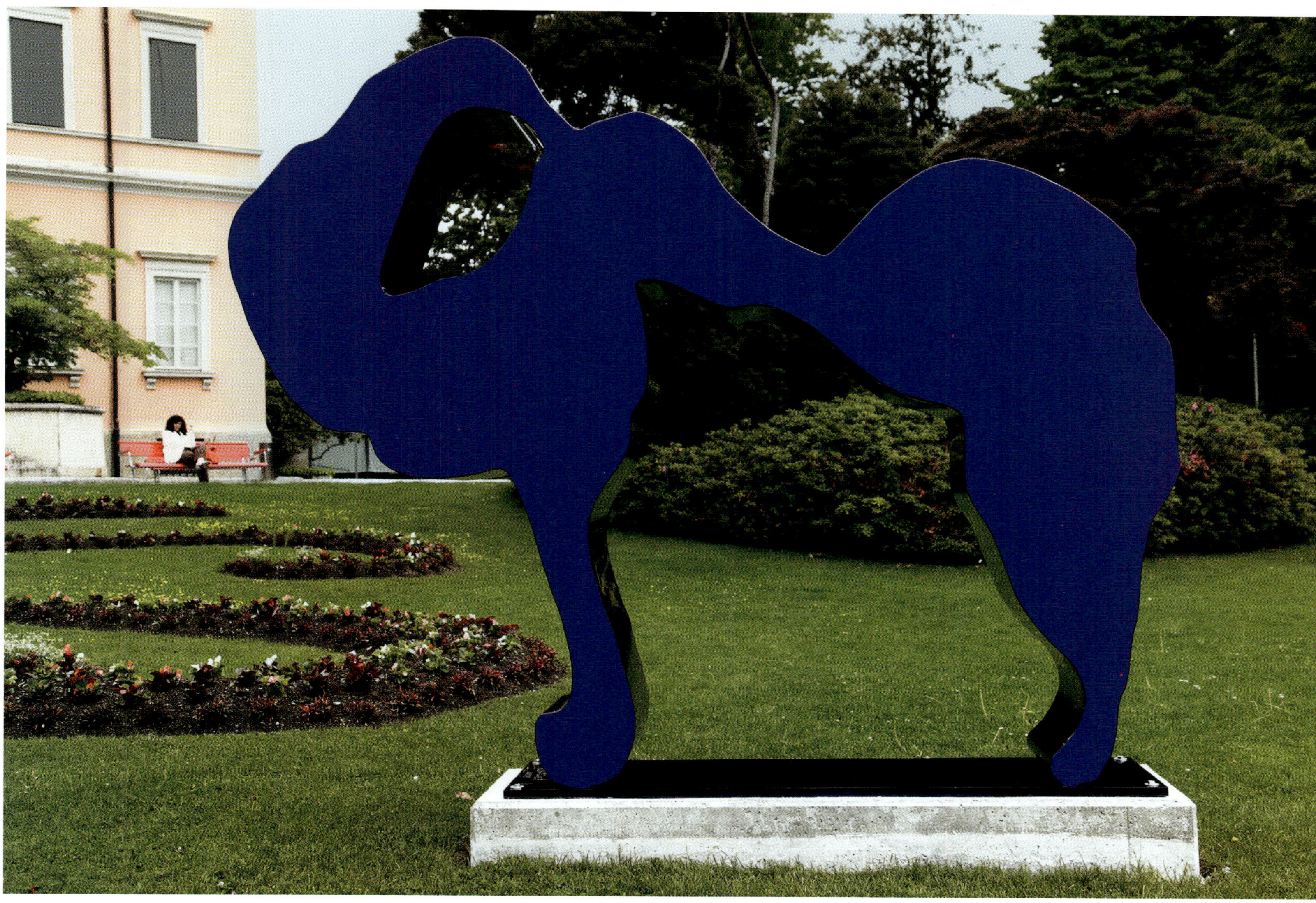

Cosack
2001
alluminio dipinto
painted aluminum
260 x 250 x 37 cm
Collezione privata / Private collection

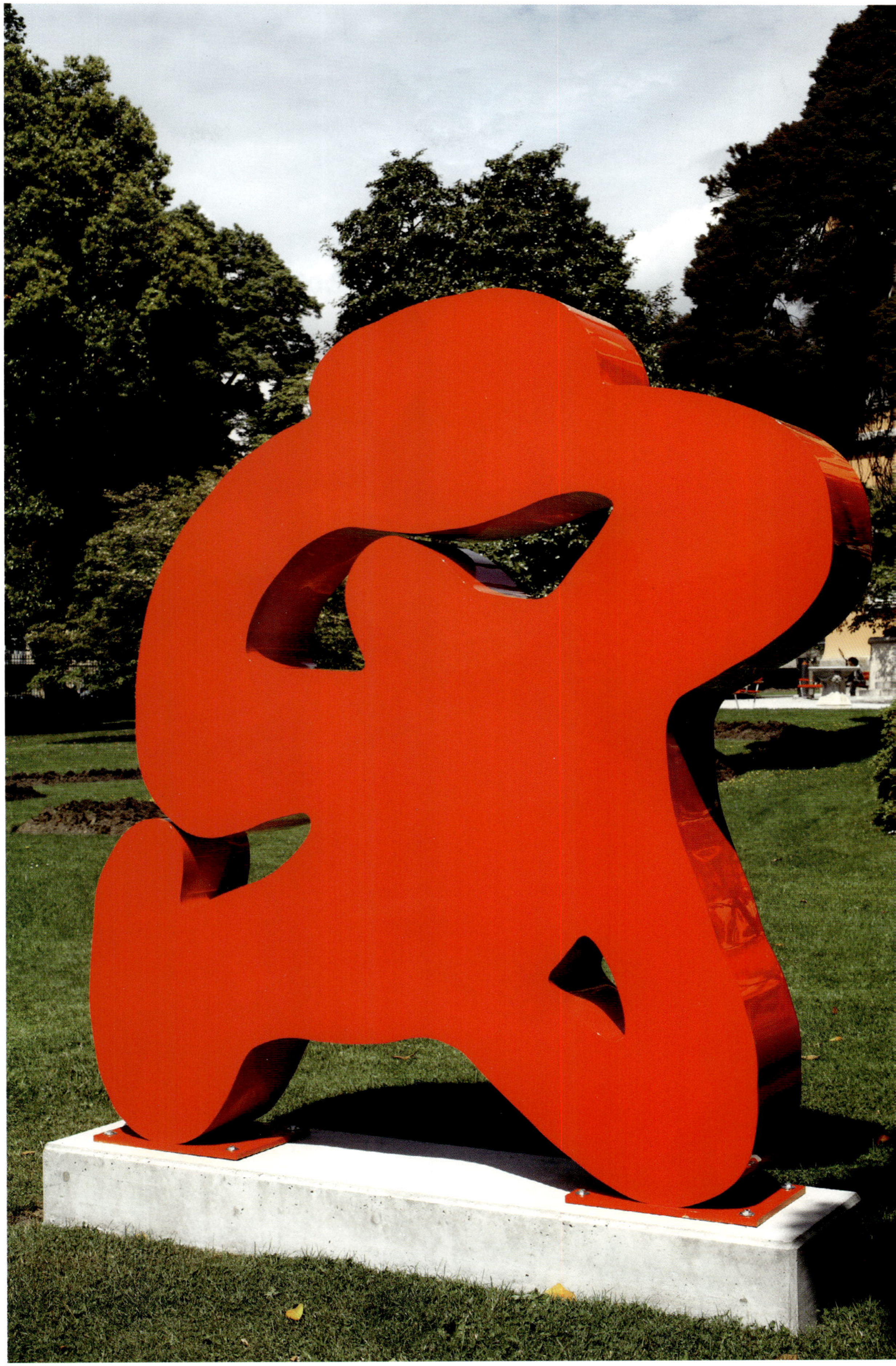

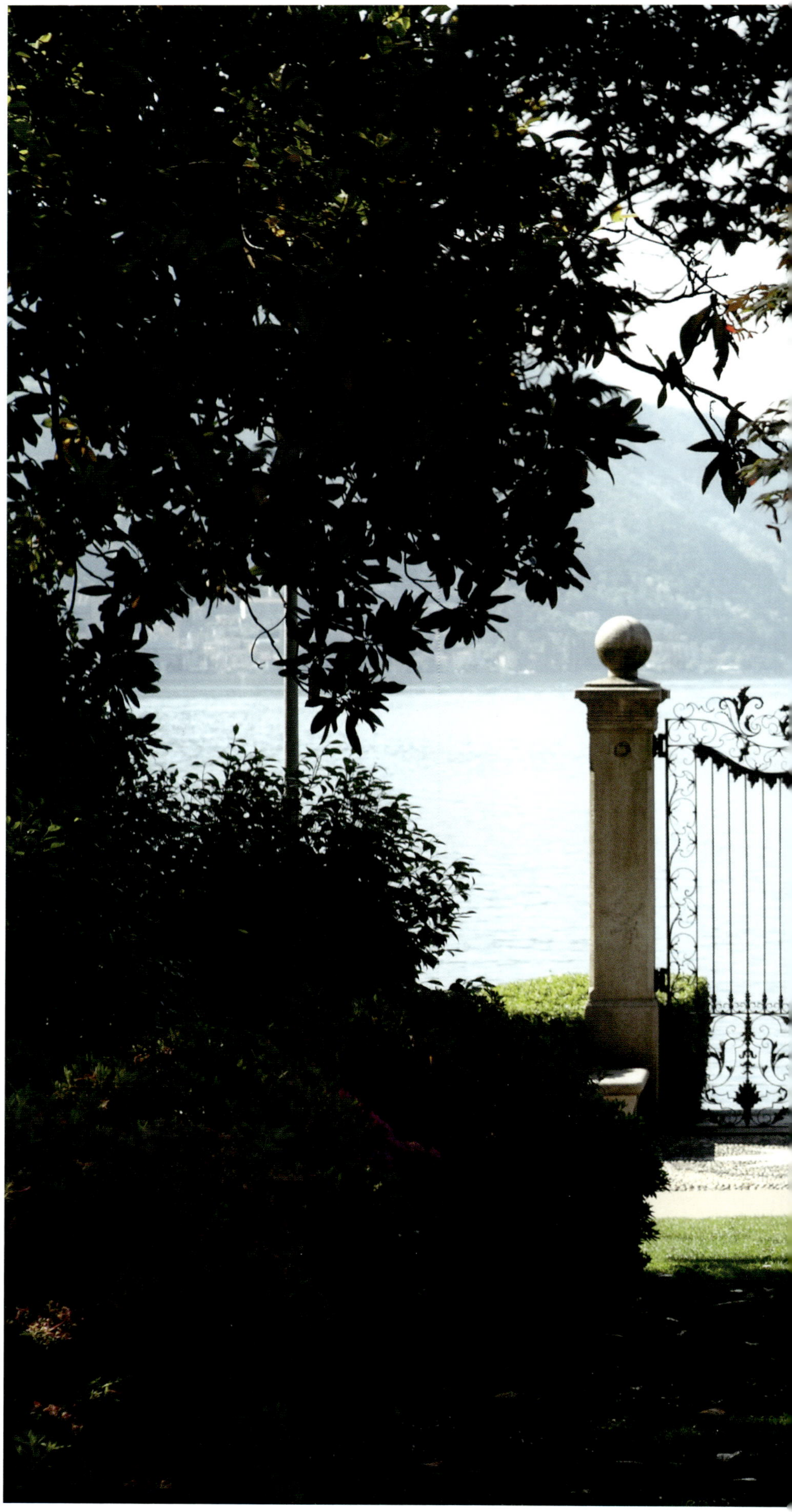

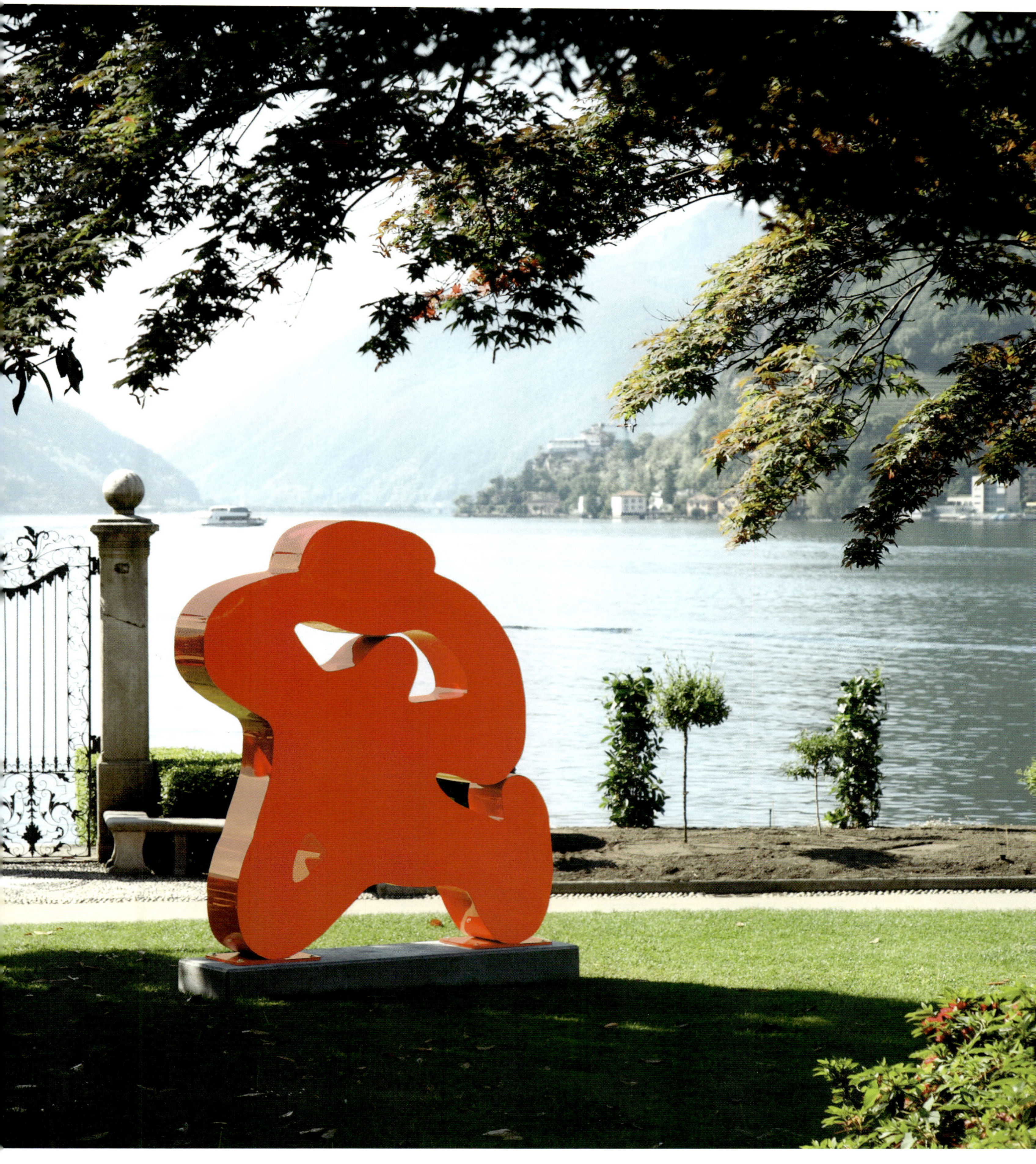

Charcoal Phoenix
2008
alluminio dipinto su base in metallo
painted aluminum on metal base
260 x 228 x 38 cm
Collezione privata / Private collection

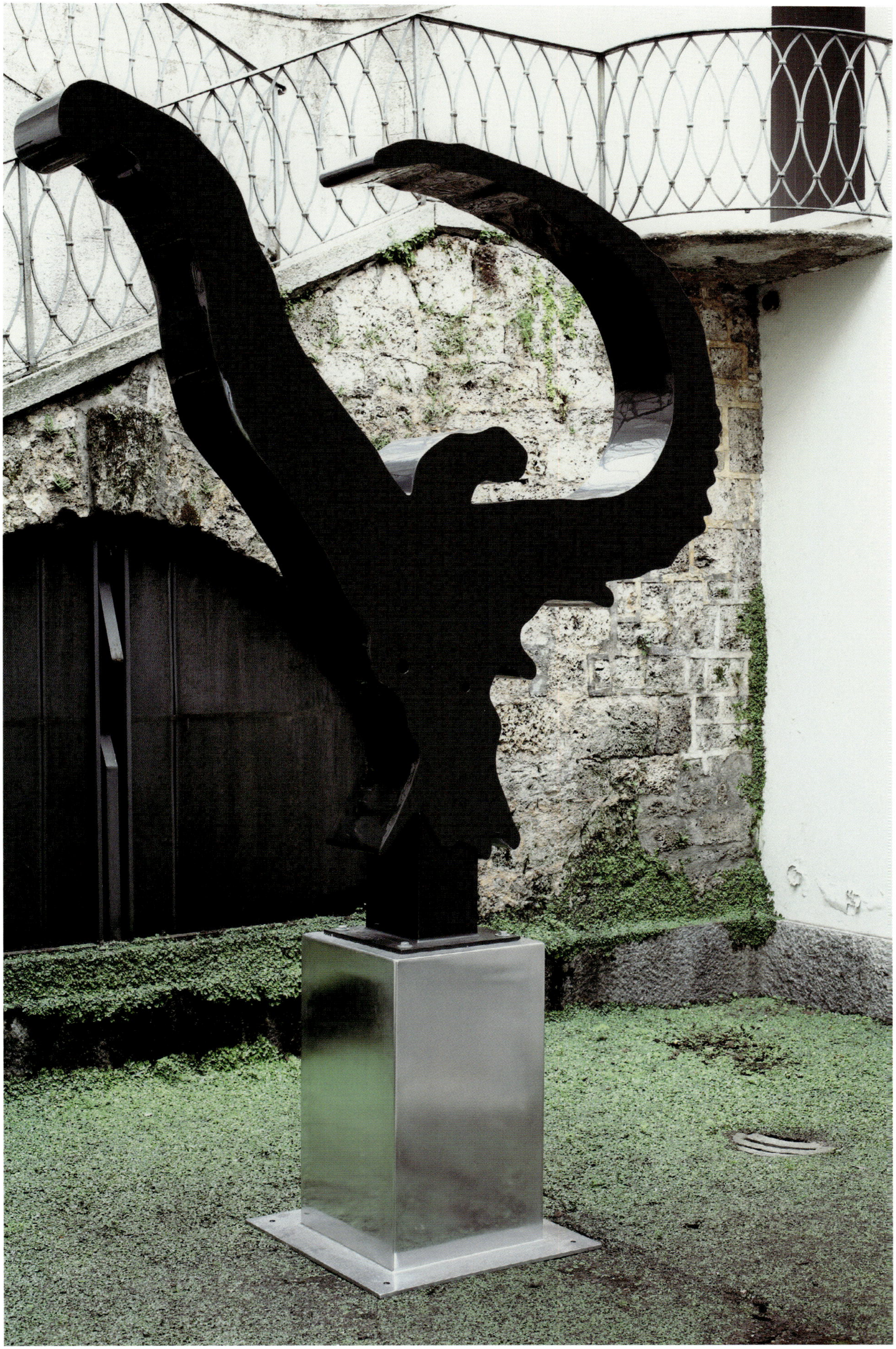

Apparati / Apparatus

Biografia

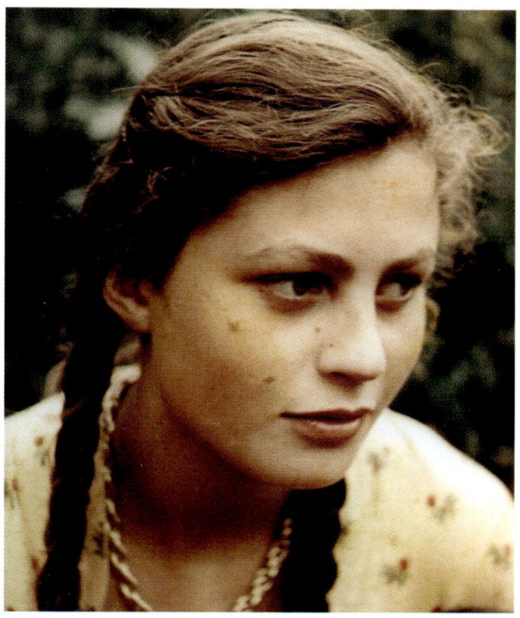

Rotraut in Germania / Rotraut in Germany, 1950 ca.

1938-1956
Rotraut Uecker nasce a Rerik, nella Germania dell'Est. È la minore di tre fratelli: Günther, che diventerà un celebre artista, ha nove anni più di lei, la sorella Editha quattro.
All'arrivo dei russi, la penisola di Wustrow dove abitano gli Uecker viene evacuata e la famiglia si trasferisce a casa della nonna, in un piccolo villaggio a nordest di Amburgo non lontano dal confine con la Repubblica Federale Tedesca. Günther si trasferisce a Düsseldorf mentre Rotraut rimane con la famiglia aiutando il padre nel lavoro nei campi. Aspirando però a diventare artista scappa di casa, motivo che indurrà i genitori ad interrompere ogni rapporto con lei per i successivi dieci anni. Rotraut trascorre due anni a Düsseldorf.

1957
Per la mostra inaugurale della sua galleria d'arte, Albert Schmela sceglie l'opera di un artista radicale di nome Yves Klein. Rotraut ne è affascinata: intuisce la presenza di uno spirito profondamente affine al proprio.
Günther viene a sapere che Armand Fernandez (Arman) sta cercando una ragazza alla pari che aiuti la moglie Eliane a badare ai tre figli nella loro casa vicino a Nizza. Günther propone il lavoro alla sorella, che potrà così imparare la lingua francese in un contesto famigliare sicuro. A casa di Arman, Rotraut vede un'altra piccola opera di Klein e vuole assolutamente sapere qualcosa di più su di lui. Quando finalmente lo incontra, tra i due è amore a prima vista. Rotraut scopre l'anima gemella e diventa sua compagna, assistente, modella, musa e alter ego. La coppia si trasferisce a Parigi, al numero 14 di rue Campagne Première. È l'inizio di una grande avventura.

1958
Rotraut partecipa ai monumentali lavori intrapresi da Klein per la decorazione del teatro dell'opera di Gelsenkirchen. Risale a questo periodo anche il suo primo happening durante il quale dipinge il pavimento del celebre negozio di Ben a Nizza.

1959
La New Vision Center Gallery di Londra le dedica la prima mostra personale che riscuote un grande successo di critica. Durante questo periodo è ospite di Lady Norton, collezionista e mecenate.

1960
Invitata da Yves Klein, insieme ad una trentina di amici artisti, partecipa al Festival d'art d'avant-garde di Parigi, dove la sua opera è collocata tra quelle di Fautrier e Schneider.

1962
Domenica 21 gennaio sposa Yves Klein nella chiesa di Saint-Nicolas-des-Champs a Parigi. La cerimonia è orchestrata da Klein fino a divenire essa stessa una performance: gli inviti portano lo stemma blasonato di Yves che indossa la divisa dei cavalieri dell'Ordine di San Sebastiano, mentre un diadema blu da lui realizzato cinge i capelli di Rotraut. La *Symphonie monoton-silence* viene diffusa nella navata mentre sul sagrato i cavalieri dell'Ordine di San Sebastiano accolgono gli sposi in un'ala d'onore da loro composta. Il 6 giugno Klein muore d'infarto, esattamente due mesi più tardi, il 6 agosto, nasce il loro figlio, Yves Armand Marie.

1964
Conosce l'attuale marito, Daniel Moquay, da cui avrà altri tre figli. La coppia si trasferisce a Ibiza.

1969
Nasce il figlio David.

1970
Nasce il figlio Georges.

1975
Rotraut torna in Francia con la famiglia e si stabilisce a Goussonville, non lontano da Parigi.
Partecipa ad esposizioni collettive e tiene due importanti mostre personali al Kaiser Wilhelm Museum di Krefeld nel 1975 e, l'anno successivo, alla Antwerp Gallery di Anversa.

1981
Nasce l'ultima figlia, Lorraine.

1982
Rotraut e Daniel compiono un viaggio in Arizona e decidono di stabilirsi a Phoenix.

1989
La mostra *Rotraut Uecker Klein*, organizzata da Klaus Ottman alla Wesleyan University, accosta per la prima volta le opere di Rotraut, del fratello Günther e di Yves Klein.

1990
A partire dagli anni novanta inizia a dedicarsi alla scultura che oggi costituisce il suo pricipale ambito di ricerca.

1994
La Durst Organization di New York le commissiona due tele, ciascuna di 520 x 360 cm, per l'atrio della propria sede, nel palazzo situato all'angolo tra la 6th Avenue e la 44th Street.

1995-2009
Numerose sono le esposizioni personali che le sono state dedicate e le collettive e fiere dell'arte a cui ha partecipato, in America, Asia ed Europa. Le sue opere sono presenti in numerose collezioni pubbliche americane ed europee, compresa quella del Centre Georges Pompidou di Parigi, e in collezioni private del mondo intero.

Rotraut vive e lavora a Phoenix.

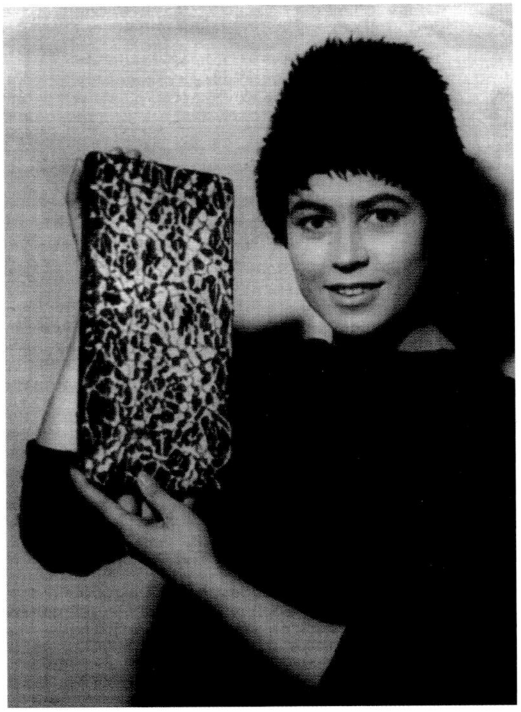

Rotraut a Londra
Rotraut in London
1959

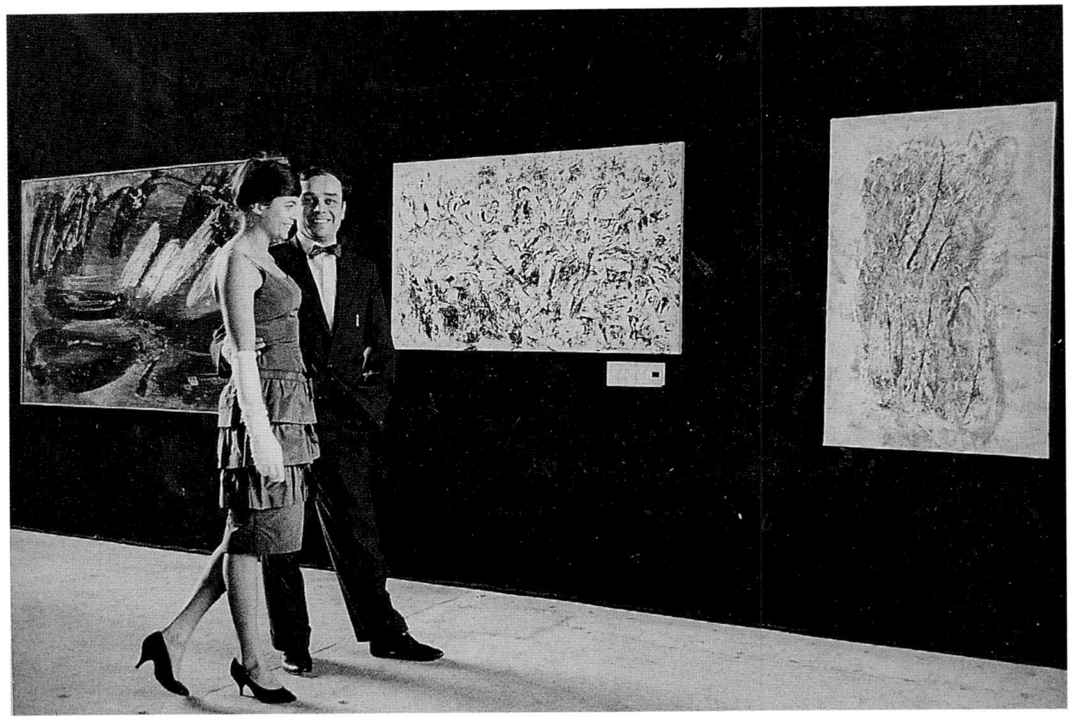

Rotraut e Yves Klein al Festival d'Art d'Avant-Garde a Parigi. Sullo sfondo le opere di Gérard Schneider, Rotraut e Jean Fautrier
Rotraut and Yves Klein at the Festival d'Art d'Avant-Garde in Paris. On the background works by Gérard Schneider, Rotraut and Jean Fautrier, 1960

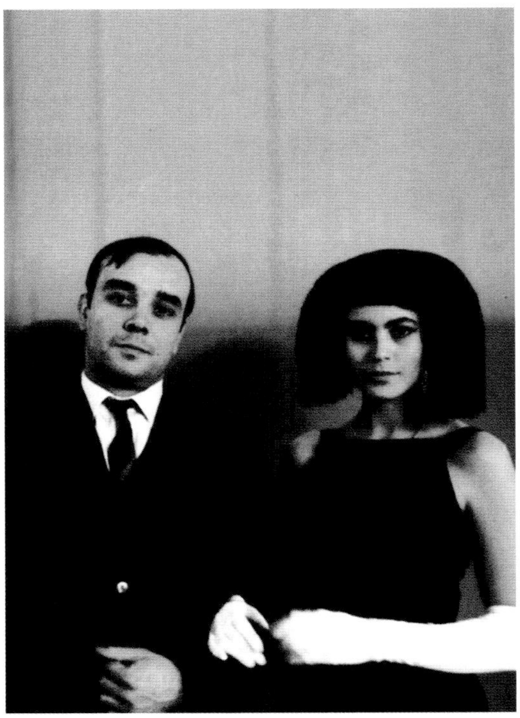

Rotraut e Yves Klein all'inaugurazione della mostra di Klein al Museum Haus Lange a Krefeld / Rotraut and Yves Klein at the opening of Klein's exhibition at the Museum Haus Lange in Krefeld, gennaio / January 1961

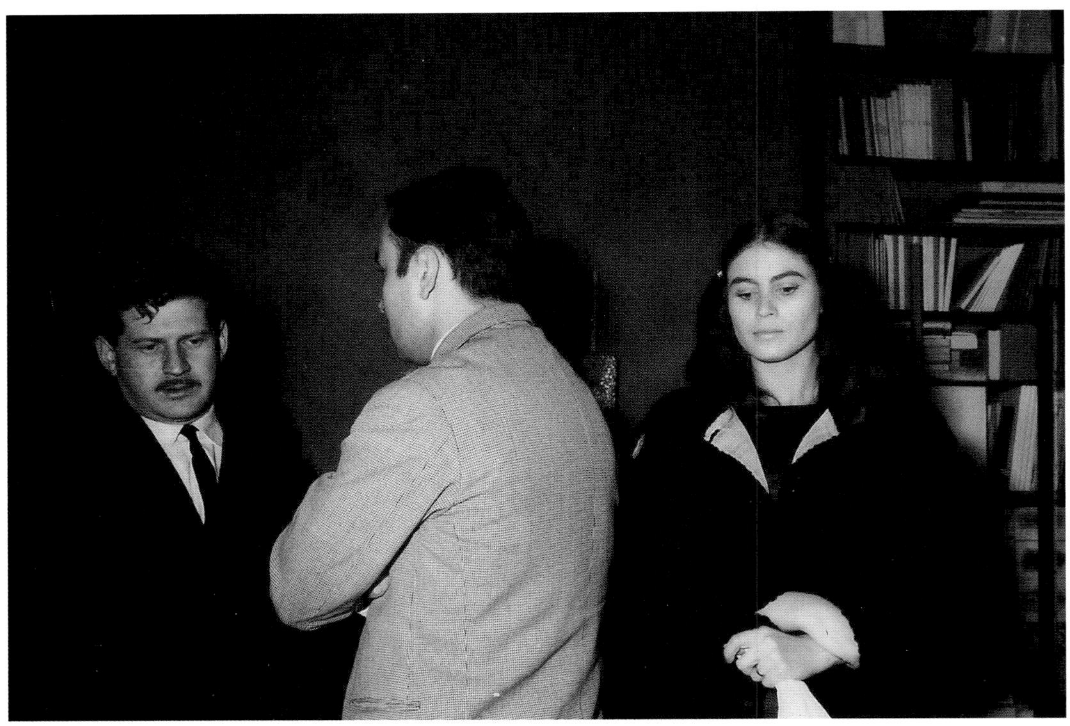

Rotraut e Yves Klein all'inaugurazione della mostra *Yves Klein le Monochrome: il nuovo realismo del colore* alla Galleria Apollinaire a Milano / Rotraut and Yves Klein at the opening of the exhibition *Yves Klein le Monochrome: il nuovo realismo del colore* at the Galleria Apollinaire in Milan, 21 novembre / November 1961

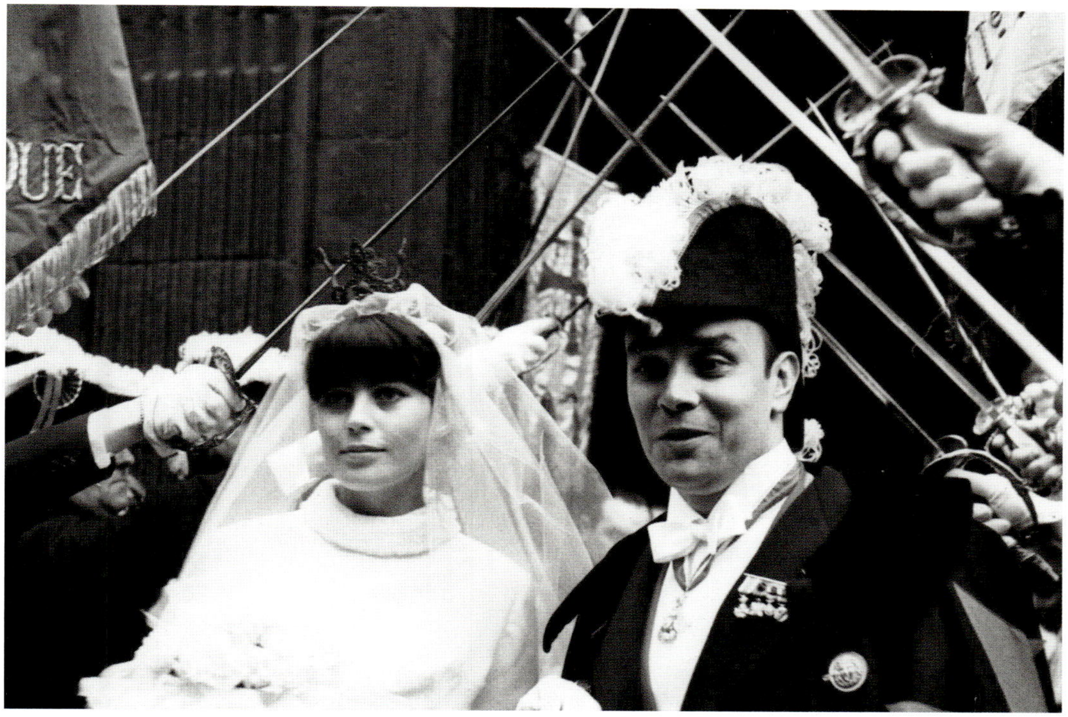

Matrimonio di Rotraut e Yves Klein nella chiesa di Saint-Nicolas-des-Champs a Parigi / The wedding of Rotraut and Yves Klein at the church of Saint-Nicolas-des-Champs in Paris, 21 gennaio / January 1962

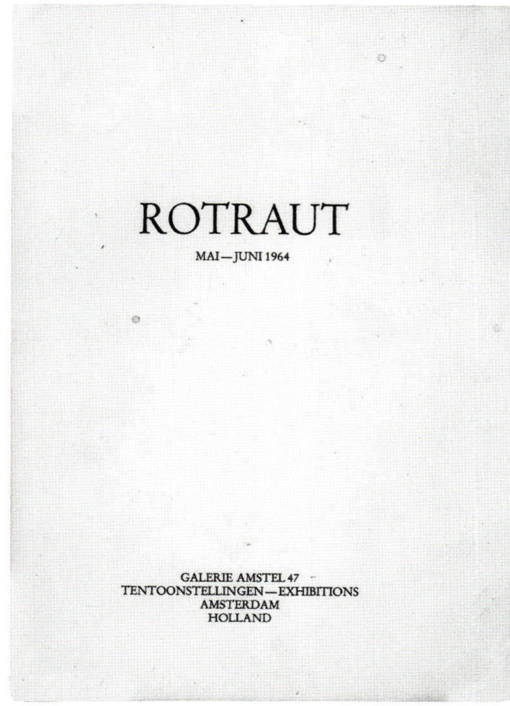

Catalogo della mostra di Rotraut alla Galerie Amstel 47 di Amsterdam / Catalogue of the Rotraut exhibition at the Galerie Amstel 47 in Amsterdam, maggio-giugno / May-June 1964

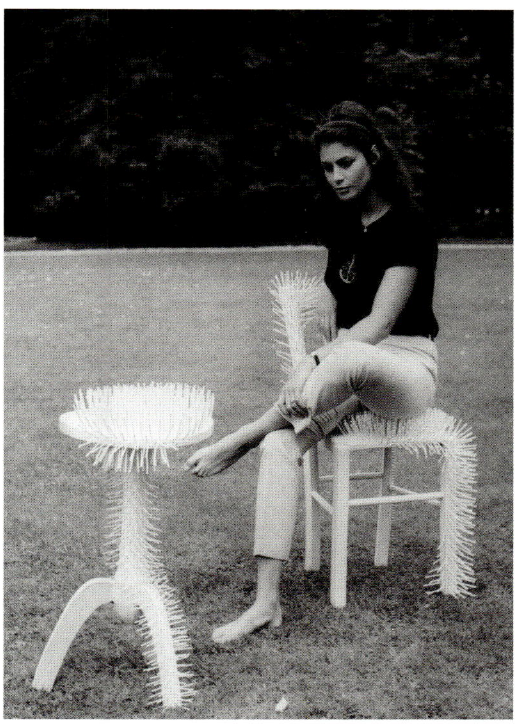

Rotraut seduta su un'opera del fratello Günther Uecker / Rotraut seated on a work by her brother Günther Uecker, 1965

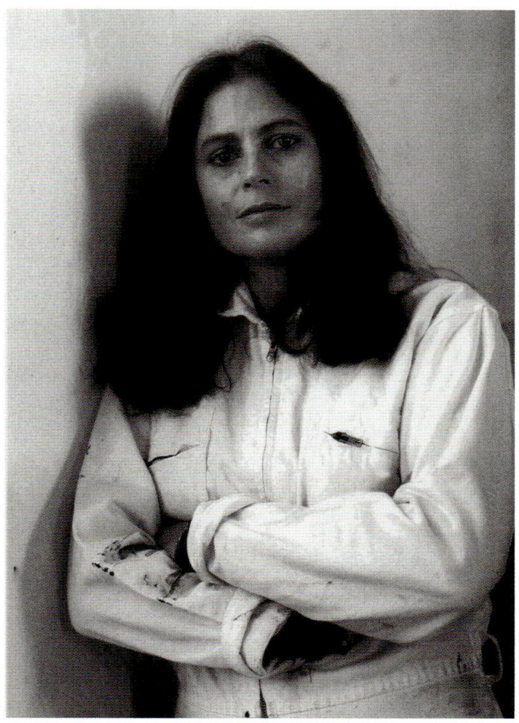

Rotraut, 1976

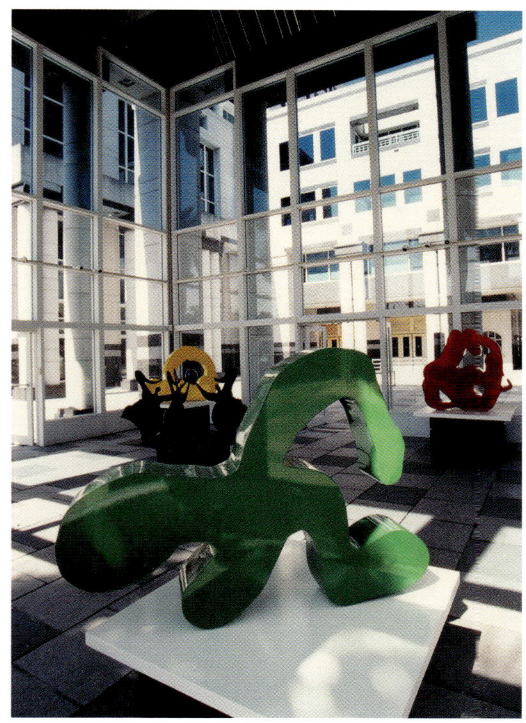

Esposizione agli Ann Norton Sculpture Gardens a West Palm Beach / Exhibition at the Ann Norton Sculpture Gardens in West Palm Beach, 1997

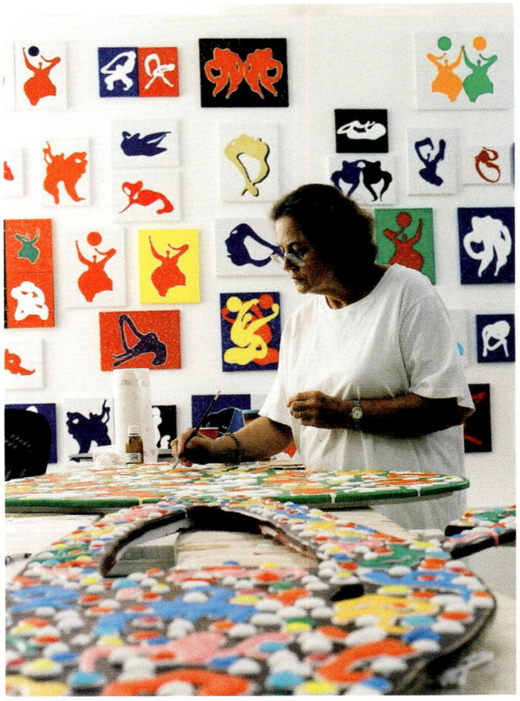

Rotraut nel suo atelier a Phoenix / Rotraut in her studio in Phoenix, 2002

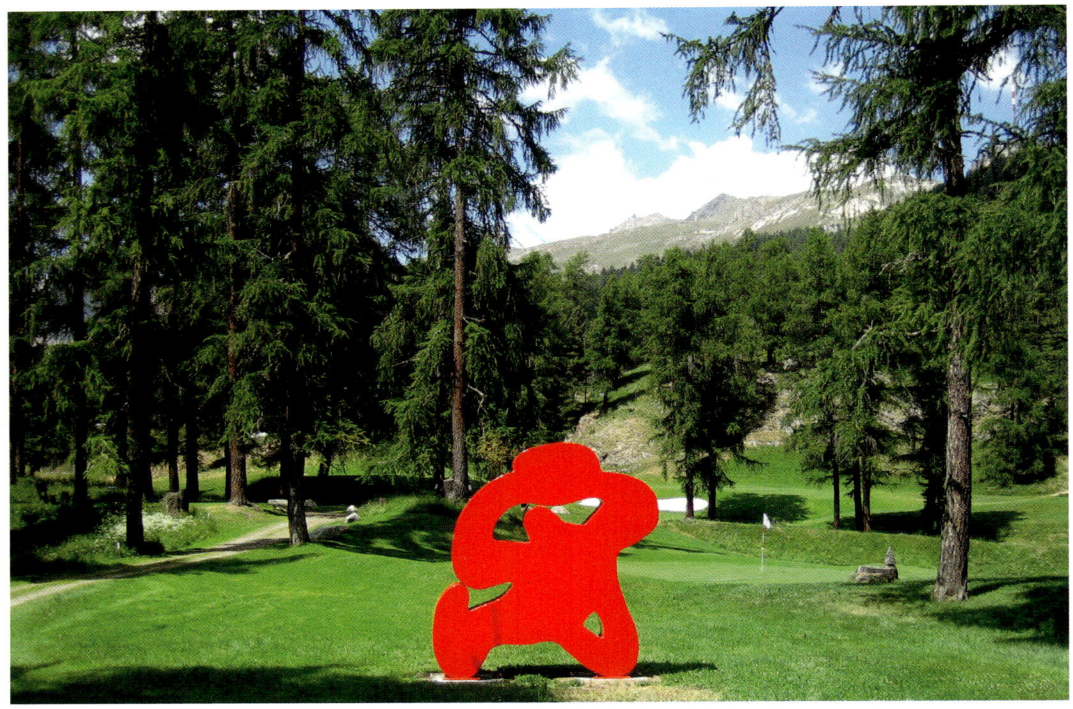

Esposizione al Kulm Golf Club di St. Moritz / Exhibition at the Kulm Golf Club in St. Moritz, 2005

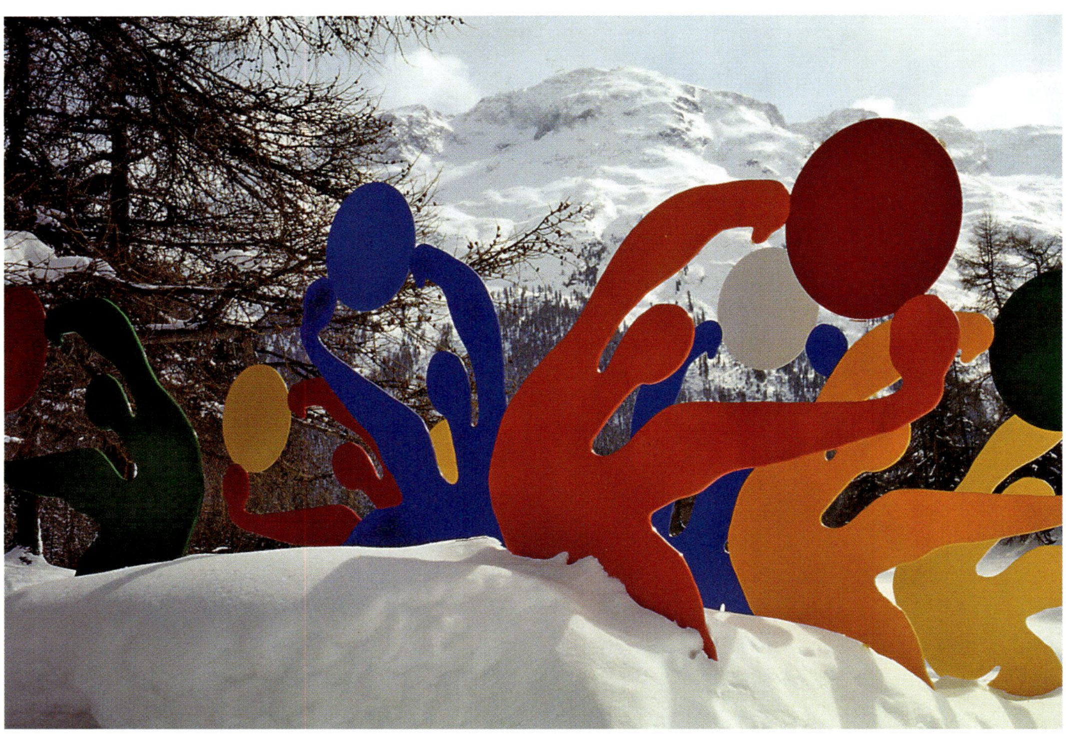

Esposizione al Kulm Golf Club di St. Moritz / Exhibition at the Kulm Golf Club in St. Moritz, 2005

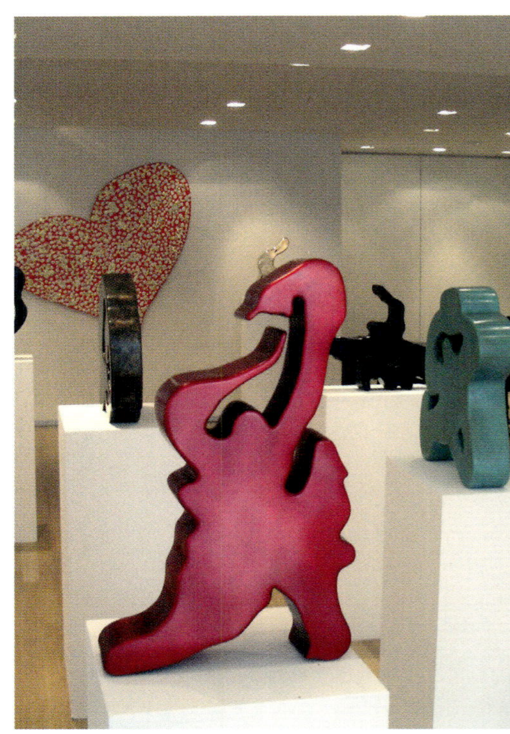

Esposizione alla Guy Pieters Gallery a Knokke-Heist / Exhibition at the Guy Pieters Gallery in Knokke-Heist, 2006

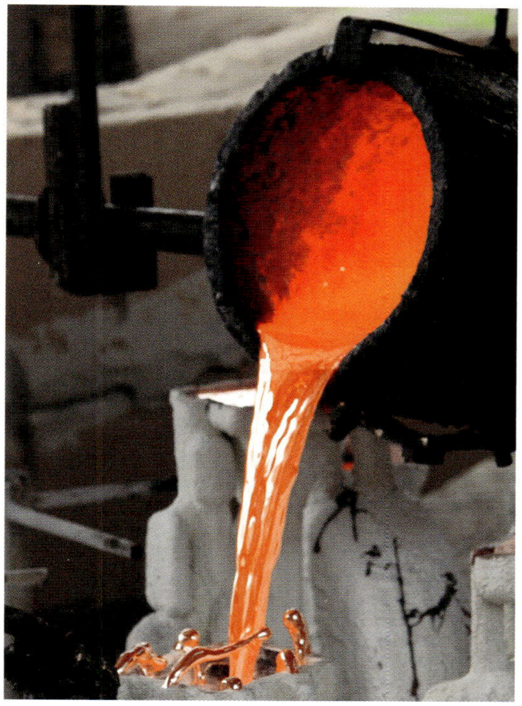

Fusione di una scultura di Rotraut / Casting of a Rotraut's sculpture, marzo / March 2006

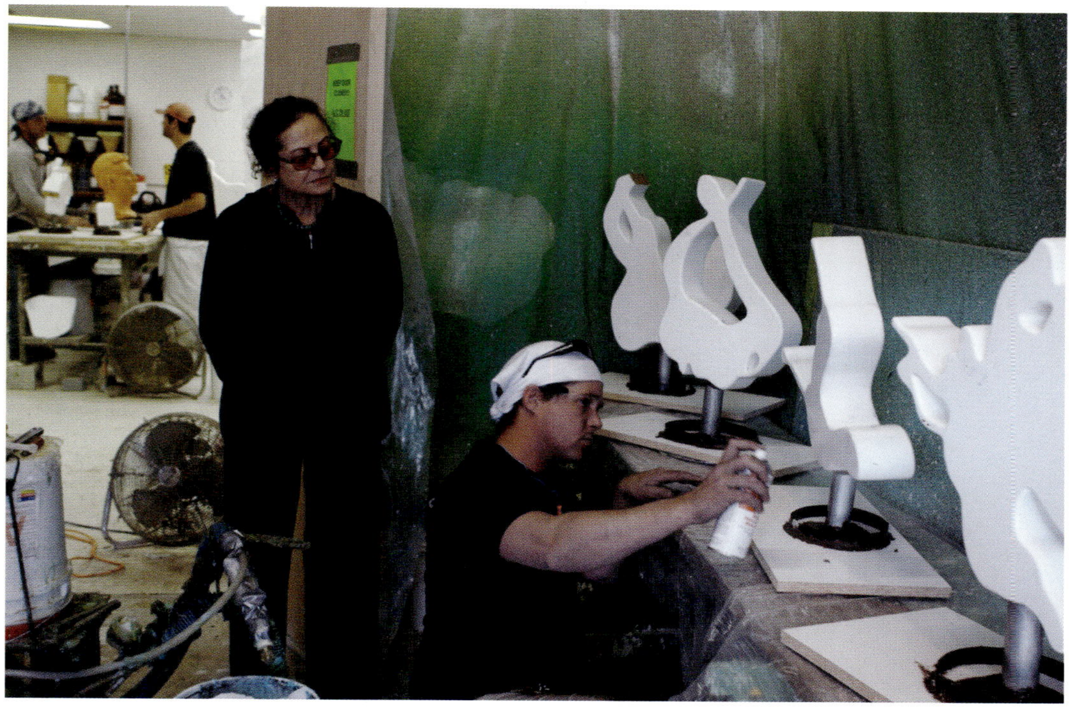

Rotraut nella fonderia degli Arizona Bronze Fine Art Ateliers a Tempe / Rotraut in the foundry of the Arizona Bronze Fine Art Ateliers in Tempe, marzo / March 2006

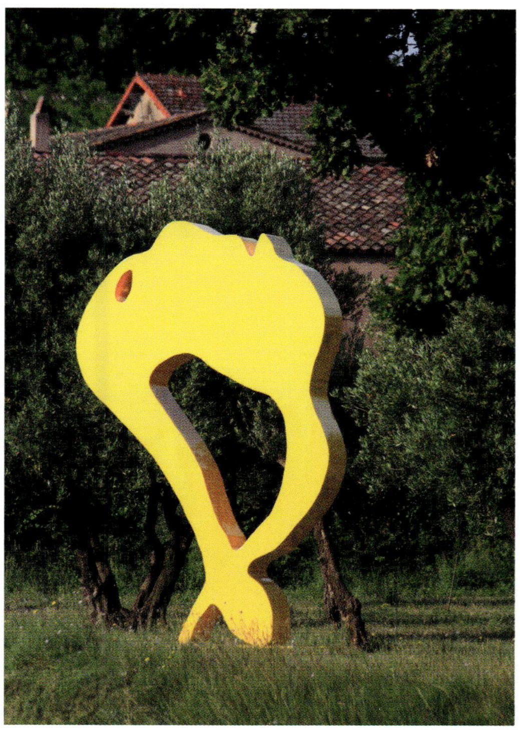

Esposizione al castello Sainte-Roseline a Les-Arcs-sur-Argens / Exhibition at the Sainte-Roseline castle in Les-Arcs-sur-Argens, 2007

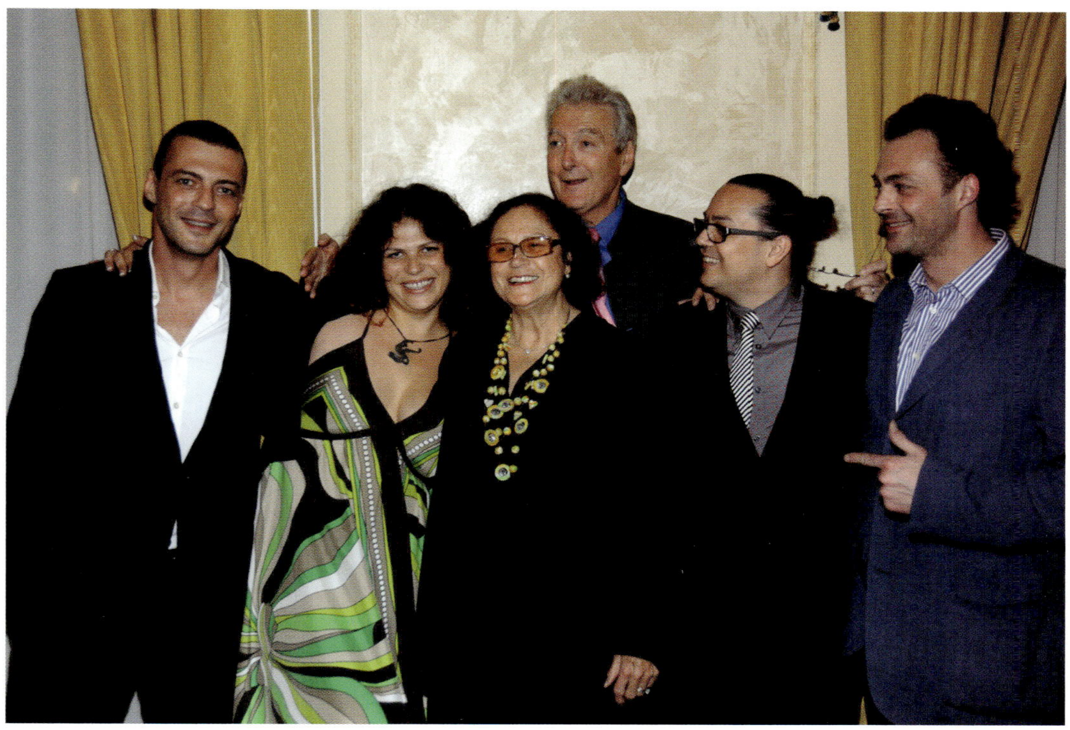

Rotraut con la sua famiglia. Da sinistra a destra / Rotraut and her family. From left to right: David Moquay, Loraine Moquay, Rotraut, Daniel Moquay, Yves Amu Klein, Georges Moquay
Lugano, 15 maggio / May 2009

Biography

1938
Rotraut Uecker was born in Rerik, East Germany. She's nine years younger than her brother Günther, who will become a famous artist and four younger than her sister Editha.
The Rerik Wostrow peninsula, where the Ueckers live, is evacuated when the Russians come and the family goes to live with the grandmother in a small village northeast of Hamburg not far from the border with the Federal Republic of Germany. Günther leaves for Düsseldorf, in the West, while Rotraut remains with the family helping her father with the works in the fields. Yet Rotraut wants to live another life, to be an artist. She runs away from home. As a result, she will be cut off from her parents for a decade. She spends nearly two years in Düsseldorf.

1957
For the inaugural show of his gallery the art dealer Albert Schmela chooses the uncompromising work of a young artist named Yves Klein. Rotraut is fascinated by his works: she senses a kindred spirit. Günther hears that Armand Fernandez (Arman) is looking for an au pair girl to help his wife, Eliane, with their three children in their house near Nice. Günther proposes the job to Rotraut, he sees a good opportunity for her to learn French in a safe family environment. At Arman's home, Rotraut sees another small work by Klein and is eager to learn more about the artist. When they meet it is love at first sight. She becomes his soul mate, companion, assistant, model, muse and alter ego. The couple move to Paris, where they live at the number 14 of rue Campagne Première. It is the beginning of a great adventure.

1958
Rotraut participates in the monumental works for the decoration of the Gelsenkirchen opera house undertaken by Klein. Her first happening, during which she paints the floor of Ben's famous store in Nice, dates back to this period.

1959
She holds her first widely acclaimed solo exhibition at the New Vision Center Gallery of London. During this time, she lives at the home of the collector and patron Lady Norton.

1960
Invited by Yves Klein, alongside about thirty others artists, she takes part in the Festival d'art avant-garde in Paris, where her work is shown between those of Fautrier and Schneider.

1962
On Sunday January 21 she marries Yves Klein in the church of Saint-Nicolas-des-Champs in Paris. The ceremony has been carefully planned by Klein so as to become a performance: the invitation cards bear Klein's coat-of-arms, Yves wears the uniform of the knights of Saint Sebastian while Rotraut wears a blue tiara realized by Klein himself. The *Symphonie monoton-silence* is played in the nave while a guard of honor made up of knights of the Order of Saint Sebastian welcomes the bride and groom as they leave the church. On June 6 Klein dies of a heart attack, exactly two months later their son Yves Armand Marie is born.

1964
She meets her current husband, Daniel Moquay, with whom she will have three more children. They move to Ibiza.

1969
Birth of David.

1970
Birth of Georges.

1975
The family moves back to France and settles in Goussonville, near Paris. She takes part in several group exhibitions and holds two important solo exhibitions: in 1975 at the Kaiser Wilhelm Museum in Krefeld and the following year at the Antwerp Gallery.

1981
Birth of Lorraine.

1982
Rotraut and Daniel travel in Arizona and decide to settle there.

1989
The exhibition at the Wesleyan University *Rotraut Uecker Klein*, organized by Klaus Ottman, presents for the first time the works of Rotraut alongside those of her brother Günther and of her late husband Yves Klein.

1990
From the early nineties she begins experimenting with sculpture which now represents the fulcrum of her production.

1994
The Durst Organization commissions her two canvases (520 x 360 cm each) for the hall of its building on the corner of 6th Avenue and 44th Street, New York.

1995-2009
She has held numerous solo shows and she has participated in several group exhibitions and art fairs in America, Asia and Europe. Rotraut's work is represented in numerous public collections in the United States and Europe including the Centre Georges Pompidou in Paris and private collections all over the world.

Rotraut lives and works in Phoenix.

Esposizioni / Exhibitions

Esposizioni personali
Solo Exhibitions

1959
Relief picturale 1959, London, New Vision Center Gallery, 28 dicembre - 10 gennaio.

1964
Rotraut, Amsterdam, Galerie Amstel 47, maggio-giugno.

1975
Rotraut Klein-Moquay. Sonnenbilder, Krefeld, Kaiser Wilhelm Museum, 27 aprile - 22 giugno

1976
Rotraut Galaxies, Antwerpen, Antwerp Gallery, 19 novembre - 12 dicembre.

1987
Rotraut. Permutations of Light, Movement and Space, Scottsdale, Riva Yares Gallery, 3 - 30 maggio.
Rotraut. New Painting, San Francisco, Pascal de Sarthe Gallery, 3 dicembre 1987 - 16 gennaio 1988.

1989
30 Years of Painting, Kaarst, Gallery 44.
Rotraut, Hamburg, Galerie Keeser-Bohbot, 5 settembre - 28 ottobre.
Kaarst, Galerie 44, fino al 30 giugno.
Rotraut, "Une vie - une ligne", Paris, Galerie Gilbert Brownstone, 9 settembre - 4 ottobre.

1990
Rotraut. The Desert Vision, Scottsdale, Riva Yares Gallery, 5 - 31 maggio.

1992
Rotraut. Memories / Realities, Phoenix, Arizona State University, West Art Gallery, 12 febbraio - 6 marzo.
Rotraut. "Ich und Ich", Kaarst, Gallery 44, 8 maggio - 18 settembre.

1994
Work in Monumental Sculptures. 20 Years of Work, a Film, New York, Painting Commission, The Durst Organization.

1995
Sculptures-reliefs, Buttgen, Städtische Galerie, 13 ottobre - 5 novembre.

1997
Rotraut, West Palm Beach, Anne Norton Sculpture Gardens, 4 aprile - 31 maggio.

1999
Sydney, Annadale Galleries.

2000
Rotraut Figuration, Tucson, Gallery of Contemporary and Indigenous Art, 7 ottobre - 18 novembre.

2001
Rotraut. Miraculous Life-Forms, Coral Springs, Coral Springs Museum of Art, 6 ottobre - 30 dicembre.

2003
Rotraut. Sculptures et Peintures 2000-2003, Knokke-Heist, Guy Pieters Gallery, Saint-Paul de Vence, Galerie Guy Pieters, 20 aprile - 12 maggio.

2004
Rotraut. Bilder und Skulpturen, Bayreuth, Art-Galerie an der Stadtkirche, 11 luglio - 28 agosto.
Rotraut: Hearts Cosmos Dance, Sydney, Annadale Galleries, 3 novembre - 4 dicembre.

2005
Rotraut: Sculptures, Parcours, St. Moritz, Kulm Golf Club, 1 luglio - 20 settembre.

2006
Rotraut, Knokke-Heist, Guy Pieters Gallery.

2007
Rotraut, Saint-Paul de Vence, Galerie Guy Pieters, 23 giugno - 30 settembre.
Rotraut. Sculptures Monumentales, Les Arc-sur-Argens, Château Sainte-Roseline, 23 giugno - 10 ottobre.
Rotraut Klein-Moquay: Bilder und Skulpturen, Hanover, Stiftung Ahlers Pro Arte / Kestner Pro Arte, 17 marzo - 17 giugno.

Esposizioni collettive
Group Exhibitions

1958
Nice, Laboratoire 32.

1960
Festival d'Art d'Avant-Garde, Paris, Porte de Versailles, Palais des Expositions, 18 novembre - 15 dicembre.

1973
Ibiza, Galería Carl van der Voort.

1975
Paris, Galerie Karl Flinker.
Das Schwarz Bild, Feldkirchen, Galerie am Wochenende, novembre 1975 - febbraio 1976.

1976
UNESCO, Paris.

1977
A propos de Nice, Paris, Centre Georges Pompidou, 31 gennaio - 11 aprile.

1987
Chicago, Art Chicago.
Kaarst, Gallery 44.
Paris, FIAC, Foire internationale d'art contemporain, 10-18 ottobre.

1988
Hamburg, Forum, 24-28 marzo.
Paris, Galerie Gilbert Brownstone.
Chicago, Art Chicago.
Buraglio Rotraut Ritchey Skomski, San Francisco, Pascal de Sarthe Gallery.
Impressionist Modern Master, San Francisco, Pascal de Sarthe Gallery.
Scottsdale, Riva Yares Gallery.
L'Or et son mythe, Paris, Grand Palais, 7-29 maggio.
Art Fair in the Gallery 44, Kaarst.
Paris, FIAC, Foire internationale d'art contemporain, 22-30 ottobre.

1989
Kobe, Kaibuno Gallery.
Rotraut Uecker Klein, Middletown, Ezra and Cecile Zikha Gallery, Center for Arts, Wesleyan University, 30 agosto - 29 ottobre.

1990
Nice et les années soixante, Nice, Musée d'Art modern et d'Art contemporaine.

1991
Diversité contemporaine en Europe, Paris, Galerie 1900-2000, 7-30 marzo; 4-20 aprile.
Tempe, Arizona State University Art Museum, Nelson Center for the Arts.
Los Angeles, Pascal de Sarthe Gallery.

1992
Diversité abstraites et monochromes, Paris, Galerie de Poche, 8-30 luglio.
Hommage à Karl Flinker, Montrouge, Salon de Montrouge.
Tondo Aujourd'hui, Auxerre, Abbaye Saint-Germain, Avallon, Collégiale Saint-Lazare, 24 maggio-30 agosto.

1993
Miami, Art Basel Miami Beach.
Monte Carlo, IV Biennale de sculpture de Monte Carlo.
La Jolla, Tom Babeor Gallery.

1994
L'art du portrait du XIXe et XXe siècles en France, Tokyo, Museum of Art in Shoto (3 agosto - 18 settembre), Kariya, City Art Museum, 23 settembre - 23 ottobre, Onomichi, City Museum of Art, 30 ottobre - 23 novembre, Akita, Museum of Modern Art, 29 novembre - 25 dicembre.

1996
Exposition d'été, Paris, Galerie Piltzer, 22 maggio - 27 luglio; 2-7 settembre.

1997
West Palm Beach, Art in Public Place.
Monte Carlo, VI Biennale de sculpture de Monte Carlo, 24 maggio - 31 ottobre.
Sydney, MTV exhibit.

1998
Madrid, ARCO 8m, Galerie Gmurzynska.
Sydney, Annadale Galleries.
Warriors Sculpture, Köln, Galerie Gmurzynska.

1999
Scottsdale, Laynor Foundation Museum.
Mexico City, Salon San Miguel de Allende.
Cosmos: du Romantisme à l'avant-garde, Montréal, Musée des beaux-arts, 17 gennaio - 17 ottobre.
Cosmos: del Romanticismo a la Vanguardia, Barcelona, Centre de Cultura Contemporania de Barcelona, 23 novembre 1999 - 20 febbraio 2000.

2000
Paris, Passage de Retz, 22 novembre 2000 - 12 gennaio 2001.
Basel, Art Basel.
Tête à Tête: Rotraut & Jane Manus, Lutherville, Galerie Françoise et E.S.F., 3 giugno - 6 luglio.
Cosmos. Da Goya a De Chirico, da Friedrich e Kiefer, l'arte alla scoperta dell'infinito, Venezia, Palazzo Grassi, 26 marzo - 23 luglio.
Mexico City, Salon San Miguel de Allende.
Then & Now, Tucson, Gallery of Contemporary and Indigenous Art, 2 aprile - 14 maggio.

2001
L'Arbre de Vie, Scottsdale, Ki'zho Gallery.

2002
Miami, Art Basel Miami Beach, 4-8 dicembre.
Miami, Miralda Studio.
Carefree, Spanish Village Sculpture Garden.

2003
The Conquest of the Air, an Adventure in 20th Century Art, Thessaloniki, State Museum of Contemporary Art, 14 marzo - 29 giugno.

2005
Miami, Art Basel Miami Beach, Galerie Gmurzynska, 1-4 dicembre.

2007
Art is an Idea: The Moquay Collection, Scottsdale, Scottsdale Museum of Contemporary Art, 10 febbraio - 27 marzo.

2008
L'Art en ciel, Saint-Paul de Vence, Galerie Guy Pieters, 13 dicembre 2008 - 28 febbraio 2009.

Collezioni pubbliche
Public Collections

Coral Springs Museum of Art, Coral Springs
IRS Building, The Durst Organization, New York
Kaarst Museum, Kaarst
Kaiser Wilhelm Museum, Krefeld
Musée d'Art et d'Histoire, Rochefort
Musée d'Art moderne et d'Art contemporaine, Nice
Musée national d'art moderne, Centre George Pompidou, Paris

Collezioni private
Private Collections

Australia
Belgio
Canada
Francia
Germania
Gran Bretagna
Principato di Monaco
Spagna
Stati Uniti
Svizzera

Bibliografia / Bibliography

Rotraut, catalogo della mostra (Amsterdam, Galerie Amstel 47, maggio - giugno 1964).

Rotraut Klein-Moquay. Sonnenbilder, catalogo della mostra (Krefeld, Kaiser Wilhelm Museum, 27 aprile - 22 giugno).

B. Vautier, M. Eschapasse, *A propos de Nice*, catalogo della mostra (Paris, Centre national d'art et de culture Georges Pompidou, 31 gennaio - 11 aprile 1977).

Rotraut. New Paintings, testo di H. Weitemeier, prefazione di K. Brougher, catalogo della mostra (San Francisco, Pascal de Sarthe Gallery, 3 dicembre 1987 - 16 gennaio 1988).

L'Or et son mythe, catalogo della mostra (Paris, Grand Palais, 7-29 maggio 1988).

D. Giraudy, *Rotraut: le peintre Rotraut Klein*, in "Cimaise", n. 198, gennaio-febbraio 1989, pp. 37-55.

Rotraut, testo di P. Clothier, catalogo della mostra (Kaarst, Gallery 44, Hamburg, Galerie Keeser-Bohbot, fino al 30 giugno 1989).

Rotraut, [Günther] Uecker, [Yves] Klein, catalogo della mostra (Middletown, Ezra and Cecile Zilkha Gallery, Center for the Arts, Wesleyan University, 30 agosto - 29 ottobre 1989).

Rotraut. The Desert Vision, testo di N. Halpern Brougher, catalogo della mostra (Scottsdale, Riva Yares Gallery, maggio 1990).

Art contemporaine: 37e Salon de Montrouge, Rue du Bac, Rue de Tournon, Karl Flinker, catalogo della mostra (Montrouge, Salon de Montrouge, 1992).

Le Tondo aujourd'hui, catalogo della mostra (Auxerre, Abbaye Saint-Germain, Avallon, Collégiale Saint-Lazare, 24 maggio - 30 agosto 1992).

Rotraut. Sculptures-reliefs, testo di H. Weitemeier, catalogo della mostra (Buttgen, Stadtische Gallerie, 13 ottobre - 5 novembre 1995).

J. Clair (a cura di), *Cosmos: du Romantisme à l'avant-garde 1801-2001*, catalogo della mostra (Montréal, Musée des beaux-arts, Pavillon Jean-Noël Desmarais, 17 gennaio - 17 ottobre 1999).

J. Clair (a cura di), *Cosmos. Del Romanticismo a la Vanguardia 1801-2001*, catalogo della mostra (Barcelona, Centro de Cultura Contemporània de Barcelona, 23 novembre 1999 - 20 febbraio 2000).

J. Clair (a cura di), *Cosmos. Da Goya a De Chirico, da Friedrich a Kiefer, l'arte alla scoperta dell'infinito*, catalogo della mostra (Venezia, Palazzo Grassi, 26 marzo – 23 luglio 2000).

Rotraut, testo di K. Ottmann, Galerie Gmurzynska, Köln 2001.

The Conquest of the Air, an Adventure in 20th Century Art, catalogo della mostra (Thessaloniki, State Museum of Contemporary Art, 14 marzo - 29 giugno 2003).

A. Verdet, *Rotraut*, catalogo della mostra (Knokke-Zoute, Guy Pieters Gallery, Saint-Paul de Vence, Galerie Guy Pieters, 2003).

K. Ottmann, *Thought through my eyes: writings on art, 1977-2005*, Spring Publications, Putnam 2006.

Rotraut, testo di J. Bouzerand, scritto di A. Verdet, catalogo della mostra (Knokke-Heist, Guy Pieters Gallery, marzo 2006).

Rotraut, testo e intervista di M. Stoeber, catalogo della mostra (Hannover, Stiftung Ahlers Pro Arte / Kestner Pro Arte, 17 marzo - 17 giugno 2007).

Rotraut. Sculptures monumentales, testi di J. Bouzerand, J.-M. Ribettes, intervista di M. Stroeber, Editions Charles Moreau, Editions T.A.T., Paris 2007.

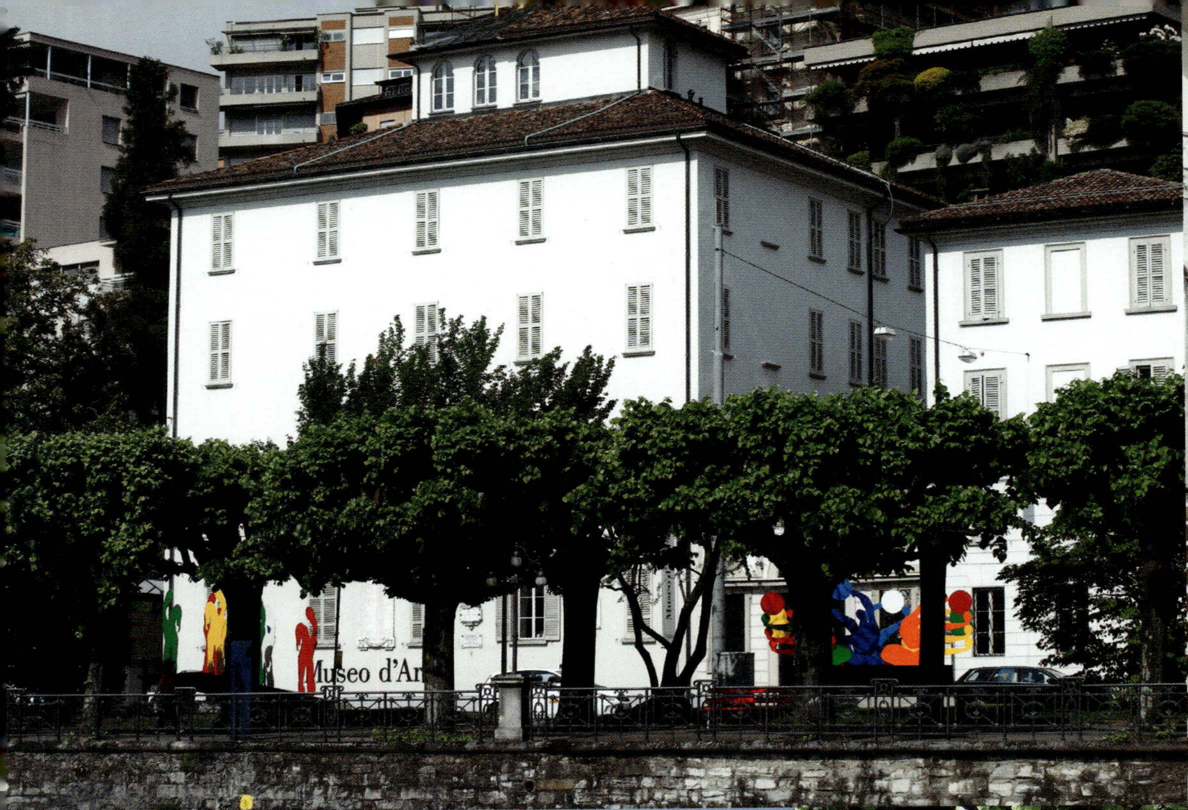
Museo d'Ar
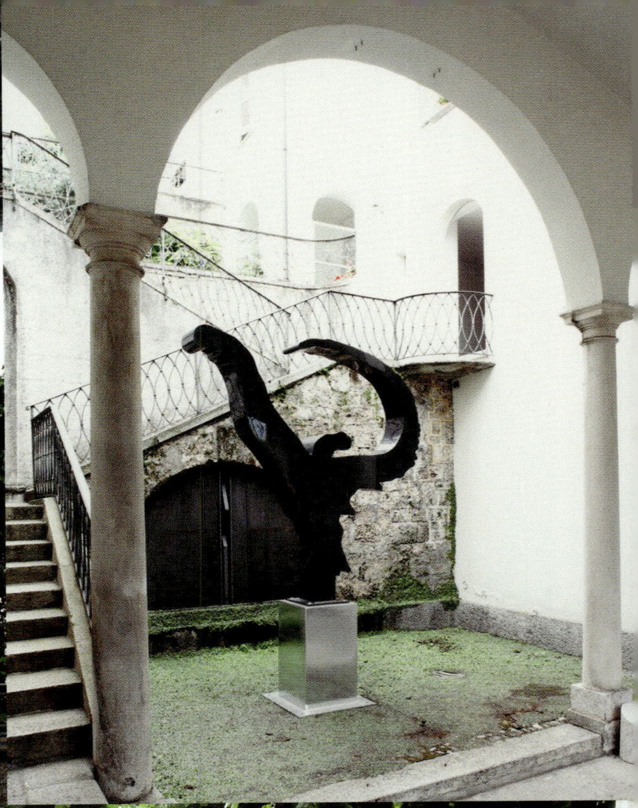
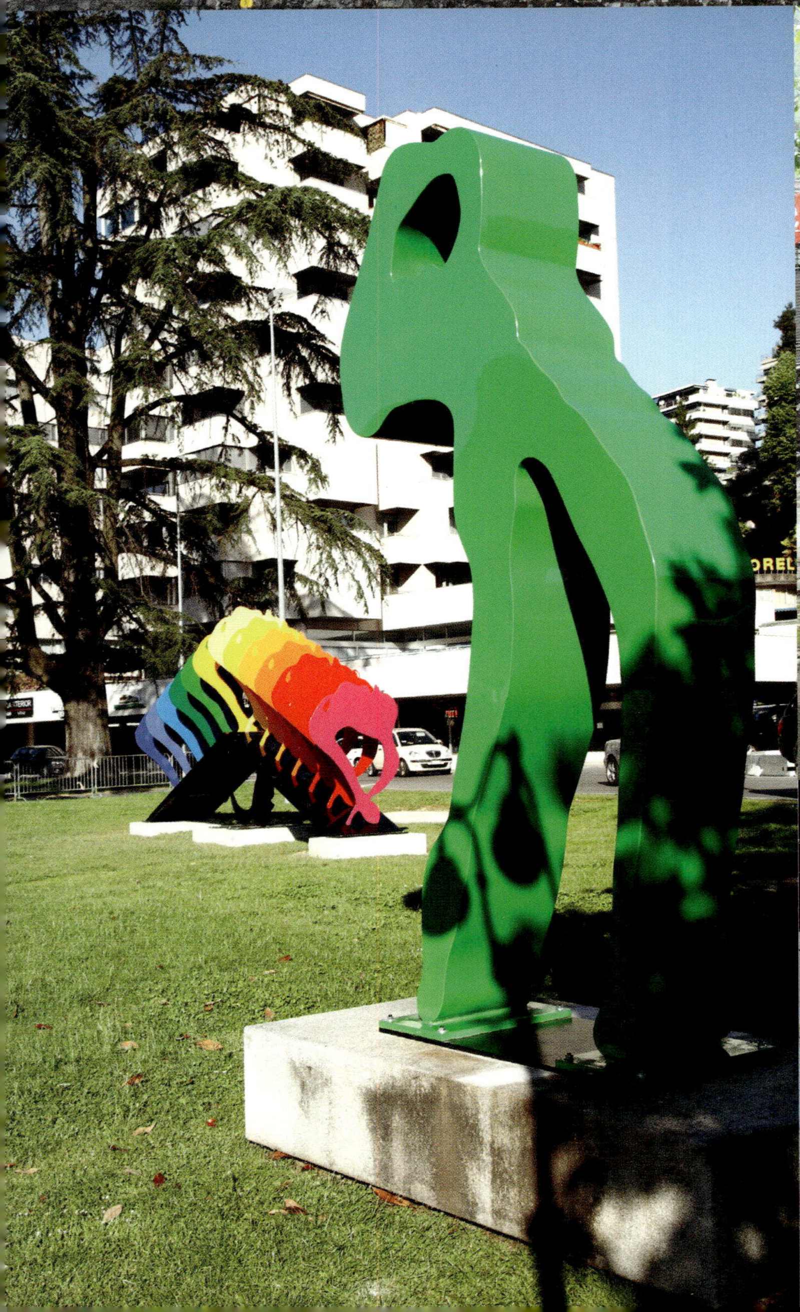
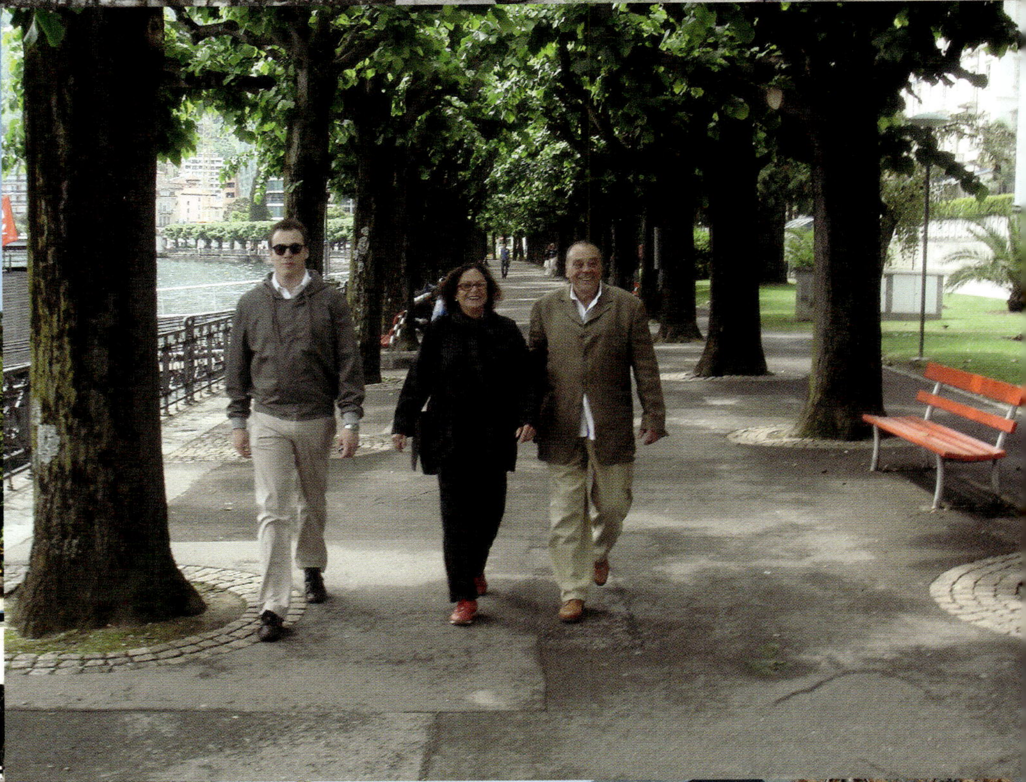
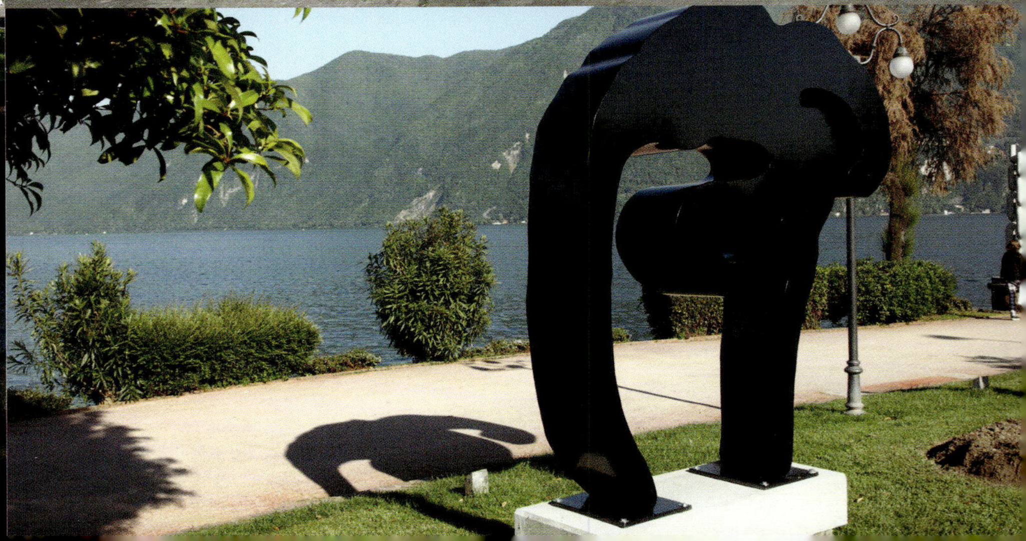

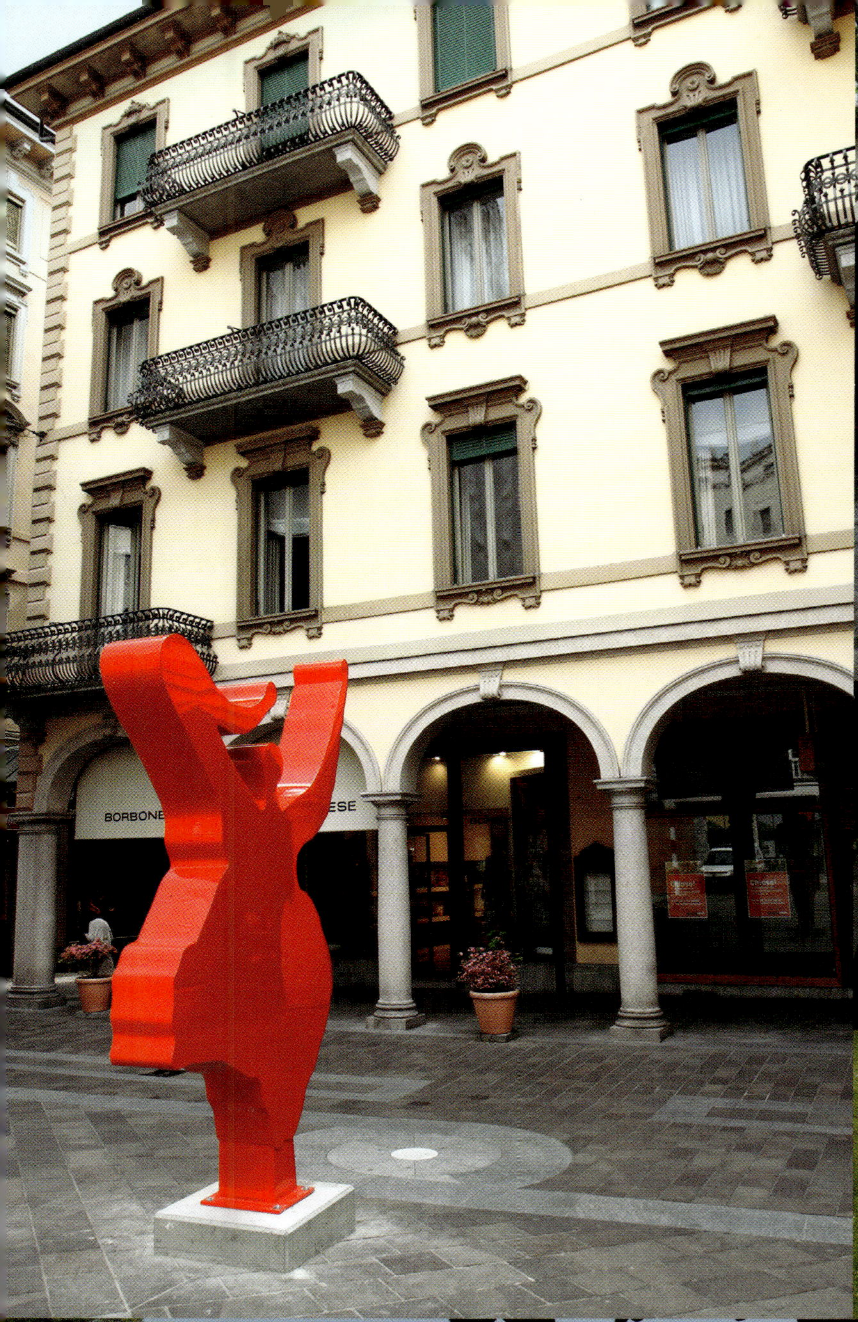

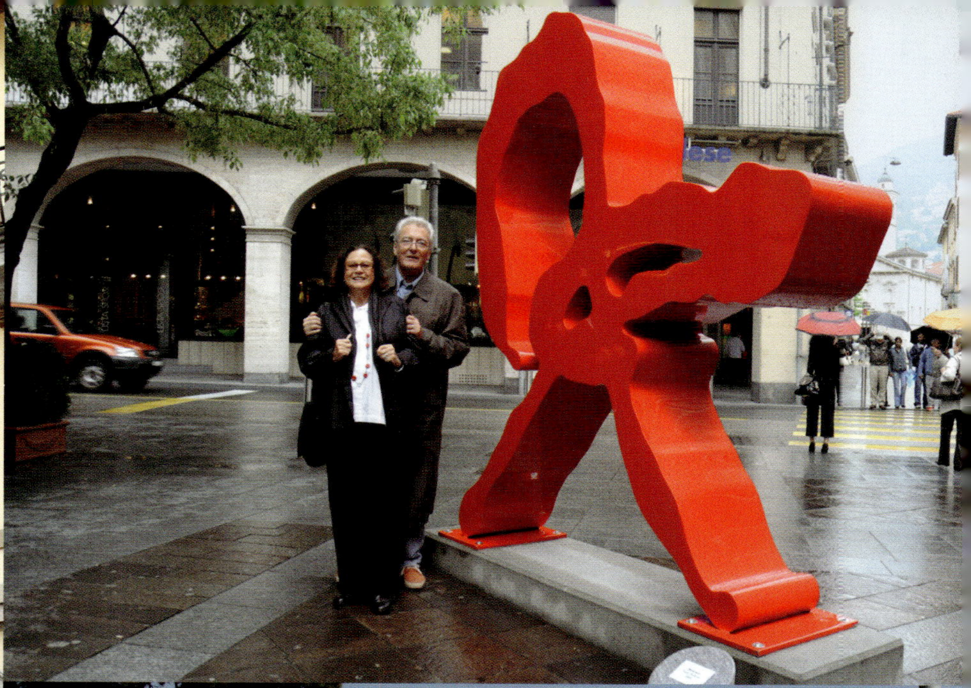

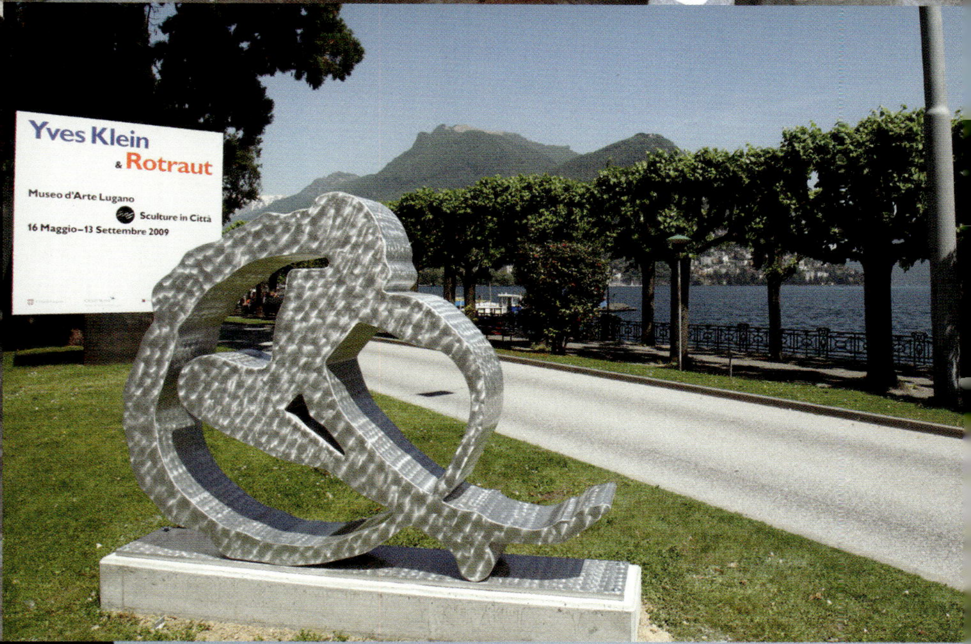
Yves Klein
& Rotraut
Museo d'Arte Lugano
Sculture in Città
16 Maggio–13 Settembre 2009

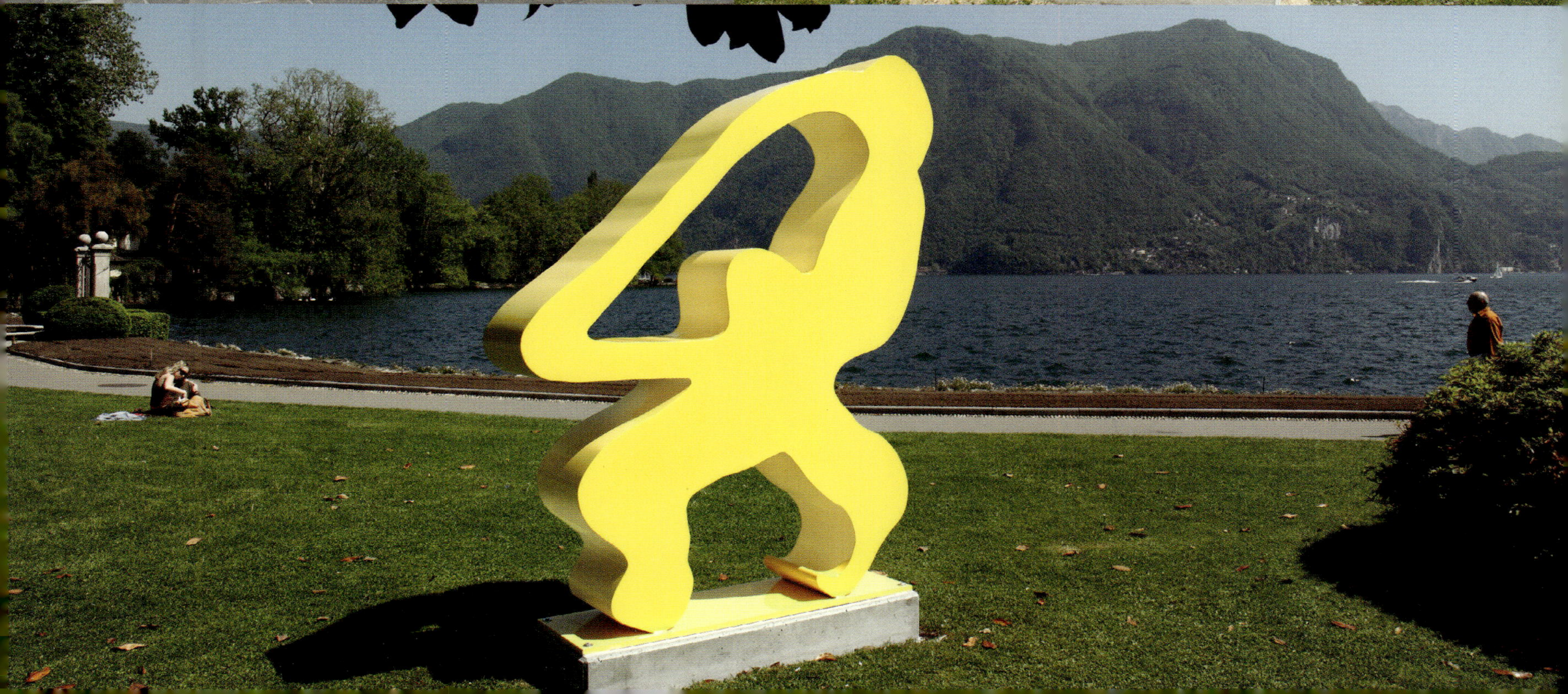

Silvana Editoriale

Progetto e realizzazione / Produced by
Arti Grafiche Amilcare Pizzi Spa

Direzione editoriale / Direction
Dario Cimorelli

Art Director
Giacomo Merli

Redazione lingua italiana / Italian Copy Editor
Clelia Palmese

Redazione lingua inglese / English Copy Editor
Clelia Palmese

Impaginazione / Layout
Floriana Pellegrino

Traduzioni / Translations
Barbara Venturi, Paul Metcalfe per / for
Scriptum, Roma

Coordinamento organizzativo / Production Coordinator
Michela Bramati

Segreteria di redazione / Editorial Assistant
Sabrina Galasso

Ufficio iconografico / Iconographic office
Deborah D'Ippolito

Ufficio stampa / Press office
Lidia Masolini, press@silvanaeditoriale.it

Silvana Editoriale Spa

via Margherita De Vizzi, 86
20092 Cinisello Balsamo, Milano
tel. 02 61 83 63 37
fax 02 61 72 464
www.silvanaeditoriale.it

Le riproduzioni, la stampa e la rilegatura sono state eseguite presso lo stabilimento
Arti Grafiche Amilcare Pizzi Spa
Cinisello Balsamo, Milano
Reproductions, printing and binding by
Arti Grafiche Amilcare Pizzi Spa
Cinisello Balsamo, Milan

Finito di stampare
nel mese di giugno 2009
Printed June 2009